VOYAGES
IMAGINAIRES,

ROMANESQUES, MERVEILLEUX,
ALLÉGORIQUES, AMUSANS,
COMIQUES ET CRITIQUES.

SUIVIS DES

SONGES ET VISIONS,

ET DES

ROMANS CABALISTIQUES

CE VOLUME CONTIENT

Les voyages du capitaine LEMUEL GULLIVER, par le Docteur SWIFT, traduits par l'abbé DESFONTAINE.

VOYAGES
IMAGINAIRES,
SONGES, VISIONS,
ET
ROMANS CABALISTIQUES.

Ornés de Figures.

TOME QUATORZIÈME.

Seconde division de la première classe, contenant les Voyages Imaginaires *merveilleux.*

A AMSTERDAM,
Et se trouve à PARIS,
RUE ET HOTEL SERPENTE.

M. DCC. LXXXVII.

VOYAGES
DU CAPITAINE
LEMUEL GULLIVER,

Par le docteur SWIFT,

Traduits par l'abbé DESFONTAINE.

AVERTISSEMENT
DE L'ÉDITEUR
DES VOYAGES IMAGINAIRES.

DE tous les ouvrages dont cette classe est composée, nous ne croyons pas en présenter un qui mérite mieux les suffrages de nos lecteurs, que les voyages du capitaine Lemuel Gulliver. A peine cette production parut-elle en Angleterre, qu'elle y fut accueillie avec l'empressement que l'on témoigne pour les chef-d'œuvres : plusieurs éditions épuisées en peu de tems satisfirent à peine l'avidité du public. L'abbé Desfontaine conçut le dessein de faire passer cet ouvrage dans notre langue ; mais il hésita quelque tems ; il craignit que la finesse du critique anglois ne nous échappât & ne perdît de son mérite sous un idiôme étranger; il fut aussi rebuté par l'excessive invraisemblance de la fiction. Une fable qui heurte avec aussi peu de ménagement toutes les règles de la possibilité physique, lui parut le fruit d'une imagination trop hardie, qui avoit pu plaire en Angleterre, mais qui choqueroit notre délicatesse. Heureusement ce traducteur s'est trompé; sa traduction a eu un succès aussi complet que l'ouvrage original, & lui a appris que nous avions su, aussi-bien que les Anglois, démêler le fond de critique, de morale & de philosophie que le docteur Swift avoit enveloppé de la plus extravagante de toutes les fables. La fiction en elle-même ne nous a pas paru indigne d'amuser les gens de goût; on y a trouvé de l'esprit, de la gaieté & des idées neuves, qui ne pouvoient avoir été produites que par une imagination vive & agréablement variée.

C'est donc un vrai service que l'abbé Desfontaine a rendu à notre littérature en traduifant les voyages de Gulliver, & il n'a pas tardé à en être convaincu. La première édition donnée en 1728 a été bientôt épuifée ; de nouvelles fe font fuccédées rapidement, & c'eft un des ouvrages que l'on réimprime le plus fréquemment.

Le docteur Jonathan Swift, auteur des voyages de Gulliver, eft né à Dublin en 1667. Quelques perfonnes ont cru qu'il étoit fils naturel du chevalier Temple ; mais cette opinion, fondée fur des liaifons d'intimité qui étoient entre fa mère & le chevalier, n'a pas été généralement adoptée. La mère du docteur étoit parente du chevalier, & leur intimité, fondée fur les liens du fang, a pu ne pas aller au-delà des bornes de l'eftime & de l'amitié. Quoi qu'il en foit, le chevalier a pris un foin particulier du jeune Swift ; il a fourni aux frais de fon éducation ; &, cette éducation finie, il s'eft occupé de fon avancement.

AVERTISSEMENT

Le jeune Swift suivit d'abord la carière militaire ; mais il l'abandonna presqu'aussitôt pour embrasser l'état ecclésiastique. Le chevalier Temple l'avoit fait connoître au roi Guillaume : ce prince avoit pris Swift en amitié, & se plaisoit en sa conversation ; il lui en donna des marques en lui conférant un bénéfice en Irlande, dont le revenu étoit considérable. L'inconstance de Swift & son goût pour l'indépendance ne lui permit pas de profiter de cet avantage. Il abandonna le bénéfice, dont les devoirs étoient incompatibles avec son humeur. Il quitta l'Irlande, qui l'éloignoit de ses anciennes habitudes en Angleterre.

Swift retourna auprès de son protecteur, qui l'accueillit avec bonté ; mais il n'eut pas le tems de rien faire pour lui. La mort l'enleva peu de tems après.

Ce fut dans ce tems que le docteur épousa secrètement la fille de l'un des domestiques du chevalier. Cette jeune personne se nommoit Stella ; il prit

DE L'ÉDITEUR. xj

d'abord le soin de cultiver son esprit & ses talens ; en étant devenu amoureux, il la célébra dans ses ouvrages : mais toutes ces flatteries ne firent point le bonheur de Stella. A peine le docteur l'eut-il épousée, qu'il rougit de s'être donné pour femme la fille d'un domestique. Il tint son mariage secret, & sa femme captive. Elle demeura dans une dépendance conforme à son ancien état. Stella ne fut pas insensible à ce traitement ; elle en conçut un chagrin qui la conduisit en peu de tems au tombeau.

L'humeur du docteur avoit toujours été difficile ; la mort de son protecteur & celle de sa femme contribuèrent à l'aigrir encore davantage. Il fit sa cour au roi Guillaume ; mais ce prince, qui avoit perdu le docteur de vue, ne lui fit pas l'accueil qu'il avoit espéré : il obtint néanmoins le doyenné de Saint-Patrice en Irlande, dont le revenu montoit à environ 30,000 livres. Toutes ces choses ne satisfirent pas Swift, qui portoit dans l'ame un fond d'inquiétude & de chagrin que rien ne put guérir. En 1735, une fièvre violente se joignit à ces maux; le malheureux doyen perdit la mémoire; il tomba dans une mélancolie profonde, accompagnée d'un triste délire. C'est ainsi que mourut l'un des écrivains les plus gais de l'Angleterre, après avoir traîné pendant dix ans la vie la plus triste & la plus infortunée. Il est mort dans les derniers jours de l'année 1745.

D'après ce que nous venons de dire du docteur Swift, on en conclura qu'il étoit d'un caractère chagrin & difficile, & qu'il a dû avoir peu d'amis; son goût pour la satyre & le peu de ménagement qu'il gardoit dans ses critiques ont dû lui susciter une foule d'ennemis. On ajoute qu'il étoit fier, intraitable, curieux d'être distingué des grands, familier par goût avec les gens du peuple. Arrêtons-nous, & n'achevons pas un portrait qui pourroit être pris pour une satyre trop amère d'un homme de lettres, dont les talens doivent solliciter notre indulgence. Nous aurions desiré seulement que notre auteur n'eût pas étendu jusqu'aux choses les plus respectables la hardiesse de sa critique.

Les principaux ouvrages de Swift sont un poëme intitulé : *Cadences de Vanessa.* On prétend qu'il y a tracé sa propre histoire. C'est celle d'une femme qui brûle de la passion la plus vive pour le plus indifférent des hommes. Si cela est, Swift est doublement blâmable, & d'avoir causé la mort de cette infortunée, & d'avoir chanté lui-même sa déplorable victoire. *Le conte du Tonneau,* histoire allégorique, dans laquelle il caractérise, sous le nom de *Pierre,* de *Martin* & de *Jean*, les églises catholiques & protestantes, & où il exerce, avec une liberté répréhensible, sa critique sur les unes & sur les autres. *L'art de méditer sur la garde-robe ; la guerre des livres,* &c., & plusieurs autres ouvrages de critique & de satyre qui font beaucoup d'honneur à son esprit, mais qui en font peu à son caractère & à son goût.

Le traducteur des voyages de Gulliver est l'Abbé Desfontaine; en enrichissant notre littérature de ce charmant ouvrage, il en a retranché plusieurs plaisanteries fades, des réflexions trop hardies, & des satyres personnelles, qui n'auroient eu parmi nous aucun agrément.

Il a paru, il y a quelques années, une nouvelle édition des voyages de Gulliver, dans laquelle on a donné, par forme de supplément, un second *voyage à Brobdingnag* & le *voyage des Sevarambes*. Nous nous sommes bien gardés d'employer ce supplément, qui n'appartient, ni au docteur Swift, ni à son traducteur, & n'est digne, ni de l'un, ni de l'autre; le voyage des Sevarambes, entr'autres, est un mauvais abrégé de l'histoire des Sevarambes que l'on a lue dans le cinquième volume de cette collection.

PRÉFACE
DU TRADUCTEUR,
Mise à la tête de l'édition de 1728.

L'AUTEUR de cet ouvrage est le célèbre M. Swift, Anglois, doyen de l'église de S. Patrice à Dublin, dont tous les écrits, soit dans le genre de belles-lettres, soit sur les matières de politique, sont connus & très-estimés en Angleterre.

Il y a environ dix-sept ans qu'il fit imprimer à Londres un volume *in-8°.* d'œuvres mêlées. En 1701, il donna au public l'histoire des dissentions qui s'élevèrent autrefois dans les républiques d'Athènes & de Rome, entre la noblesse & le peuple, ouvrage où il faisoit allusion aux accusations intentées, en 1700, par la Chambre-Basse, contre les milords Somers, Halifax & Oxford. Sans parler de plusieurs de ses écrits qui regardent les affaires d'état & les intérêts des princes de l'Europe, il y a quatre ou cinq ans qu'il publia sept petits traités au sujet d'une certaine monnoie de cuivre que le gouvernement vouloit introduire en Irlande. Ces écrits, également ingénieux & sensés, firent tant d'impression sur les esprits, que le lord Carteret, envoyé en Irlande pour faire exécuter les intentions de la cour, eut ordre d'abolir la nouvelle monnoie de cuivre.

On connoît assez en France le *conte du Tonneau*, dont le même M. Swift est l'auteur, & dont la traduction, qui fut débitée à Paris, il y a cinq ou six ans, quoiqu'assez mauvaise, eut beaucoup de succès.

Sur la fin de l'année dernière, M. Swift publia à Londres les *voyages du capitaine Lemuel Gulliver*, dont il s'agit. Un seigneur anglois, qui réside à Paris, les ayant presque aussitôt reçus d'Angleterre, me fit l'honneur de m'en parler comme d'un livre agréable & plein d'esprit. Le suffrage

PRÉFACE. xvij

suffrage de ce seigneur, qui a lui-même beaucoup d'esprit, de goût & de littérature, me prévint en faveur du livre. Quelques autres Anglois de ma connoissance, dont j'estime aussi beaucoup les lumières, en portèrent le même jugement; & comme ils savoient que depuis quelque tems j'avois un peu appris leur langue, ils m'exhortèrent à faire connoître cet ouvrage ingénieux à la France, par une traduction qui pût répondre à l'original.

Dans ce même tems, un ami de M. de Voltaire me montra une lettre de fraîche date, écrite de Londres, où cet illustre poëte vantoit beaucoup le livre nouveau de M. Swift, & assuroit qu'il n'avoit jamais rien lu de plus amusant & de plus spirituel; & que, s'il étoit bien traduit en françois, il auroit un succès éclatant.

Tout cela me fit naître, au commencement du mois de février de cette année, non-seulement l'envie de le lire, mais même le dessein de le traduire, en cas que je m'en sentisse capable, & que je le trouvasse conforme à mon goût. Je le lus & n'y trouvai aucune obscurité. Mais j'avoue que les trente premières pages ne me firent aucun plaisir. L'arrivée de Gulliver dans l'empire de Lilliput, la description de ce pays & de ses habitans qui n'avoient que six pouces de hauteur, & le détail circonstancié de leurs sentimens & de leur conduite à l'égard d'un étranger qui étoit pour eux un géant, tout cela me parut assez froid & d'un mérite médiocre, & me fit craindre que tout l'ouvrage ne fût du même goût.

Mais, quand j'eus un peu plus avancé dans la lecture du livre, mes idées changèrent, & je reconnus qu'on avoit eu raison de me le vanter. J'y trouvai des choses amusantes & judicieuses, une fiction soutenue, de fines ironies, des allégories plaisantes, une morale sensée & libre, & par-tout une critique badine & pleine de sel ; je trouvai, en un mot, un livre tout-à-fait neuf & original dans son genre. Je ne balançai plus ; je me mis à le traduire, uniquement pour ma propre utilité, c'eſt-à-dire, pour me perfectionner dans la connoiſſance de la langue angloiſe, qui commence à être à la mode à Paris, & que pluſieurs perſonnes de diſtinction & de mérite ont depuis peu appriſe.

Je lus quelques morceaux de ma traduction à des amis éclairés, & qui ſe connoiſſent en bonnes plaiſanteries. J'obſervai la première impreſſion que cela produiſoit ſur eux, & y fis, ſelon ma coutume, bien plus d'attention qu'aux réflexions avantageuſes qui ſuivirent. Enfin, déterminé par leurs ſuffrages & leurs conſeils, je réſolus d'achever ma traduction, & de riſquer de la donner au public.

Je ne puis néanmoins diſſimuler ici que j'ai trouvé dans l'ouvrage de M. Swift des endroits foibles & même très-mauvais, des allégories impénétrables, des alluſions inſipides, des détails puériles, des réflexions triviales, des penſées baſſes, des redites ennuyeuſes, des poliſſonneries grossières, des plaisanteries fades ; en un mot, des choses qui, rendues littéralement en françois, auroient paru indécentes, pitoyables, impertinentes, auroient révolté le bon goût qui règne en France, m'auroient même couvert de confusion, & m'auroient infailliblement attiré de justes reproches, si j'avois été assez foible & assez imprudent pour les exposer aux yeux du public.

Je sais que quelques-uns répondent que tous ces endroits qui choquent, sont allégoriques, & ont du sel pour ceux qui les entendent. Pour moi qui n'en ai point la clef, non plus que ces messieurs même qui en font l'apologie, & qui ne puis ni ne veux trouver l'explication de tous ces beaux mystères, je déclare que j'ai cru devoir prendre le parti de les supprimer entièrement. Si j'ai, peut-être, laissé encore quelque chose de ce genre dans ma traduction, je prie le public de songer qu'il est naturel à un traducteur de se laisser gagner, & d'avoir quelquefois un peu trop d'indulgence pour son auteur. Au

PRÉFACE. xxj

reste, je me suis figuré que j'étois capable de suppléer à ces défauts, & de réparer ces pertes par le secours de mon imagination, & par de certains tours que je donnerois aux choses même qui me déplaisoient. J'en dis assez pour faire connoître le caractère de la traduction.

J'apprends qu'on en imprime actuellement une en Hollande. Si elle est littérale, & si elle est faite par quelque traducteur ordinaire de ce pays-là, je prononce, sans l'avoir vue, qu'elle est fort mauvaise, & je suis bien sûr que quand elle paroîtra, je ne serai ni démenti, ni détrompé.

J'ai dit que cet ouvrage de M. Swift étoit neuf & original en son genre. Je n'ignore pas cependant que nous en avons déja de cette espèce. Sans parler de la *République* de Platon, de l'*Histoire véritable* de Lucien, & du *supplément* à cette histoire, on connoît l'*Utopie* du chancelier Morus, *la nouvelle Atlantis* du chancelier Bacon, *l'histoire des Sevarambes*, les *voyages de Sadeur & de Jacques Macé*, & enfin le *voyage dans la Lune* de Cyrano de Bergerac. Mais tous ces ouvrages sont d'un goût fort différent, & ceux qui voudront les comparer à celui-ci, trouveront qu'ils n'ont rien de commun avec lui, que l'idée d'un voyage imaginaire & d'un pays supposé.

Certains esprits sérieux & d'une solidité pesante, ennemis de toute fiction, ou qui daignent tout au plus tolérer les fictions ordinaires, feront, peut-être, rebutés par la hardiesse & la nouveauté des suppositions qu'ils verront ici. Des pigmées de six pouces; des géans hauts de cent cinquante pieds; une île aërienne, dont tous les habitans sont géomètres & astronomes; une académie de systêmes & de chimères; une île de magiciens, des hommes immortels; enfin des chevaux qui ont la raison en partage dans un pays où les animaux qui ont la figure humaine, ne sont point raisonnables, tout cela révoltera ces esprits solides qui veulent par-tout de la vérité & de la réalité, ou au moins de la vraisemblance & de la possibilité.

Mais je leur demande s'il y a beaucoup de vraisemblance & de possibilité dans la supposition des fées, des enchanteurs & des hippogryphes. Combien cependant n'avons-nous pas d'ouvrages estimés, qui ne sont fondés que sur la supposition de ces êtres chimériques ? L'Arioste & le Tasse sont pleins de ces fictions qui choquent la vraisemblance. Que dirai-je des fictions les plus ordinaires des poëtes ? N'y trouve-t-on pas des centaures, des syrènes, des tritons, des driades, des naïades, des muses, un pégase, des gorgones, des faunes, des satyres, des fleuves animés, des génies, enfin des pigmées & des géans, comme ici ? Voilà le système poétique : si on le condamne, il faut réduire aujourd'hui toutes les fictions aux intrigues ennuyeuses des romans ; il faut regarder avec le dernier mépris les métamorphoses d'Ovide, & celles qui sont répandues dans les poëmes d'Homère & de Virgile, puisque tout cela n'est fondé que sur des imaginations qui n'ont aucune vraisem-blance.

Mais le *Pantagruel* de Rabelais doit paroître aussi un livre insipide & détestable dans les endroits mêmes que les connoisseurs admirent. Gargantua n'est-il pas un géant plus grand encore que ceux de Brobdingnag ? On le voit monté sur une jument qui est capable de porter les deux grosses cloches de Notre-Dame de Paris, & d'abattre avec sa queue la moitié de la forêt d'Orléans. Que cette image doit peu plaire à nos critiques !

Le voyage dans l'île aërienne est-il plus absurde dans sa supposition, que le voyage dans la lune de Cyrano de Bergerac ? Cependant cette imagination burlesque a été goûtée de tout le monde. A l'égard du voyage dans le pays des chevaux raisonnables, ou des Houyhnhnms, j'avoue que c'est la fiction la plus hardie; mais c'est aussi celle où l'art & l'esprit brille le plus. Pour moi, en commençant à lire ce voyage, j'avois de la peine

PRÉFACE. xxv

à concevoir comment l'auteur pourroit soutenir & orner cette fiction bisarre, & lui donner au moins un air de vraisemblance fabuleuse. Des chevaux raisonnables, & s'entretenant avec un voyageur, me paroissoient une imagination insoutenable. Je me sus pourtant bon gré ensuite d'avoir admis l'hypothèse : l'homme, en effet, pour être bien peint, doit l'être par un autre animal que l'homme. Au reste, dans le supplément de l'histoire de Lucien, on trouve une république d'animaux ; & les fables d'Ésope, de Phèdre, de la Fontaine, & quelques-unes aussi de M. de la Motte, font parler & raisonner les bêtes.

Je crois donc que, pour toutes ces raisons, on ne doit pas censurer les *voyages de Gulliver*, précisément parce que les fictions n'en sont pas croyables. Ce sont, il est vrai, des fictions chimériques, mais qui fournissent de l'exercice à l'imagination, & donnent beau jeu à un écrivain, & qui, par cet endroit seul, doivent être goûtées, si elles sont conduites avec jugement, si elles amusent, & sur-tout si elles amenent une morale sensée. Or c'est ce qui me paroît se trouver ici. Cependant, comme un auteur & un traducteur ne font qu'un, je n'exige pas qu'on me croye sur ma parole.

Les deux premiers voyages sont fondés sur l'idée d'un principe de physique très-certain : savoir, qu'il n'y a point de grandeur absolue, & que toute mesure est relative. L'auteur a travaillé sur cette idée, & en a tiré tout ce qu'il a pu, pour réjouir & instruire ses lecteurs, & pour leur faire sentir la vanité des grandeurs humaines. Dans ces deux voyages, il semble, en quelque sorte, considérer les hommes avec un télescope. D'abord il tourne le verre objectif du côté de l'œil, & les voit par conséquent très-petits : c'est le voyage de Lilliput. Il retourne ensuite son télescope, & alors il voit les hommes très-grands : c'est le voyage de Brobdingnag. Cela lui fournit des images plaisantes, des allusions, des réflexions.

A l'égard des autres voyages, l'auteur a eu deffein, encore plus que dans les deux premiers, de cenfurer plufieurs ufages de fon pays. L'île aërienne de Laputa paroît être la cour d'Angleterre, & ne peut avoir de rapport à aucune autre cour. On fent auffi que, dans ce troifième voyage, l'auteur en veut à certaines maximes des voyageurs hollandois qui commercent au Japon; maximes qui ne font que trop réellement pratiquées, & qu'il eft à préfumer que la république n'autorife point.

Dans tous ces voyages, & fur-tout dans celui au pays des Houyhnhnms, l'auteur atttaque l'homme en général, & fait fentir le ridicule & la misère de l'efprit humain. Il nous ouvre les yeux fur des vices énormes que nous fommes accoutumés à regarder, tout au plus, comme de légers défauts, & il nous fait fentir le prix d'une raifon épurée, & plus parfaite que la nôtre.

Je ne fuis point furpris d'apprendre qu'en trois femaines, dix mille exemplaires de l'original anglois des *voyages de Gulliver*, ont été débités à Londres & répandus en Angleterre & ailleurs. Comme tout ce que ce livre contient, a un rapport direct & immédiat aux usages des trois royaumes & aux mœurs de leurs habitans, & ne regarde nos coutumes & nos mœurs, qu'autant qu'il s'y agit de l'homme en général, je suis bien éloigné de penser que ma traduction puisse avoir en ce pays-ci un aussi prodigieux succès. Je puis néanmoins dire, sans trop me flatter, qu'elle a un certain mérite que l'original n'a point: j'en ai dit les raisons ci-dessus.

Je prie le lecteur de me pardonner, s'il m'est échappé quelques anglicismes. Quoique j'aie eu soin de les éviter, je crains qu'on n'en découvre ici, & qu'on n'ait de la peine à y reconnoître ce style, dont je fais peu de cas, & qu'on veut quelquefois trouver, malgré moi, dans des ouvrages qui ne m'appartiennent point. Je ne désavouerai jamais ceux que j'ai écrits & publiés, de quelque nature

PRÉFACE.

qu'ils soient, parce que je n'écris rien dont je doive me défendre; &, quoique celui-ci ne soit pas fort conforme au genre de mes études, à mon génie & au peu de talent que la nature m'a donné pour autre chose, je ne rougirai cependant point d'un travail dont j'ai expliqué les motifs, & je m'en cacherai d'autant moins, que c'est une traduction: ouvrage ingrat qui ne flatte point la vanité, & qui n'en peut jamais inspirer qu'à un esprit extrêmement foible & superficiel.

Mais, ce que je désavoue d'avance, ce sont les applications malignes & injustes qu'on voudroit, peut-être, faire de quelques endroits de cet ouvrage. Le monde est aujourd'hui plein de faiseurs d'allusions, d'hommes subtils & chimériques, qui, pleins d'intentions mauvaises, en prêtent le plus qu'ils peuvent aux autres, & se livrent avec plaisir aux interprétations les plus odieuses & les plus forcées. Si on condamne tout ce qui peut occasionner des allusions éloignées

& de fantaisie, il faut condamner, non-seulement la plupart des livres d'imagination, mais presque toutes les histoires, où l'on trouve nécessairement des portraits qui ressemblent un peu à des personnes modernes, & des faits qui se rapportent à ce qui se passe sous nos yeux.

Il est clair que ce livre n'a point été écrit pour la France, mais pour l'Angleterre; & que ce qu'il renferme de satyre particulière & directe, ne nous touche point. Après cela, je proteste que si j'eusse trouvé dans mon auteur des traits piquans, dont l'allusion m'eût paru marquée & naturelle, & dont j'eusse senti le rapport injurieux à quelque personne de ce pays-ci, je les aurois supprimés sans balancer, comme j'ai retranché tout ce qui m'a paru grossier & indécent.

Ce qui m'a fait plaisir dans l'original, c'est que je n'y ai rien apperçu qui pût blesser la vraie Religion. Ce que l'auteur dit des Gros-boutiens, des Hauts-talons & des Bas-talons dans l'empire de

PRÉFACE. xxxj

Lilliput, regarde évidemment ces malheureuses disputes qui divisent l'Angleterre en conformistes, en torys & en wigts: spectacle ridicule aux yeux d'un philosophe profane, mais qui excite la compassion d'un philosophe chrétien, attaché à la vraie religion & à l'unité qui ne se trouve que dans l'église romaine. Je n'insiste point sur cette réflexion qui est trop sérieuse pour la préface d'un livre tel que celui-ci.

Je crois, au reste, qu'on ne sera point blessé de certains détails de marine, ni de quelques petites circonstances indifférentes que l'auteur rapporte, & que j'ai laissées dans ma traduction. Il paroît qu'il a affecté en cela de contrefaire les voyageurs, & qu'il a prétendu se moquer de leur scrupuleuse exactitude, & des minuties dont ils chargent leurs relations.

La manière dont Gulliver termine le récit de deux de ses voyages, est une peinture naturelle des effets de l'habitude. Au sortir du royaume de Brobdingnag, tous les hommes lui semblent des pigmées ; & après avoir quitté le pays des Houyhnhnms, où il a entendu dire tant de mal de la nature humaine, il ne la peut plus supporter lorsqu'il retourne parmi les hommes. Mais il fait bien sentir ensuite que toutes les impressions s'effacent avec le tems.

Quoique j'ai fait mon possible pour ajouter l'ouvrage de M. Swift au goût de la France, je ne prétends pas cependant en avoir fait un ouvrage françois. Un étranger est toujours étranger ; quelque esprit & quelque politesse qu'il ait, il conserve toujours un peu de son accent & de ses manières.

Si cette préface paroît longue, le public doit pardonner cette prolixité à un écrivain qui va faire le personnage de traducteur, & ne dire presque rien de lui-même dans deux volumes.

VOYAGES DE GULLIVER.

PREMIERE PARTIE.
VOYAGE A LILLIPUT.

CHAPITRE PREMIER.

L'auteur rend un compte succinct des premiers motifs qui le portèrent à voyager. Il fait naufrage, & se sauve à la nage dans le pays de Lilliput. On l'enchaîne, & on le conduit en cet état plus avant dans les terres.

MON père, dont le bien situé dans la province de Nottingham, étoit médiocre, avoit cinq fils ; j'étois le troisième, & il m'envoya au collège d'Emmanuel à Cambridge, à l'âge de quatorze ans. J'y demeurai trois années que j'employai utilement; mais la dépense de mon entretien au collège étant trop grande, on me mit en apprentissage sous monsieur Jacques Bates, fameux chirurgien à Londres, chez qui je demeurai quatre ans. Mon père m'envoyant de tems en tems quelques petites sommes d'argent, je les employois à apprendre le pilotage & les autres parties des mathématiques les plus nécessaires à ceux qui forment le dessein de voyager sur mer, ce que je prévoyois être ma destinée. Ayant quitté M. Bates, je retournai chez mon père, & tant de lui que de mon oncle Jean & de quelques autres parens, je tirai la somme de quarante livres sterling, avec la promesse de trente autres livres sterling par an, pour me soutenir à Leyde. Je m'y rendis & m'y appliquai à l'étude de la médecine pendant deux ans & sept mois, persuadé qu'elle me seroit un jour très-utile dans mes voyages.

Bientôt après mon retour de Leyde, j'eus, à la recommandation de mon bon maître M. Bates, l'emploi de chirurgien sur l'hirondelle, où je restai trois ans & demi sous le capitaine Abraham Panell, commandant. Je fis pendant ce tems-là des voyages au levant & ailleurs.

A mon retour je résolus de m'établir à Londres, M. Bates m'encouragea à prendre ce parti, & me recommanda à ses malades : je louai un appartement dans un petit hôtel, situé dans le quartier appellé Old-Jewry; & bientôt après j'épousai mademoiselle Marie Burton, seconde fille de M. Edouard Burton, marchand dans la rue de Newgate, laquelle m'apporta quatre cent livres sterling en mariage.

Mais mon cher maître M. Bates étant mort deux ans après, & n'ayant plus de protecteur, ma pratique commença à diminuer : ma conscience ne me permettoit pas d'imiter la conduite de la plupart des chirurgiens, dont la science est trop semblable à celle des procureurs. C'est pourquoi, après avoir consulté ma femme, & quelques autres de mes intimes amis, je pris la résolution de faire encore un voyage de mer. Je fus chirurgien successivement dans deux vaisseaux; & plusieurs autres voyages que je fis, pendant six ans, aux indes orientales & occidentales, augmentèrent un peu ma petite fortune. J'employois mon loisir à lire les meilleurs auteurs anciens & modernes, étant toujours fourni d'un certain nombre de livres; & quand je me trouvois à terre, je ne négligeois pas de remarquer les mœurs & les coutumes des peuples, & d'apprendre en même-tems la langue du pays, ce qui me coûtoit peu, ayant la mémoire très-bonne.

Le dernier de ces voyages n'ayant pas été heureux, je me trouvai dégoûté de la mer, & je pris le parti de rester chez moi avec ma femme & mes enfans. Je changeai de demeure, & me transportai de l'Old-Jewry à la rue de Fetterlane, & delà à Wapping, dans l'espérance d'avoir de la pratique parmi les matelots; mais je n'y trouvai pas mon compte.

Après avoir attendu trois ans, & espéré en vain que mes affaires iroient mieux, j'acceptai un parti avantageux qui me fut proposé par le capitaine Guillaume Prichard, prêt à monter l'Antelope, & à partir pour la mer du sud. Nous nous embarquâmes à Bristol le 4 de mai 1699, & notre voyage fut d'abord très-heureux.

Il est inutile d'ennuyer le lecteur par le détail de nos aventures dans ces mers: c'est assez de lui faire savoir que dans notre passage aux indes orientales, nous essuyâmes une tempête dont la violence nous poussa vers le nord-ouest de la terre de Van-Diemen. Par une observation que je fis, je trouvai que nous étions à trente degrés deux minutes de latitude méridionale. Douze de notre équipage étoient morts par le travail excessif & par la mauvaise nourriture. Le cinquième de novembre, qui étoit le commencement de l'été dans ces pays-là, le tems étant un peu noir, les mariniers apperçurent un roc qui n'étoit éloigné du vaisseau que de la longueur d'un cable ; mais le vent étoit si fort, que nous fûmes poussés directement contre l'écueil, & que nous échouâmes dans un moment. Six de l'équipage dont j'étois un, s'étant jettés à propos dans la chaloupe, trouvèrent le moyen de se débarrasser du vaisseau & du roc. Nous allâmes à la rame environ trois lieues ; mais à la fin la lassitude ne nous permit plus de ramer. Entiérement épuisés, nous nous abandonnâmes au gré des flots, & bientôt nous fûmes renversés par un coup de vent du nord.

Je ne sais quel fut le sort de mes camarades de la chaloupe, ni de ceux que se sauvèrent sur le roc, ou qui restèrent dans le vaisseau ; mais je crois qu'ils périrent tous : pour moi je nageai à l'aventure, & fus poussé vers la terre par le vent & la marée : je laissai souvent tomber mes jambes, mais sans toucher le fond. Enfin, étant prêt de m'abandonner, je trouvai pied dans l'eau, & alors la tempête étoit bien diminuée. Comme la pente étoit presque insensible, je marchai une demi-lieue dans la mer avant que j'eusse pris terre. Je fis environ un quart de lieue, sans découvrir aucune maison, ni aucun vestige d'habitans, quoique ce pays fût très-peuplé. La fatigue, la chaleur, & une demi-pinte d'eau-de-vie que j'avois bue en abandonnant le vaisseau; tout cela m'excita à dormir. Je me couchai sur l'herbe qui étoit très-fine, où je fus bientôt enseveli dans un profond sommeil qui dura neuf heures. Au bout de ce tems-là m'étant éveillé, j'essayai de me lever; mais ce fut en vain. Je m'étois couché sur le dos; je trouvai mes bras & mes jambes attachés à la terre de l'un & de l'autre côté, & mes cheveux attachés de la même manière, je trouvai même plusieurs ligatures très-minces qui entouroient mon corps depuis mes aisselles jusqu'à mes cuisses. Je ne pouvois que regarder en haut; le soleil commençoit à être fort chaud, & sa grande clarté blessoit mes yeux. J'entendis un bruit confus autour de moi; mais dans la posture où j'étois, je ne pouvois voir que le soleil. Bientôt je sentis remuer quelque chose sur ma jambe gauche, & cette chose avançant doucement sur ma poitrine, monter presque jusqu'à mon menton. Quel fut mon étonnement, lorsque j'apperçus une petite figure de créature humaine, haute tout au plus de six pouces, un arc & une fleche à la main, avec un carquois sur le dos! J'en vis en même-tems au moins qua-

Voyage à Lilliput.

C. P. Marillier del.   L. Croutelle Sculp.

rante autres de la même espèce. Je me mis soudain à jetter des cris si horribles, que tous ces petits animaux se retirèrent transis de peur ; & il y en eut même quelques-uns, comme je l'ai appris ensuite, qui furent dangereusement blessés par les chûtes précipitées qu'ils firent en sautant de dessus mon corps à terre. Néanmoins ils revinrent bientôt ; & un d'eux, qui eut la hardiesse de s'avancer si près, qu'il fut en état de voir entièrement mon visage, levant les mains & les yeux par une espèce d'admiration, s'écria d'une voix aigre, mais distincte, Hekinah Degul. Les autres répétèrent plusieurs fois les mêmes mots ; mais alors je n'en compris pas le sens. J'étois pendant ce tems-là étonné, inquiet, troublé, & tel que seroit le lecteur en pareille situation : enfin, faisant des efforts pour me mettre en liberté, j'eus le bonheur de rompre les cordons ou fils, & d'arracher les chevilles qui attachoient mon bras droit à la terre ; car en le haussant un peu, j'avois découvert ce qui me tenoit attaché & captif. En même-tems, par une secousse violente qui me causa une douleur extrême, je lâchai un peu les cordons qui attachoient mes cheveux du côté droit, (cordons plus fins que mes cheveux même) en sorte que je me trouvai en état de procurer à ma tête un petit mouvement libre. Alors ces insectes humains se mirent en fuite, & poussèrent des cris très-aigus. Ce bruit cessant, j'entendis un d'eux s'écrier, *Tolgo Phonac*, & aussi-tôt je me sentis percé à la main gauche de plus de cent fleches, qui me piquoient comme autant d'aiguilles. Ils firent ensuite une autre décharge en l'air, comme nous tirons des bombes en Europe, dont plusieurs, je crois, tomboient paraboliquement sur mon corps, quoique je ne les apperçusse pas, & d'autres sur mon visage que je tâchai de couvrir avec ma main droite. Quand cette grêle de fleches fut passée, je m'efforçai encore de me détacher; mais on fit alors une autre décharge plus grande que la première, & quelques-uns tâchoient de me percer de leurs lances; mais par bonheur je portois une veste impénétrable de peau de buffle. Je crus donc que le meilleur parti étoit de me tenir en repos, & de rester comme j'étois jusqu'à la nuit; qu'alors dégageant mon bras gauche, je pourrois me mettre tout-à-fait en liberté; & à l'égard des habitans, c'étoit avec raison que je me croyois d'une force égale aux plus puissantes armées qu'ils pourroient mettre sur pied pour m'attaquer, s'ils étoient tous de la même taille que ceux que j'avois vus jusques-là. Mais la fortune me réservoit un autre sort.

Quand ces gens eurent remarqué que j'étois tranquille, ils cessèrent de me décocher des fleches; mais par le bruit que j'entendis, je connus que leur nombre s'augmentoit considérablement; &, environ à deux toises loin de moi, vis-à-vis de mon oreille gauche, j'entendis un bruit pendant plus d'une heure, comme de gens qui travailloient. Enfin tournant un peu ma tête de ce côté-là, autant que les chevilles & les cordons me le permettoient, je vis un échafaud élevé de terre d'un pied & demi, où quatre de ces petits hommes pouvoient se placer, & une échelle pour y monter; d'où un d'entr'eux, qui me sembloit être une personne de condition, me fit une harangue assez longue, dont je ne compris pas un mot. Avant que de commencer, il s'écria trois fois: Langro Dehul san. Ces mots furent répétés ensuite, & expliqués par des signes pour me les faire entendre. Aussi-tôt cinquante hommes s'avancèrent, & coupèrent les cordons qui attachoient le côté gauche de ma tête, ce qui me donna la liberté de la tourner à droite, & d'observer la mine & l'action de celui qui devoit parler. Il me parut être de moyen âge, & d'une taille plus grande que les trois autres qui l'accompagnoient, dont l'un qui avoit l'air d'un page, tenoit la queue de sa robe, & les deux autres étoient debout de chaque côté pour le soutenir. Il me sembla bon orateur, & je conjecturai que selon les règles de l'art, il mêloit dans son discours des périodes pleines de menaces & de promesses. Je fis la réponse en peu de mots, c'est à-dire par un petit nombre de signes; mais d'une manière pleine de soumission, levant ma main gauche & les deux yeux au soleil, comme pour le prendre à temoin que je mourois de faim, n'ayant rien mangé depuis long-tems. Mon appétit étoit en effet si pressant, que je ne pus m'empêcher de faire voir mon impatience (peut-être contre les règles de l'honnêteté) en portant mon doigt très-souvent à ma bouche, pour faire connoître que j'avois besoin de nourriture. L'Hurgo, (c'est ainsi que parmi eux on appelle un grand seigneur, comme je l'ai ensuite appris) m'entendit fort bien. Il descendit de l'échafaud, & ordonna que plusieurs échelles fussent appliquées à mes côtés, sur lesquelles montèrent bientôt plus de cent hommes, qui se mirent en marche vers ma bouche, chargés de paniers pleins de viandes. J'observai qu'il y avoit de la chair de différens animaux, mais je ne les pus distinguer par le goût. Il y avoit des épaules & des éclanches en forme de celles de mouton, & fort bien accommodées, mais plus petites que les aîles d'une alouette; j'en avalois deux ou trois d'une bouchée avec six pains. Il me fournirent tout cela, témoignant de grandes marques d'étonnement & d'admiration, à cause de ma taille & de mon prodigieux appétit. Ayant fait un autre signe pour leur faire savoir qu'il me manquoit à boire; ils conjecturèrent par la façon dont je mangeois, qu'une petite quantité de boisson ne me suffiroit pas, & étant un peuple d'esprit, ils levèrent avec beaucoup d'adresse un des plus grands tonneaux de vin qu'ils eussent, le roulèrent vers ma main, & le défoncèrent. Je le bus d'un seul coup avec un grand plaisir: on m'apporta un autre muid que je bus de même, & fis plusieurs signes pour avertir de me voiturer encore quelqu'autres muids.

Après m'avoir vu faire toutes ces merveilles, ils poussèrent des cris de joie, & se mirent à danser, répétant plusieurs fois, comme ils avoient fait d'abord, Hekinah Degul. Bientôt après, j'entendis une acclamation universelle, avec de fréquentes répétitions de ces mots, Peplom Selan, & j'apperçus un grand nombre de peuple sur mon côté gauche, relâchant les cordons à un tel point, que je me trouvai en état de me tourner, & d'avoir le soulagement de pisser; fonction dont je m'acquittai au grand étonnement du peuple, lequel devinant ce que j'allois faire, s'ouvrit impétueusement à droite

& à gauche pour éviter le déluge. Quelque tems auparavant, on m'avoit frotté charitablement le visage & les mains d'un espèce d'onguent d'une odeur agréable, qui dans très peu de tems me guérit de la piquure des fleches. Ces circonstances, jointes aux rafraîchissements que j'avois reçus, me disposèrent à dormir, & mon sommeil fut environ de huit heures, sans me réveiller; les médecins, par ordre de l'empereur, ayant frelatté le vin, & y ayant mêlé des drogues soporifiques.

Tandis que je dormois, l'empereur de Lilliput, (c'étoit le nom de ce pays) ordonna de me faire conduire vers lui. Cette résolution semblera peut-être hardie & dangereuse, & je suis sûr qu'en pareil cas, elle ne seroit du goût d'aucun souverain de l'Europe; cependant, à mon avis, c'étoit un dessein également prudent & généreux; car en cas que ces peuples eussent tenté de me tuer avec leurs lances & leurs fleches, pendant que je dormois, je me serois certainement éveillé au premier sentiment de douleur; ce qui auroit excité ma fureur & augmenté mes forces à un tel degré, que je me serois trouvé en état de rompre le reste des cordons; & après cela, comme ils n'étoient pas capables de me résister, je les aurois tous écrasés & foudroyés.

On fit donc travailler à la hâte cinq mille charpentiers, & ingénieurs, pour construire une voiture. C'étoit un chariot élevé de trois pouces, ayant sept pieds de longueur & quatre de largeur, avec vingt-deux roues. Quand il fut achevé, on le conduisit au lieu où j'étois ; mais la principale difficulté fut de m'élever, & de me mettre sur cette voiture. Dans cette vue, quatre-vingt perches, chacune de deux pieds de hauteur, furent employées, & des cordes très-fortes de la grosseur d'une ficelle furent attachées, par le moyen de plusieurs crochets, aux bandages que les ouvriers avoient ceints autour de mon cou, de mes mains, de mes jambes, & de tout mon corps. Neuf cens hommes des plus robustes furent employés à élever ces cordes par le moyen d'un grand nombre de poulies attachées aux perches; & de cette façon, dans moins de trois heures de tems, je fus élevé, placé, & attaché dans la machine. Je sais tout cela par le rapport qu'on m'en a fait depuis; car pendant cette manœuvre, je dormois très-profondément. Quinze cens chevaux, les plus grands de l'écurie de l'empereur, chacun d'environ quatre pouces & demi de haut, furent attelés au chariot, & me traînèrent vers la capitale, éloignée d'un quart de lieue.

Il y avoit quatre heures que nous étions en

chemin, lorsque je fus subitement éveillé par un accident assez ridicule. Les voituriers s'étant arrêtés un peu de tems pour raccommoder quelque chose, deux ou trois habitans du pays avoient eu la curiosité de regarder ma mine, pendant que je dormois, & s'avançant très-doucement jusqu'à mon visage, l'un d'entr'eux, capitaine aux gardes, avoit mis la pointe aiguë de son esponton bien avant dans ma narine gauche; ce qui me chatouilla le nez, m'éveilla & me fit éternuer trois fois. Nous fîmes une grande marche le reste de ce jour-là, & nous campâmes la nuit avec cinq cents gardes, une moitié avec des flambeaux, & l'autre avec des arcs & des flèches prêtes à tirer, si j'eusse essayé de me remuer. Le lendemain au lever du soleil, nous continuâmes notre voyage, & nous arrivâmes sur les midi à cent toises des portes de la ville. L'empereur & toute la cour sortirent pour nous voir; mais les grands officiers ne voulurent jamais consentir que sa majesté hazardât sa personne en montant sur mon corps, comme plusieurs autres avoient osé faire.

À l'endroit où la voiture s'arrêta, il y avoit un temple ancien, estimé le plus grand de tout le royaume, lequel ayant été souillé quelques années auparavant par un meurtre, étoit, selon la prévention de ces peuples, regardé comme profane, & pour cette raison employé à divers usages. Il fut résolu que je serois logé dans ce vaste édifice. La grande porte regardant le nord, étoit environ de quatre pieds de haut, & presque de deux pieds de large. De chaque côté de la porte, il y avoit une petite fenêtre élevée de six pouces. A celle qui étoit du côté gauche, les serruriers du roi attachèrent quatre-vingt-onze chaînes, semblables à celles qui sont attachées à la montre d'une dame d'Europe, & presque aussi larges : elles furent par l'autre bout attachées à ma jambe gauche, avec trente-six cadenats. Vis-à-vis de ce temple, de l'autre côté du grand chemin, à la distance de vingt pieds, il y avoit une tour au moins de cinq pieds de haut : c'étoit-là que le roi devoit monter avec plusieurs des principaux seigneurs de sa cour, pour avoir la commodité de me regarder à son aise. On compte qu'il y eut plus de cent mille habitans qui sortirent de la ville, attirés par la curiosité ; & malgré mes gardes, je crois qu'il n'y auroit pas eu moins de dix mille hommes, qui à différentes fois auroient monté sur mon corps par des échelles, si on n'eût publié un arrêt du conseil d'état pour le défendre. On ne peut s'imaginer le bruit & l'étonnement du peuple, quand il me vit debout & me promener : les chaînes qui tenoient mon pied gauche, étoient environ de six pieds de long, & me donnoient la liberté d'aller & de venir dans un demi-cercle.

CHAPITRE II.

L'empereur de Lilliput, accompagné de plusieurs de ses courtisans, vient pour voir l'auteur dans sa prison. Description de la personne & de l'habit de sa majesté. Gens savans nommés pour apprendre la langue à l'auteur. Il obtient des graces par sa douceur. Ses poches sont visitées.

L'EMPEREUR à cheval s'avança un jour vers moi, ce qui pensa lui coûter cher. A ma vue, son cheval étonné se cabra; mais ce prince, qui est un cavalier excellent, se tint ferme sur ses étriers, jusqu'à ce que sa suite accourût & prît la bride. S. M. après avoir mis pied à terre, me considéra de tous côtés avec une grande admiration; mais pourtant se tenant toujours par précaution hors de la portée de ma chaîne.

L'impératrice, les princes & princesses du sang, accompagnés de plusieurs dames, s'assirent à quelque distance dans des fauteuils. L'empereur est plus grand qu'aucun de sa cour, ce qui

le

le fait redouter par ceux qui le regardent. Les traits de son visage sont grands & mâles, avec une lèvre d'Autriche, & un nez aquilin; il a un teint d'olive, un air élevé, & des membres bien proportionnés, de la grace & de la majesté dans toutes ses actions. Il avoit alors passé la fleur de sa jeunesse, étant âgé de vingt-huit ans & trois quarts, dont il en avoit régné environ sept. Pour le regarder avec plus de commodité, je me tenois couché sur le côté, en sorte que mon visage pût être parallele au sien; & il se tenoit à une toise & demie loin de moi. Cependant depuis ce tems-là, je l'ai eu plusieurs fois dans ma main; c'est pourquoi, je ne puis me tromper dans le portrait que j'en fais. Son habit étoit uni & simple, & fait moitié à l'Asiatique, moitié à l'Européenne; mais il avoit sur la tête un léger casque d'or orné de joyaux & d'un plumet magnifique. Il avoit son épée nue à la main, pour se défendre, en cas que j'eusse brisé mes chaînes; cette épée étoit presque longue de trois pouces, la poignée & le fourreau étoient d'or & enrichis de diamants. Sa voix étoit aigre, mais claire & distincte, & je la pouvois entendre aisément, même quand je me tenois debout. Les dames & les courtisans étoient tous habillés superbement, en sorte que la place qu'occupoit toute la cour, parois-

B

foit à mes yeux comme une belle jupe étendue sur la terre, & brodée de figures d'or & d'argent. Sa majefté impériale me fit l'honneur de me parler fouvent, & je lui répondis toujours, mais nous ne nous entendions ni l'un ni l'autre.

Au bout de deux heures, la cour fe retira, & on me laiffa une forte garde, pour empêcher l'impertinence, & peut-être la malice de la populace, qui avoit beaucoup d'impatience de fe rendre en foule autour de moi pour me voir de près. Quelques-uns d'entr'eux eurent l'effronterie & la témérité de me tirer des flèches, dont une penfa me crêver l'œil gauche ; mais le colonel fit arrêter fix des principaux de cette canaille, & ne jugea point de peine mieux proportionnée à leur faute, que de les livrer liés & garottés dans mes mains. Je les pris donc dans ma main droite, & en mis cinq dans la poche de mon jufte-au-corps ; & à l'égard du fixième, je feignis de le vouloir manger tout vivant. Le pauvre petit homme pouffoit des hurlemens horribles, & le colonel avec fes officiers étoient fort en peine, fur-tout quand ils me virent tirer mon canif. Mais je fis bientôt ceffer leur frayeur ; car, avec un air doux & humain, coupant promptement les cordes dont il étoit garotté, je le mis doucement à terre, & il prit la fuite. Je traitai les autres de la même façon, les tirant succeſſivement l'un après l'autre de ma poche. Je remarquai avec plaiſir que les ſoldats & le peuple avoient été très-touchés de cette action d'humanité, qui fut rapportée à la cour d'une manière avantageuſe, & qui me fit honneur.

La nouvelle de l'arrivée d'un homme prodigieuſement grand, s'étant répandue dans tout le royaume, attira un nombre infini de gens oiſifs & curieux ; en ſorte que les villages furent preſque abandonnés, & que la culture de la terre en auroit ſouffert, ſi ſa majeſté impériale n'y avoit pourvu par différens édits & ordonnances. Elle ordonna donc que tous ceux qui m'avoient déja vu, retourneroient inceſſamment chez eux, & n'approcheroient point, ſans une permiſſion particulière, du lieu de mon ſéjour. Par cet ordre les commis des ſecretaires d'état gagnèrent des ſommes très-conſidérables.

Cependant l'empereur tint pluſieurs conſeils, pour délibérer ſur le parti qu'il falloit prendre à mon égard : j'ai ſu depuis que la cour avoit été fort embarraſſée. On craignoit que je ne vinſſe à briſer mes chaînes, & à me mettre en liberté. On diſoit que ma nourriture, cauſant une dépense excessive, étoit capable de produire une disette de vivres. On opinoit quelquefois à me faire mourir de faim, ou à me percer de fleches empoisonnées ; mais on fit réflexion que l'infection d'un corps tel que le mien, pourroit produire la peste dans la capitale, & dans tout le royaume. Pendant qu'on délibéroit, plusieurs officiers de l'armée se rendirent à la porte de la grand'chambre, où le conseil impérial étoit assemblé ; & deux d'entr'eux ayant été introduits, rendirent compte de ma conduite à l'égard des six criminels dont j'ai parlé, ce qui fit une impression si favorable sur l'esprit de sa majesté & de tout son conseil, qu'une commission impériale fut aussi-tôt expédiée, pour obliger tous les villages, à quatre cents cinquante toises aux environs de la ville, de livrer tous les matins six bœufs, quarante moutons, & d'autres vivres pour ma nourriture, avec une quantité proportionnée de pain, de vin, & d'autres boissons. Pour le paiement de ces vivres, sa majesté donna des assignations sur son trésor. Ce prince n'a d'autres revenus que ceux de son domaine, & ce n'est que dans des occasions importantes qu'il lève des impôts sur ses sujets, qui sont obligés de le suivre à la guerre à leurs dépens. On nomma six cents personnes pour me servir, qui furent pourvues d'appointemens pour leur dépense de bouche, & de tentes construites très-commodément de chaque côté de ma porte. Il fut aussi ordonné que trois cents tailleurs me feroient un habit à la mode du pays ; que six hommes de lettres, des plus savans de l'empire, seroient chargés de m'apprendre la langue ; & enfin que les chevaux de l'empereur & ceux de la noblesse, & les compagnies des gardes, feroient souvent l'exercice devant moi, pour les accoutumer à ma figure. Tous ces ordres furent ponctuellement exécutés. Je fis de grands progrès dans la connoissance de la langue de Lilliput ; pendant ce tems-là l'empereur m'honora de visites fréquentes, & même voulut bien aider mes maîtres de langue à m'instruire.

Les premiers mots que j'appris, furent pour lui faire savoir l'envie que j'avois qu'il voulût bien me rendre ma liberté, ce que je lui répétois tous les jours à genoux. Sa réponse fut qu'il falloit attendre encore un peu de tems, que c'étoit une affaire sur laquelle il ne pouvoit se déterminer sans l'avis de son conseil ; & que premiérement il falloit que je promisse par serment l'observation d'une paix inviolable avec lui & avec ses sujets ; qu'en attendant je serois traité avec toute l'honnêteté possible. Il me conseilla de gagner par ma patience, & par ma bonne conduite, son estime & celle de ses peuples. Il m'avertit de ne lui savoir point mauvais gré, s'il donnoit ordre à certains officiers de me visiter ; parce que vraisemblablement je pourrois porter sur moi plusieurs armes dangereuses & préjudiciables à la sûreté de ses états. Je répondis que j'étois prêt à me dépouiller de mon habit, & à vuider toutes mes poches en sa présence. Il me répartit que, par les loix de l'empire, il falloit que je fusse visité par deux commissaires ; qu'il savoit bien que cela ne pouvoit se faire sans mon consentement ; mais qu'il avoit si bonne opinion de ma générosité & de ma droiture, qu'il confieroit sans crainte leurs personnes entre mes mains ; que tout ce qu'on m'ôteroit, me seroit rendu fidélement, quand je quitterois le pays, ou que je serois remboursé selon l'évaluation que j'en ferois moi-même.

Lorsque les deux commissaires vinrent pour me fouiller, je pris ces messieurs dans mes mains ; je les mis d'abord dans les poches de mon juste-au-corps, & ensuite dans toutes mes autres poches.

Ces officiers du prince, ayant des plumes, de l'encre & du papier sur eux, firent un inventaire très-exact de tout ce qu'ils virent ; &, quand ils eurent achevé, ils me prièrent de les mettre à terre, afin qu'ils puffent rendre compte de leur vifite à l'empereur.

Cet inventaire étoit conçu dans les termes suivans :

« Premièrement, dans la poche droite du
» jufte-au-corps du grand Homme-Montagne
» (c'eft ainfi que je rends ces mots *Quinbus*
» *Fleftrin*), après une vifite exacte, nous n'avons
» trouvé qu'un morceau de toile groffière,
» affez grand pour fervir de tapis de pied dans
» la principale chambre de parade de votre
» majefté. Dans la poche gauche, nous avons
» trouvé un grand coffre d'argent avec un cou-
» vercle de même métal, que nous commif-
» faires n'avons pu lever. Nous avons prié
» ledit Homme-Montagne de l'ouvrir, & l'un
» de nous étant entré dedans, a eu de la pouf-
» fière jufqu'aux genoux, dont il a éternué
» pendant deux heures, & l'autre pendant fept
» minutes. Dans la poche droite de fa vefte,
» nous avons trouvé un paquet prodigieux de
» fubftances blanches & minces, pliées l'une
» fur l'autre, environ de la groffeur de trois
» hommes, attachées d'un cable bien fort, &
» marquées de grandes figures noires, lef-
» quelles il nous a femblé être des écritures.
» Dans la poche gauche, il y avoit une grande
» machine plate, armée de grandes dents très-

» longues, qui reſſemblent aux paliſſades qui
» ſont devant la cour de votre majeſté. Dans
» la grande poche du côté droit de ſon couvre-
» milieu (c'eſt ainſi que je traduis le mot *ran-*
» *fulo*, par lequel l'on vouloit entendre ma
» culotte), nous avons vu un grand pilier de
» fer, creux, attaché à une groſſe pièce de
» bois plus large que le pilier; &, d'un côté
» du pilier, il y avoit d'autres pièces de fer
» en relief, ſerrant un caillou coupé en talus:
» nous n'avons ſu ce que c'étoit; &, dans la
» poche gauche, il y avoit encore une ma-
» chine de la même eſpèce. Dans la plus petite
» poche du côté droit, il y avoit pluſieurs
» pièces rondes & plates, de métal rouge &
» blanc, & d'une groſſeur différente: quel-
» ques-unes des pièces blanches, qui nous ont
» paru être d'argent, étoient ſi larges & ſi
» peſantes, que mon confrère & moi avons eu
» de la peine à les lever. *Item*, deux ſabres de
» poche, dont la lame s'emboitoit dans une
» rainure du manche, & qui avoit le fil fort
» tranchant; ils étoient placés dans une grande
» boîte ou étui. Il reſtoit deux poches à viſiter:
» celles-ci, il les appelloit gouſſets. C'étoit
» deux ouvertures coupées dans le haut de ſon
» couvre-milieu, mais fort ſerrées par ſon
» ventre qui les preſſoit. Hors du gouſſet droit,

» pendoit une grande chaîne d'argent avec une
» machine très-merveilleuse au bout. Nous lui
» avons commandé de tirer hors du gousset
» tout ce qui tenoit à cette chaîne : cela pa-
» roissoit être un globe, dont la moitié étoit
» d'argent, & l'autre moitié d'un métal trans-
» parent. Sur le côté transparent, nous avons
» vu certaines figures étranges, tracées dans
» un cercle ; nous avons cru que nous pour-
» rions les toucher ; mais nos doigts ont été
» arrêtés par une substance lumineuse. Nous
» avons appliqué cette machine à nos oreilles ;
» elle faisoit un bruit continuel à-peu-près
» comme celui d'un moulin à eau ; & nous
» avons conjecturé que c'est, ou quelque ani-
» mal inconnu, ou la divinité qu'il adore ; mais
» nous penchons plus du côté de la dernière
» opinion, parce qu'il nous a assurés (si nous
» l'avons bien entendu, car il s'exprimoit
» fort imparfaitement) qu'il faisoit rarement
» aucune chose sans l'avoir consultée ; il l'ap-
» pelloit son oracle, & disoit qu'elle désignoit
» le tems pour chaque action de sa vie. Du
» gousset gauche, il tira un filet presque assez
» large pour servir à un pêcheur, mais qui
» s'ouvroit & se fermoit : nous avons trouvé
» au-dedans plusieurs pièces massives, d'un
» métal jaune : si c'est du véritable or, il

» faut qu'elles foient d'une valeur ineftimable.

» Ainfi ayant, par obéiffance aux ordres de
» votre majefté, fouillé exactement toutes fes
» poches, nous avons obfervé une ceinture
» autour de fon corps, faite de la peau de
» quelque animal prodigieux, à laquelle, du
» côté gauche, pendoit une épée de la lon-
» gueur de fix hommes; &, du côté droit,
» une bourfe ou poche partagée en deux cel-
» lules, chacune étant capable de contenir
» trois fujets de votre majefté. Dans une de
» ces cellules, il y avoit plufieurs globes ou
» balles d'un métal très-pefant, environ de la
» groffeur de notre tête, & qui exigeoient une
» main très-forte pour les lever. L'autre cellule
» contenoit un amas de certaines graines
» noires, mais peu groffes & affez légères,
» car nous en pouvions tenir plus de cinquante
» dans la paume de nos mains.

» Tel eft l'inventaire exact de tout ce que
» nous avons trouvé fur le corps de l'Homme-
» Montagne, qui nous a reçus avec beaucoup
» d'honnêteté, & avec des égards conformes
» à la commiffion de votre majefté. Signé &
» fcellé le quatrième jour de la lune quatre-
» vingt-neuvième du règne très-heureux de
» votre majefté ».

» FLESSEN-FRELOK, MARSI FRELOK ».

Quand cet inventaire eut été lu en présence de l'empereur, il m'ordonna, en des termes honnêtes, de lui livrer toutes ces choses en particulier. D'abord il demanda mon sabre ; il avoit donné ordre à trois mille hommes de ses meilleures troupes qui l'accompagnoient, de l'environner à quelque distance avec leurs arcs & leurs flèches ; mais je ne m'en apperçus pas dans le moment, parce que mes yeux étoient fixés sur sa majesté. Il me pria donc de tirer mon sabre, qui, quoiqu'un peu rouillé par l'eau de la mer, étoit néanmoins assez brillant. Je le fis, & tout aussitôt les troupes jettèrent de grands cris ; il m'ordonna de le remettre dans le fourreau, & de le jetter à terre aussi doucement que je pourrois, environ à six pieds de distance de ma chaîne. La seconde chose qu'il me demanda, fut un de ces piliers creux de fer, par lesquels il entendoit mes pistolets de poche : je les lui présentai ; &, par son ordre, je lui en expliquai l'usage comme je pus ; &, ne les chargeant que de poudre, j'avertis l'empereur de n'être point effrayé, & puis je les tirai en l'air. L'étonnement, à cette occasion, fut plus grand qu'à la vue de mon sabre ; ils tombèrent tous à la renverse, comme s'ils eussent été frappés du tonnerre, & même l'empereur, qui étoit très-brave, ne put revenir à lui-même qu'après quelque tems. Je lui remis mes deux pistolets de la même manière que mon sabre, avec mes sacs de plomb & de poudre, l'avertissant de ne pas approcher le sac de poudre du feu, s'il ne vouloit voir son palais impérial sauter en l'air : ce qui le surprit beaucoup. Je lui remis aussi ma montre, qu'il fut fort curieux de voir ; & il commanda à deux de ses gardes les plus grands de la porter sur leurs épaules, suspendue à un grand bâton, comme les charretiers des brasseurs portent un baril de bière en Angleterre. Il étoit étonné du bruit continuel qu'elle faisoit, & du mouvement de l'aiguille qui marquoit les minutes : il pouvoit aisément la suivre des yeux, la vue de ces peuples étant bien plus perçante que la nôtre. Il demanda sur ce sujet le sentiment de ses docteurs, qui furent très-partagés, comme le lecteur peut bien s'imaginer.

Ensuite je livrai mes pièces d'argent & de cuivre, ma bourse avec neuf grosses pièces d'or, & quelques-unes plus petites ; mon peigne, ma tabatière d'argent, mon mouchoir, & mon journal. Mon sabre, mes pistolets de poche, & mes sacs de poudre & de plomb furent transportés à l'arsenal de sa majesté ; mais tout le reste fut laissé chez moi.

J'avois une poche en particulier, qui ne fut

point visitée, dans laquelle il y avoit une paire de lunettes, dont je me sers quelquefois à cause de la foiblesse de mes yeux, un télescope avec plusieurs autres bagatelles, que je crus de nulle conséquence pour l'empereur, & que pour cette raison je ne découvris point aux commissaires, appréhendant qu'elles ne fussent gâtées ou perdues, si je venois à m'en dessaisir.

CHAPITRE III.

L'auteur divertit l'empereur & les grands de l'un & l'autre sexe, d'une manière fort extraordinaire. Description des divertissemens de la cour de Lilliput. L'auteur est mis en liberté à certaines conditions.

L'EMPEREUR voulut un jour me donner le divertissement de quelque spectacle, en quoi ces peuples surpassent toutes les nations que j'ai vues, soit pour l'adresse, soit pour la magnificence; mais rien ne me divertit davantage, que lorsque je vis des danseurs de corde voltiger sur un fil blanc bien mince, long de deux pieds onze pouces.

Ceux qui pratiquent cet exercice, sont les personnes qui aspirent aux grands emplois, &

souhaitent de devenir les favoris de la cour : ils font pour cela formés dès leur jeuneſſe à ce noble exercice, qui convient ſur-tout aux perſonnes de haute naiſſance. Quand une grande charge eſt vacante, ſoit par la mort de celui qui en étoit revêtu, ſoit par ſa diſgrace (ce qui arrive très-ſouvent) cinq ou ſix prétendans à la charge, préſentent une requête à l'empereur, pour avoir la permiſſion de divertir ſa majeſté & ſa cour d'une danſe ſur la corde ; & celui qui ſaute le plus haut ſans tomber, obtient la charge. Il arrive très-ſouvent qu'on ordonne aux grands magiſtrats & aux principaux miniſtres de danſer auſſi ſur la corde pour montrer leur habileté, & pour faire connoître à l'empereur qu'ils n'ont pas perdu leur talent. Flimnap, grand tréſorier de l'empire, paſſe pour avoir l'adreſſe de faire une capriole ſur la corde, au moins un pouce plus haut qu'aucun autre ſeigneur de l'empire. Je l'ai vu pluſieurs fois faire le ſaut périlleux (que nous appellons le ſommerſet) ſur une petite planche de bois attachée à la corde, qui n'eſt pas plus groſſe qu'une ficelle ordinaire.

Ces divertiſſemens cauſent ſouvent de accidens funeſtes, dont la plupart ſont enregiſtrés dans les archives impériales. J'ai vu moi-même deux ou trois prétendans s'eſtropier ; mais le péril est beaucoup plus grand quand les ministres eux-mêmes reçoivent ordre de signaler leur adresse; car, en faisant des efforts extraordinaires pour se surpasser eux-mêmes, & pour l'emporter sur les autres, ils font presque toujours des chûtes dangereuses. On m'assura qu'un an avant mon arrivée, Flimnap se seroit infailliblement cassé la tête en tombant, si un des coussins du roi ne l'eût préservé.

Il y a un autre divertissement qui n'est que pour l'empereur, l'impératrice, & pour le premier ministre. L'empereur met sur une table trois fils de soie fort déliée, longs de six pouces; l'un est cramoisi, le second jaune, & le troisième blanc. Ces fils sont proposés comme des prix, à ceux que l'empereur veut distinguer par une marque singulière de sa faveur. La cérémonie est faite dans la grande chambre d'audience de sa majesté, où les concurrens sont obligés de donner une preuve de leur habileté, telle que je n'ai rien vu de semblable dans aucun autre pays de l'ancien ou du nouveau monde.

L'empereur tient un bâton, les deux bouts paralleles à l'horizon, tandis que les concurrents s'avançant successivement, sautent pardessus le bâton. Quelquefois l'empereur tient un bout, & son premier ministre tient l'autre; quelquefois le ministre le tient tout seul. Celui qui réuffit mieux, & montre plus d'agilité & de foupleffe en fautant eft, récompenfé de la foie cramoifie. La jaune eft donnée au fecond, & la blanche au troifième. Ces fils, dont ils font des baudriers, leur fervent dans la fuite d'ornement, & les diftinguant du vulgaire, leur infpirent une noble fierté.

L'empereur ayant un jour donné ordre à une partie de fon armée, logée dans fa capitale & aux environs, de fe tenir prête, voulut fe réjouir d'une façon très-fingulière. Il m'ordonnna de me tenir debout comme un coloffe, mes deux pieds auffi éloignés l'un de l'autre que je les pourrois étendre commodément. Enfuite il commanda à fon général, vieux capitaine fort expérimenté, de ranger les troupes en ordre de Bataille, & de les faire paffer en revue entre mes deux jambes, l'infanterie par vingt-quatre de front, & la cavalerie par feize, tambours battans, enfeignes déployées, & piques hautes. Ce corps étoit compofé de trois mille hommes d'infanterie, & de mille de cavalerie. Sa majefté prefcrivit, fous peine de mort, à tous les foldats, d'obferver dans la marche la bienféance la plus exacte à l'égard de ma perfonne, ce qui néanmoins n'empêcha pas quelques-uns des jeunes officiers, de lever en haut leurs yeux, en paffant au-deffous de moi. Et pour confeffer
la

la vérité, ma culotte étoit alors dans un si mauvais état, qu'elle leur donna occasion d'éclater de rire.

J'avois présenté ou envoyé tant de mémoires & de requêtes pour ma liberté, que sa majesté à la fin proposa l'affaire, premiérement au conseil des dépêches, & puis au conseil d'état, où il n'y eut d'opposition que de la part du ministre Skyresh-Bolgolam, qui jugea à propos, sans aucun sujet, de se déclarer contre moi. Mais tout le reste du conseil me fut favorable, & l'empereur appuya leur avis. Ce ministre, qui étoit Galbet, c'est-à-dire, grand amiral, avoit mérité la confiance de son maître, par son habileté dans les affaires; mais il étoit d'un esprit aigre & fantasque. Il obtint que les articles, touchant les conditions auxquelles je devois être mis en liberté, seroient dressés par lui-même. Ces articles me furent apportés par Skyresh-Bolgolam en personne, accompagné de deux sous-secrétaires, & de plusieurs gens de distinction. On me dit d'en promettre l'observation par serment, prêté d'abord à la façon de mon pays, & ensuite à la manière ordonnée par leurs loix, qui fut de tenir l'orteil de mon pied droit dans ma main gauche, de mettre le doigt du milieu de ma main droite sur le haut de ma tête, & le pouce sur la pointe de mon oreille droite. Mais comme le lecteur peut être curieux de connoître le style de cette cour, & de savoir les articles préliminaires de ma délivrance, j'ai fait une traduction de l'acte entier, mot pour mot.

GOLBASTO MOMAREN EULAMÉ GURDILO SHEFIN MULLY ULLY GUÉ, très-puissant empereur de Lilliput, les délices & la terreur de l'univers, dont les états s'étendent cinq mille blustrugs (c'est-à-dire, environ six lieues en circuit) aux extrémités du globe; souverain de tous les souverains, plus haut que les fils des hommes, dont les pieds pressent la terre jusqu'au centre, dont la tête touche le soleil, dont un clin d'œil fait trembler les genoux des potentats; aimable comme le printems, agréable comme l'été, abondant comme l'automne, terrible comme l'hyver: à tous nos sujets amés & féaux, salut. Sa très-haute majesté propose à l'homme-Montagne les articles suivans, lesquels, pour préliminaire, il sera obligé de ratifier par un serment solemnel.

I, L'homme-Montagne ne sortira point de nos vastes états, sans notre permission scellée du grand sceau.

II, Il ne prendra point la liberté d'entrer dans notre capitale, sans notre ordre exprès, afin que les habitans soient avertis deux heures auparavant de se tenir renfermés chez eux.

III, Ledit homme-Montagne bornera ses promenades à nos principaux grands chemins, & se gardera de se promener ou de se coucher dans un pré ou pièce de bled.

IV, En se promenant par lesdits chemins, il prendra tout le soin possible de ne fouler aux pieds les corps d'aucuns de nos fidèles sujets, ni de leurs chevaux ou voitures; & il ne prendra aucuns de nosdits sujets dans ses mains, si ce n'est de leur consentement.

V, S'il est nécessaire qu'un courrier du cabinet fasse quelque course extraordinaire, l'homme-Montagne sera obligé de porter dans sa poche ledit courrier durant six journées, une fois toutes les lunes, & de remettre ledit courrier, (s'il en est requis) sain & sauf en notre présence impériale.

VI, Il sera notre allié contre nos ennemis de l'île de Blefuscu, & fera tout son possible pour faire périr la flotte, qu'ils arment actuellement pour faire une descente sur nos terres.

VII, Ledit homme-Montagne, à ses heures de loisir, prêtera son secours à nos ouvriers, en les aidant à élever certaines grosses pierres, pour achever les murailles de notre grand parc, & de nos bâtiments impériaux.

VIII, Après avoir fait le serment solemnel d'observer les articles ci-dessus énoncés, ledit homme-Mohtagne aura une provision journalière de viande & de boisson suffisante à la nourriture de dix-huit cents soixante & quatorze de nos sujets, avec un accès libre auprès de notre personne impériale, & autres marques de notre faveur. Donné en notre palais à Belfaborac, le douzième jour de la quatre-vingt-onzième lune de notre règne.

Je prêtai le serment, & signai tous ces articles avec une grande joie, quoique quelques-uns ne fussent pas aussi honorables que je l'eusse souhaité : ce qui fut l'effet de la malice du grand amiral Skyresh-Bolgolam. On m'ôta mes chaînes, & je fus mis en liberté. L'empereur me fit l'honneur de se rendre en personne, & d'être présent à la cérémonie de ma délivrance. Je rendis de très-humbles actions de grace à sa majesté, en me prosternant à ses pieds; mais il me commanda de me lever, & cela dans les termes les plus obligeans.

Le lecteur a pu observer que dans le dernier article de l'acte de ma délivrance, l'empereur étoit convenu de me donner une quantité de viande & de boisson qui pût suffire à la subsistance de dix-huit cens soixante & quatorze Lilliputiens; quelque tems après demandant à un courtisan, mon ami particulier, pourquoi on s'étoit déterminé à cette quantité, il me répondit que les mathématiciens de sa majesté, ayant pris la hauteur de mon corps par le moyen d'un quart de cercle, & supputé sa grosseur, & le trouvant par rapport au leur, comme 1874 est à un, ils en avoient inféré par analogie, que je devois avoir un appétit 1874 fois plus grand que le leur, d'où le lecteur peut juger de l'esprit admirable de ce peuple, & de l'économie sage, exacte & clairvoyante de leur empereur.

CHAPITRE IV.

Description de Mildendo, capitale de Lilliput, & du palais de l'empereur. Conversation entre l'auteur & un secretaire d'état, touchant les affaires de l'empire. Les offres que l'auteur fait de servir l'empereur dans ses guerres.

LA première requête que je présentai, après avoir obtenu ma liberté, fut pour avoir la permission de voir Mildendo, capitale de l'empire ; ce que l'empereur m'accorda, mais en me recommandant de ne faire aucun mal aux habitans, ni aucun tort à leurs maisons. Le peuple en fut averti par une proclamation qui annonçoit le deſſein que j'avois de viſiter la ville. La muraille qui l'environnoit étoit haute de deux pieds & demi, & épaiſſe au moins d'onze pouces, en ſorte qu'un caroſſe pouvoit aller deſſus, & faire le tour de la ville en ſûreté: elle étoit flanquée de fortes tours à dix pieds de diſtance l'une de l'autre. Je paſſai par-deſſus la porte occidentale, & je marchai très-lentement & de côté par les deux principales rues, n'ayant qu'un pourpoint, de peur d'endommager les toits & les gouttières des maiſons par les pans de mon juſte-au-corps. J'allois avec une extrême circonſpection, pour me garder de fouler aux pieds quelques gens qui étoient reſtés dans les rues, nonobſtant les ordres précis ſignifiés à tout le monde de ſe tenir chez ſoi, ſans ſortir aucunement durant ma marche. Les balcons, les fenêtres des premier, deuxième, troiſième & quatrième étages, celles des greniers ou galetas, & les gouttières même étoient remplies d'une ſi grande foule de ſpectateurs, que je jugeai que la ville devoit être conſidérablement peuplée. Cette ville forme un quarré exact, chaque côté de la muraille ayant cinq cens pieds de long. Les deux grandes rues qui ſe croiſent, & la partagent en quatre quartiers égaux, ont cinq pieds de large, les petites rues, dans lesquelles je ne pus entrer, ont de largeur depuis douze jusqu'à dix-huit pouces. La ville est capable de contenir cinq cens mille ames. Les maisons sont de trois ou quatre étages ; les boutiques & les marchés sont bien fournis. Il y avoit autrefois bon opéra & bonne comédie ; mais faute d'auteurs excités par les libéralités du prince, il n'y a plus rien qui vaille.

Le palais de l'empereur, situé dans le centre de la ville, où les deux grandes rues se rencontrent, est entouré d'une muraille haute de vingt-trois pouces, & à vingt pieds de distance des bâtimens. Sa majesté m'avoit permis d'enjamber par-dessus cette muraille, pour voir son palais de tous les côtés. La cour extérieure est un quarré de quarante pieds, & comprend deux autres cours. C'est dans la plus intérieure que sont les appartemens de sa majesté, que j'avois un grand desir de voir, ce qui étoit pourtant bien difficile ; car les plus grandes portes n'étoient que de dix-huit pouces de haut, & de sept pouces de large. De plus, les bâtimens de la cour extérieure étoient au moins hauts de cinq pieds, & il m'étoit impossible d'enjamber par-dessus, sans courir risque de briser les ardoises des toits ; car pour les murailles, elles étoient solidement bâties de pierres de taille, épaisses de quatre pouces. L'empereur avoit néanmoins grande envie que je visse la magnificence de son palais; mais je ne fus en état de le faire qu'au bout de trois jours, lorsque j'eus coupé avec mon couteau quelques arbres des plus grands du parc impérial, éloigné de la ville d'environ cinquante toises. De ces arbres, je fis deux tabourets chacun de trois pieds de haut, & assez forts pour soutenir le poids de mon corps. Le peuple ayant donc été averti pour la seconde fois, je passai encore au travers de la ville, & m'avançai vers le palais, tenant mes deux tabourets à la main. Quand je fus arrivé à un côté de la cour extérieure, je montai sur un de mes tabourets, & pris l'autre à la main. Je fis passer celui-ci par-dessus le toit, & je le descendis doucement à terre dans l'espace qui étoit entre la première & la seconde cour, lequel avoit huit pieds de large. Je passai ensuite très commodément par-dessus les bâtimens, par le moyen des deux tabourets; & quand je fus en dedans, je tirai avec un crochet le tabouret qui étoit resté en dehors. Par cette invention, j'entrai jusques dans la cour la plus intérieure, où me couchant sur le côté, j'appliquai mon visage à toutes les fenêtres du premier étage qu'on avoit exprès laissé ouvertes, & je vis les appartemens les plus magnifiques qu'on puisse imaginer. Je vis l'impératrice & les jeunes princesses dans leurs chambres, environnées de leur suite. Sa majesté impériale voulut bien m'honorer d'un souris très-gracieux, & me donna par la fenêtre sa main à baiser.

Je ne ferai point ici le détail des curiosités renfermées dans ce palais, je les réserve pour un plus grand ouvrage qui est presque prêt à être mis sous la presse, contenant une description générale de cet empire depuis sa première fondation ; l'histoire de ses empereurs pendant une longue suite des siècles ; des observations sur leurs guerres, leur politique, leurs loix, les lettres & la religion du pays ; les plantes & animaux qui s'y trouvent ; les mœurs & les coutumes des habitans, avec plusieurs autres matières prodigieusement curieuses, & excessivement utiles. Mon but n'est à présent que de raconter ce qui m'arriva pendant un séjour d'environ neuf mois dans ce merveilleux empire.

Quinze jours après que j'eus obtenu ma liberté, Keldresal, secrétaire d'état, pour le département des affaires particulières, se rendit chez moi, suivi d'un seul domestique. Il ordonna que son carrosse l'attendît à quelque distance, & me pria de lui donner un entretien d'une heure. Je lui offris de me coucher, afin qu'il pût être de niveau à mon oreille; mais il aima mieux que je le tinsse dans ma main pendant la conversation. Il commença par me faire des complimens sur ma liberté, & me dit qu'il pouvoit se flatter d'y avoir un peu contribué; puis il ajouta que sans l'intérêt que la cour y avoit, je ne l'eusse pas sitôt obtenue: car, dit-il, quelque florissant que notre état paroisse aux étrangers, nous avons deux grands fléaux à combattre, une faction puissante au-dedans, & au-dehors l'invasion dont nous sommes menacés par un ennemi formidable. A l'égard du premier, il faut que vous sachiez que depuis plus de soixante & dix lunes, il y a eu deux partis opposés dans cet empire, sous les noms de Trameckfan & Slameckfan, termes empruntés des hauts & bas talons de leurs souliers, par lesquels ils se distinguent. On prétend, il est vrai, que les hauts talons sont les plus conformes à notre ancienne constitution; mais quoi qu'il en soit, sa majesté a résolu de ne se servir que des bas talons dans l'administration du gouvernement, & dans toutes les charges qui sont à la disposition de la couronne: vous pouvez même remarquer que les talons de sa majesté impériale, sont plus bas au moins d'un Drurr, que ceux de sa cour. (Drurr est environ la quatorzième partie d'un pouce).

La haine des deux partis, continua-t-il, est à un tel degré, qu'ils ne mangent ni ne boivent ensemble, & qu'ils ne se parlent point. Nous comptons que les Trameckfans ou hauts talons, nous surpassent en nombre; mais l'autorité est entre nos mains. Hélas, nous appréhendons que son altesse impériale, l'héritier apparent de la couronne, n'aye quelque penchant aux hauts talons; au moins, nous pouvons facilement voir qu'un de ses talons est plus haut que l'autre; ce qui le fait un peu clocher dans sa démarche. Or au milieu de ces dissentions intestines, nous sommes menacés d'une invasion de la part de l'île de Blefufcu, qui est l'autre grand empire de l'univers, presque aussi grand & aussi puissant que celui-ci. Car pour ce qui est de ce que nous vous avons entendu dire, qu'il y a d'autres empires, royaumes & états dans le monde, habités par des créatures humaines, aussi grosses & aussi grandes que vous, nos philosophe en doutent beaucoup, & aiment mieux conjecturer que vous êtes tombé de la lune ou d'une des étoiles, parce qu'il est certain qu'une centaine de mortels de votre grosseur, consommeroit dans peu de tems tous les fruits & tous les bestiaux des états de sa majesté. D'ailleurs nos historiens depuis six mille lunes, ne font mention d'aucune autre région, que des deux grands empires de Lilliput & de Blefuscu. Ces deux formidables puissances ont, comme j'allois vous dire, été engagées pendant trente-six lunes dans une guerre très-opiniâtre dont voici le sujet. Tout le monde convient que la manière primitive de casser les œufs avant que nous les mangions, est de les casser au gros bout; mais l'aïeul de sa majesté régnante, pendant qu'il étoit enfant, sur le point de manger un œuf, eut le malheur de couper un de ses doigts, sur quoi l'empereur son père donna un arrêt pour ordonner à tous ses sujets, sous de grièves peines, de casser leurs œufs par le petit bout. Le peuple fut si irrité de cette loi, que nos historiens racontent qu'il y eut à cette occasion six révoltes, dans lesquelles un empereur perdit la vie, & un autre la couronne. Ces dissentions intestines furent toujours fomentées par les souverains de Blefuscu; & quand les soulevemens furent réprimés, les coupables se réfugièrent dans cet empire. On suppute que onze mille hommes ont, à différentes fois, aimé mieux souffrir la mort, que de se soumettre à la loi de casser leurs œufs par le petit bout. Plusieurs centaines de gros volumes ont été écrits & publiés sur cette matière, mais les livres des Gros-Boutiens ont été défendus depuis long-tems, & tout leur parti a été déclaré par les loix, incapable de posséder des charges. Pendant la suite continuelle de ces troubles, les empereurs de Blefuscu ont souvent fait des remontrances par leurs ambassadeurs, nous accusant de faire un crime, en violant un précepte fondamental de notre grand prophète Lustrogg, dans le cinquante-quatrième chapitre du Brundecral (ce qui est leur alcoran;) cependant cela a été jugé n'être qu'une interprétation du sens du texte, dont voici les mots: que tous les fidèles casseront leurs œufs au bout le plus commode. On doit, à mon avis, laisser décider à la conscience de chacun, quel est le bout le plus commode; ou au moins, c'est à l'autorité du souverain magistrat d'en décider. Or les Gros-Boutiens exilés ont trouvé tant de crédit dans la cour de l'empereur de Blefuscu, & tant de secours & d'appui dans notre pays même, qu'une guerre très-sanglante a régné entre les deux empires, pendant trente-six lunes à ce sujet, avec différens succès. Dans cette guerre nous avons perdu quarante vaisseaux de ligne, & un bien plus grand nombre de petits vaisseaux, avec trente mille de nos meilleurs matelots & soldats: l'on compte que la perte de l'ennemi n'est pas moins considérable. Quoi qu'il en soit, on arme à présent une flotte très-redoutable, & on se prépare à faire une descente sur nos côtes. Or

S. M. Impériale mettant sa confiance en votre valeur, & ayant une haute idée de vos forces, m'a commandé de vous faire ce détail au sujet de ses affaires, afin de savoir quelles sont vos dispositions à son égard.

Je répondis au secrétaire, que je le priois d'assurer l'empereur de mes très-humbles respects, & de lui faire savoir que j'étois prêt à sacrifier ma vie pour défendre sa personne sacrée & son empire, contre toutes les entreprises & invasions de ses ennemis. Il me quitta fort satisfait de ma réponse.

CHAPITRE V.

L'auteur, par un stratagème très-extraordinaire, s'oppose à une descente des ennemis. L'empereur lui confère un grand titre d'honneur. Les ambassadeurs arrivent de la part de l'empereur de Blefuscu, pour demander la paix. Le feu prend à l'appartement de l'impératrice : l'auteur contribue beaucoup à éteindre l'incendie.

L'EMPIRE de Blefuscu est une île située au nord-nord-est de Lilliput, dont elle n'est séparée que par un canal qui a quatre cents toises de large. Je ne l'avois pas encore vu; & sur l'avis d'une descente projettée, je me gardois bien de paroître de ce côté-là, de peur d'être découvert par quelques-uns des vaisseaux de l'ennemi.

Je fis part à l'empereur d'un projet que j'avois formé depuis peu, pour me rendre maître de toute la flotte des ennemis, qui selon le rapport de ceux que nous envoyions à la découverte, étoit dans le port prête à mettre à la voile au premier vent favorable. Je consultai les plus expérimentés dans la marine, pour apprendre d'eux quelle étoit la profondeur du canal ; & ils me dirent qu'au milieu, dans la plus haute marée, il étoit profond de 70 glumgluffs (c'est-à-dire, environ six pieds, selon la mesure de l'Europe,) & le reste de 50 glumgluffs au plus. Je m'en allai secrettement vers la côte nord-est, vis à-vis de Blefuscu ; & me couchant derrière une colline, je tirai ma lunette, & vis la flotte de l'ennemi composée de cinquante vaisseaux de guerre, & d'un grand nombre de vaisseaux de transport. M'étant ensuite retiré, je donnai ordre de fabriquer une grande quantité de cables les plus forts qu'on pourroit, avec des barres de fer. Les cables devoient être environ de le grosseur d'une double ficelle, & les barres de la longueur & de la grosseur d'une aiguille à tricoter. Je triplai le cable pour le rendre encore plus fort, & pour la même raison, je tortillai ensemble trois des barres de fer, & attachai à chacune un crochet. Je retournai à la côte de nord-est, & mettant bas mon juste-au-corps, mes souliers, & mes bas, j'entrai dans la mer. Je marchai d'abord dans l'eau avec toute la vîtesse que je pus, & ensuite je nageai au milieu, environ quinze toises, jusqu'à ce que j'eusse trouvé pied. J'arrivai à la flotte en moins d'une demi-heure : les ennemis furent si frappés à mon aspect, qu'ils sautèrent tous hors de leurs vaisseaux comme des grenouilles, & s'enfuirent à terre : ils paroissoient être au nombre de 30000 hommes. Je pris alors mes cables, & attachant un crochet au trou de la proue de chaque vaisseau, je passai mes cables dans les crochets. Pendant que je travaillois, l'ennemi fit une décharge de plusieurs milliers de flèches, dont un grand nombre m'atteignit au visage & aux mains, & qui, outre la douleur excessive qu'elles me causèrent, me troublèrent fort dans mon ouvrage. Ma plus grande appréhension étoit pour mes yeux que j'aurois infailliblement perdus, si je ne me fusse promptement avisé d'un expédient. J'avois dans un de mes goussets une paire de lunettes, que je tirai & attachai à mon nez, aussi fortement que je pus. Armé de cette façon, comme d'une espèce de casque, je

pour-

poursuivis mon travail en dépit de la grêle continuelle de flèches qui tomboit sur moi. Ayant placé tous les crochets, je commençai à tirer, mais ce fut inutilement, tous les vaisseaux étoient à l'ancre. Je coupai aussi-tôt avec mon couteau tous les cables auxquels étoient attachées les ancres; ce qu'ayant achevé en peu de tems, je tirai aisément cinquante des plus gros vaisseaux, & les entraînai avec moi.

Les Blefuscudiens, qui n'avoient point d'idée de ce que je projettois, furent également surpris & confus. Ils m'avoient vu couper les cables, & avoient cru que mon dessein n'étoit que de les laisser flotter au gré du vent & de la marée, & de les faire heurter l'un contre l'autre; mais quand ils me virent entraîner toute la flotte à la fois, ils jettèrent des cris de rage & de désespoir.

Ayant marché quelque-tems, & me trouvant hors de la portée des traits, je m'arrêtai un peu pour tirer toutes les flèches qui s'étoient attachées à mon visage & à mes mains; puis conduisant ma prise, je tâchai de me rendre au port impérial de Lilliput.

L'empereur avec toute sa cour étoit sur le bord de la mer, attendant le succès de mon entreprise. Ils voyoient de loin avancer une flotte sous la forme d'un grand croissant; mais comme j'étois dans l'eau jusqu'au cou, ils ne s'appercevoient pas que c'étoit moi qui la conduisoit vers eux.

L'empereur crut donc que j'avois péri, & que la flotte de l'ennemi s'approchoit pour faire une descente. Mais ses craintes furent bientôt dissipées; car ayant pris pied, on me vit à la tête de tous les vaisseaux, & on m'entendit crier d'une voix forte: vive le très-puissant empereur de Lilliput. Ce prince, à mon arrivée, me donna des louanges infinies, & sur le champ me créa Nardac, qui est le plus haut titre d'honneur parmi eux.

Sa majesté me pria de prendre des mesures pour amener dans ses ports tous les autres vaisseaux de l'ennemi. L'ambition de ce prince ne lui faisoit prétendre rien moins que de se rendre maître de tout l'empire de Blefuscu, de le réduire en province de son empire, & de le faire gouverner par un viceroi; de faire périr tous les exilés Gros-Boutiens, & de contraindre tous ses peuples à casser les œufs par le petit bout, ce qui l'auroit fait parvenir à la monarchie universelle. Mais je tâchai de le détourner de ce dessein par plusieurs raisonnemens fondés sur la politique & sur la justice; & je protestai hautement que je ne serois jamais l'instrument dont il se serviroit, pour opprimer la liberté d'un peuple libre, noble & courageux. Quand on eut délibéré sur cette affaire dans le conseil, la plus saine partie fut de mon avis.

Cette déclaration ouverte & hardie, étoit si opposée aux projets & à la politique de sa majesté impériale, qu'il étoit difficile qu'il pût me le pardonner. Il en parla dans le conseil d'une manière très-artificieuse, & mes ennemis secrets s'en prévalurent pour me perdre. Tant il est vrai que les services les plus importans rendus aux souverains, sont bien peu de chose lorsqu'ils sont suivis du refus de servir aveuglément leurs passions.

Environ trois semaines après mon expédition éclatante, il arriva une ambassade solemnelle de Blefuscu, avec des propositions de paix. Le traité fut bientôt conclu à des conditions très-avantageuses pour l'empereur. L'ambassade étoit composée de six seigneurs, avec une suite de cinq cents personnes ; & on peut dire que leur entrée fut conforme à la grandeur de leur maître & à l'importance de leur négociation.

Après la conclusion du traité, leurs excellences étant averties secrettement des bons offices que j'avois rendus à leur nation, par la manière dont j'avois parlé à l'empereur, me rendirent une visite en cérémonie. Ils commencèrent par me faire beaucoup de complimens sur ma valeur & sur ma générosité, & m'invitèrent, au nom de leur maître, à passer dans son royaume. Je les remerciai, & les priai de me faire l'honneur de présenter mes très-humbles respects à S. M. Blefuscudienne, dont les vertus éclatantes étoient répandues par tout l'univers. Je promis de me rendre auprès de sa personne royale, avant que de retourner dans mon pays.

Peu de jours après je demandai à l'empereur la permission de faire mes complimens au grand roi de Blefuscu : il me répondit froidement qu'il le vouloit bien.

J'ai oublié de dire que les ambassadeurs m'avoient parlé avec le secours d'un interprète. Les langues des deux empires sont très-différentes l'une de l'autre : chacune des deux nations vante l'antiquité, la beauté & la force de sa langue, & méprise l'autre. Cependant l'empereur, fier de l'avantage qu'il avoit remporté sur les Blefuscudiens, par la prise de leur flotte, obligea les ambassadeurs à présenter leurs lettres de créance, & à faire leur harangue dans la langue Lilliputienne, & il faut avouer qu'à raison du trafic & du commerce qui est entre les deux royaumes, de la réception réciproque des exilés, & de l'usage où sont les Lilliputiens d'envoyer leur jeune noblesse dans le Blefufcu, afin de s'y polir & d'y apprendre les exercices, il y a très-peu de perfonnes de diftinction dans l'empire de Lilliput, & encore moins de négocians ou de matelots dans les places maritimes qui ne parlent les deux langues.

J'eus alors occafion de rendre à fa majefté impériale un fervice très-fignalé. Je fus un jour réveillé fur le minuit, par les cris d'une foule de peuple affemblé à la porte de mon hôtel: j'entendis le mot burgum répété plufieurs fois. Quelques-uns de la cour de l'empereur, s'ouvrant un paffage à travers la foule, me prièrent de venir inceffamment au palais, où l'appartement de l'impératrice étoit en feu par la faute d'une de fes dames qui s'étoit endormie en lifant un poëme Blefufcudien. Je me levai à l'inftant, & me tranfportai au palais avec affez de peine, fans néanmoins fouler perfonne aux pieds. Je trouvai qu'on avoit déja appliqué des échelles aux murailles de l'appartement, & qu'on étoit bien fourni de feaux; mais l'eau étoit affez éloignée. Ces feaux étoient environ de la groffeur d'un dez à coudre, & le pauvre peuple en fourniffoit avec toute la diligence qu'il pouvoit. L'incendie commençoit à croître, & un palais fi magnifique auroit été infailliblement réduit en cendres, fi, par une préfence d'esprit peu ordinaire, je ne me fusse tout-à-coup avisé d'un expédient. Le soir précédent j'avois bu en grande abondance d'un vin blanc appellé Glimigrim, qui vient d'une province de Blefuscu, & qui est très-diurétique. Je me mis donc à uriner en si grande abondance, & j'appliquai l'eau si à propos & si adroitement aux endroits convenables, qu'en trois minutes le feu fut tout-à-fait éteint, & que le reste de ce superbe édifice, qui avoit coûté des sommes immenses, fut préservé d'un fatal embrasement.

J'ignorois si l'empereur me sauroit gré du service que je venois de lui rendre; car, par les loix fondamentales de l'empire, c'étoit un crime capital & digne de mort, de faire de l'eau dans l'étendue du palais impérial : mais je fus rassuré, lorsque j'appris que S. M. avoit donné ordre au grand juge de m'expédier des lettres de grace. Mais on m'apprit que l'impératrice, concevant la plus grande horreur de ce que je venois de faire; s'étoit transportée au côté le plus éloigné de la cour, & qu'elle étoit déterminée à ne jamais loger dans des appartemens que j'avois osé souiller par une action malhonnête & impudente.

CHAPITRE VI.

Les mœurs des habitans de Lilliput, leur littérature, leurs loix, leurs coutumes & leur manière d'élever les enfans.

Quoique j'aie le deſſein de renvoyer la deſcription de cet empire à un traité particulier, je crois cependant devoir en donner ici au lecteur quelque idée générale. Comme la taille ordinaire des gens du pays eſt un peu moins haute que de ſix pouces, il y a une proportion exacte dans tous les autres animaux, auſſi-bien que dans les plantes & dans les arbres. Par exemple, les chevaux & les bœufs les plus hauts, ſont de quatre à cinq pouces; les moutons d'un pouce & demi, plus ou moins; leurs oies environ de la groſſeur d'un moineau; en ſorte que leurs inſectes étoient preſque inviſibles pour moi; mais la nature a ſu ajuſter les yeux des habitans de Lilliput, à tous les objets qui leur ſont proportionnés. Pour faire connoître combien leur vue eſt perçante, à l'égard des objets qui ſont proches, je dirai que je vis une fois avec plaiſir un cuiſinier habile, plumant une alouette qui n'étoit pas ſi groſſe qu'une mouche ordinaire, & une jeune fille enfilant une aiguille invisible avec de la soie pareillement invisible.

Ils ont des caractères & des lettres; mais leur façon d'écrire est remarquable, n'étant ni de la gauche à la droite comme celle de l'Europe, ni de la droite à la gauche comme celle des Arabes, ni de haut en bas comme celle des Chinois, ni de bas en haut comme celle des Cascariens, mais obliquement, & d'un angle du papier à l'autre, comme celle des dames d'Angleterre.

Ils enterrent les morts la tête directement en bas, parce qu'ils s'imaginent que dans onze mille lunes tous les morts doivent ressusciter, qu'alors la terre (qu'ils croyent plate) se tournera sens-dessus-dessous; & que par ce moyen, au moment de leur résurrection, ils seront tous trouvés debout sur leurs pieds. Les savans d'entr'eux reconnoissent l'absurdité de cette opinion; mais l'usage subsiste, parce qu'il est ancien, & fondé sur les idées du peuple.

Ils ont des loix & des coutumes très-singulières, que j'entreprendrois peut-être de justifier, si elles n'étoient trop contraires à celles de ma chère patrie. La première, dont je ferai mention, regarde les délateurs. Tous les crimes contre l'état sont punis en ce pays-là avec une rigueur extrême; mais si l'accusé fait voir évidemment son innocence, l'accusateur est aussi-tôt condamné à une mort ignominieuse, & tous ses biens confisqués au profit de l'innocent. Si l'accusateur est un gueux, l'empereur, de ses propres deniers, dédommage l'accusé, supposé qu'il ait été maltraité le moins du monde.

On regarde la fraude comme un crime plus énorme que le vol; c'est pourquoi elle est toujours punie de mort; car on a pour principe que le soin & la vigilance, avec un esprit ordinaire, peuvent garantir les biens d'un homme contre les attentats des voleurs; mais que la probité n'a point de défense contre la fourberie & la mauvaise-foi.

Quoique nous regardions les châtimens & les récompenses comme les grands pivots du gouvernement, je puis dire néanmoins que la maxime de punir & de récompenser n'est pas observée en Europe, avec la même sagesse que dans l'empire de Lilliput. Quiconque peut apporter des preuves suffisantes, qu'il a observé exactement les loix de son pays pendant soixante treize lunes, a droit de prétendre à certains privilèges, selon sa naissance & son état, avec une certaine somme d'argent, tirée d'un fonds destiné à cet usage: il gagne même le titre de Snilpall ou de Légitime, lequel est ajouté à son nom; mais ce titre ne passe pas à sa postérité. Ces peuples regardent comme un défaut prodigieux de politique parmi nous, que toutes nos loix soient menaçantes, & que l'infraction soit suivie de rigoureux châtimens, tandis que l'observation n'est suivie d'aucune récompense: c'est pour cette raison qu'ils représentent la justice avec six yeux, deux devant, autant derrière, & un de chaque côté (pour représenter la circonspection) tenant un sac plein d'or à sa main droite, & une épée dans le fourreau à sa main gauche, pour faire voir qu'elle est plus disposée à récompenser qu'à punir.

Dans le choix qu'on fait des sujets pour remplir les emplois, on a plus d'égard à la probité qu'au grand génie. Comme le gouvernement est nécessaire au genre humain, on croit que la providence n'eut jamais dessein de faire de l'administration des affaires publiques une science difficile & mystérieuse, qui ne pût être possédée que par un petit nombre d'esprits rares & sublimes, tels qu'il en naît au plus deux ou trois dans un siècle ; mais on juge que la vérité, la justice, la tempérance, & les autres vertus sont à la portée de tout le monde ; & que la pratique de ces vertus, accompagnée d'un peu d'expérience & de bonne intention, rendent quelque personne que ce soit, propre au service de son pays, pour peu qu'elle ait de bon sens

& de discernement. On est persuadé que tant s'en faut que le défaut des vertus morales soit suppléé par les talents supérieurs de l'esprit, que les emplois ne pourroient être confiés à de plus dangereuses mains qu'à celles des grands esprits, qui n'ont aucune vertu; & que les erreurs nées de l'ignorance, dans un ministre honnête homme, n'auroient jamais de si funestes suites à l'égard du bien public, que les pratiques ténébreuses d'un ministre, dont les inclinations seroient corrompues, dont les vues seroient criminelles, & qui trouveroit, dans les ressources de son esprit, de quoi faire le mal impunément.

Qui ne croit pas la providence divine parmi les Lilliputiens, est déclaré incapable de posséder aucun emploi public. Comme les rois se prétendent à juste titre les députés de la providence, les Lilliputiens jugent qu'il n'y a rien de plus absurde, & de plus inconséquent que la conduite d'un prince qui se sert de gens sans religion, qui nient cette autorité suprême, dont il se dit le dépositaire, & dont en effet il emprunte la sienne.

En rapportant ces loix & les suivantes, je ne parle que des loix originales & primitives des Lilliputiens. Je sais que par des loix modernes, ces peuples sont tombés dans un grand excès de corruption : témoin cet usage honteux d'obtenir les grandes charges en dansant sur la corde, & les marques de distinction en sautant par-dessus un bâton. Le lecteur doit observer que cet indigne usage fut introduit par le père de l'empereur régnant.

L'ingratitude est parmi ces peuples un crime énorme, comme nous apprenons dans l'histoire, qu'il l'a été autrefois aux yeux de quelques nations vertueuses. Celui, disent les Lilliputiens, qui rend de mauvais offices à son bienfaiteur même, doit être nécessairement l'ennemi de tous les autres hommes.

Les Lilliputiens jugent que le père & la mère ne doivent point être chargés de l'éducation de leurs propres enfans ; & il y a dans chaque ville des séminaires publics, où tous les pères & les mères (excepté les paysans & les ouvriers) sont obligés d'envoyer leurs enfans, de l'un & de l'autre sexe, pour être élevés & formés. Quand ils sont parvenus à l'âge de vingt lunes, on les suppose dociles & capables d'apprendre. Les écoles sont de différentes espèces, suivant la différence du rang & du sexe. Des maîtres habiles forment les enfans pour un état de vie conforme à leur naissance, à leurs propres talens, & à leurs intentions.

Les séminaires pour les mâles d'une naissance

illustre, sont pourvus de maîtres sérieux & savans. L'habillement & la nouriture des enfans sont simples. On leur inspire des principes d'honneur, de justice, de courage, de modestie, de clémence, de religion & d'amour pour la patrie. Ils sont habillés par des hommes jusqu'à l'âge de quatre ans; & après cet âge, ils sont obligés de s'habiller eux mêmes, de quelque grande qualité qu'ils soient. Il ne leur est permis de prendre leurs divertissemens, qu'en la présence d'un maître; par-là ils évitent ces funestes impressions de folie & de vices, qui commencent de si bonne heure à corrompre les mœurs & les inclinations de la jeunesse. On permet à leurs père & mère de les voir deux fois par an: la visite ne peut durer qu'une heure, avec la liberté de baiser leur fils en entrant & en sortant; mais un maître qui est toujours présent en ces occasions ne leur permet pas de parler secrettement à leur fils, de le flatter, de le caresser, ni de lui donner des bijoux, ou des dragées & des confitures.

Dans les séminaires pour les femelles, les jeunes filles de qualité sont élevées presque comme les garçons; elles sont habillées par des domestiques de leur sexe; mais toujours en présence d'une maîtresse, jusqu'à ce qu'elles ayent atteint l'âge de cinq ans, qu'elles s'habillent elles = mêmes. Lorsque l'on découvre que les nourrices ou les femmes de chambre entretiennent ces petites filles d'histoires extravagantes, de contes insipides, ou capables de leur faire peur (ce qui est en Angleterre fort ordinaire aux gouvernantes,) elles sont fouettées publiquement trois fois par toute la ville, emprisonnées pendant un an, & exilées pendant leur vie dans l'endroit le plus désert du pays. Ainsi les jeunes filles, parmi ces peuples, sont aussi honteuses que les hommes, d'être lâches & sottes, elles méprisent tous les ornemens extérieurs, & n'ont égard qu'à la bienséance, & à la propreté. Leurs exercices ne sont pas tout-à-fait si violens que ceux des garçons, & on les fait un peu étudier; car on leur apprend aussi les sciences & les belles lettres. C'est une maxime parmi eux, qu'une femme devant être pour son mari une compagnie toujours agréable, elle doit s'orner l'esprit qui ne vieillit point.

Les Lilliputiens sont persuadés autrement que nous ne le sommes en Europe, que rien ne demande plus de soin & d'application que l'éducation des enfans. Il est aisé, disent-ils, d'en faire, comme il est aisé de semer & de planter. Mais de conserver certaines plantes, de les faire croître heureusement, de les défendre contre les rigueurs de l'hiver, contre les ardeurs & les orages de l'été, contre les attaques des infectes, de leur faire enfin porter des fruits en abondance; c'est l'effet de l'attention & des peines d'un jardinier habile.

Ils prennent garde que le maître ait plutôt un efprit bien fait qu'un efprit fublime, plutôt des mœurs que de la fcience. Ils ne peuvent fouffrir ces maîtres qui étourdiffent fans ceffe les oreilles de leurs difciples, de combinaifons grammaticales, de difcuffions frivoles, de remarques puériles; & qui pour leur apprendre l'ancienne langue de leur pays, (qui n'a que peu de rapport à celle qu'on y parle aujourd'hui) accablent leur efprit de regles & d'exceptions, & laiffent là l'ufage & l'exercice, pour farcir leur mémoire de principes fuperflus & de préceptes épineux. Ils veulent que le maître fe familiarife avec dignité, rien n'étant plus contraire à la bonne éducation, que le pédantifme & le férieux affecté. Il doit, felon eux, plutôt s'abaiffer que s'élever devant fon difciple; & ils jugent l'un plus difficile que l'autre, parce qu'il faut fouvent plus d'effort & de vigueur, & toujours plus d'attention, pour defcendre fûrement, que pour monter.

Ils prétendent que les maîtres doivent bien plus s'appliquer à former l'efprit des jeunes gens pour la conduite de la vie, qu'à l'enrichir de connoiſſances curieuſes, preſque toujours inutiles. On leur apprend donc de bonne heure à être ſages & philoſophes, afin que dans la ſaiſon même des plaiſirs, ils ſachent les goûter philoſophiquement. N'eſt-il pas ridicule, diſent-ils, de n'en connoître la nature & le vrai uſage que lorſqu'on y eſt devenu inhabile; d'apprendre à vivre, quand la vie eſt preſque paſſée, & de commencer à être homme, lorſqu'on va ceſſer de l'être ?

On leur propoſe des récompenſes pour l'aveu ingénu & ſincère de leurs fautes, & ceux qui ſavent mieux raiſonner ſur leurs propres défauts, obtiennent des graces & des honneurs. On veut qu'ils faſſent ſouvent des queſtions ſur tout ce qu'ils entendent, & on punit très-ſévérement ceux qui, à la vue d'une choſe extraordinaire & remarquable, témoignent peu d'étonnement & de curioſité.

On leur recommande d'être très-fidèles, très-ſoumis, très-attachés au prince, mais d'un attachement général & de devoir, & non d'aucun attachement particulier, qui bleſſe ſouvent la conſcience, & toujours la liberté, & qui expoſe à de grands malheurs.

Les maîtres d'hiſtoire ſe mettent moins en peine d'apprendre à leurs éleves la date de tel ou tel événement, que de leur peindre le caractère, les bonnes & les mauvaises qualités des rois, des généraux d'armée & des ministres. Ils croyent qu'il leur importe assez peu de savoir, qu'en telle année & en tel mois, telle bataille a été donnée; mais qu'il leur importe de considérer, combien les hommes dans tous les siècles sont barbares, brutaux, injustes, sanguinaires, toujours prêts à prodiguer leur propre vie sans nécessité, & attenter sur celle des autres sans raison; combien les combats deshonorent l'humanité, & combien les motifs doivent être puissants, pour en venir à cette extrêmité funeste. Ils regardent l'histoire de l'esprit humain comme la meilleure de toutes, & ils apprennent moins aux jeunes gens à retenir les faits qu'à en juger.

Ils veulent que l'amour des sciences soit borné, & que chacun choisisse le genre d'étude qui convient le plus à son inclination & à son talent. Ils font aussi peu de cas d'un homme qui étudie trop, que d'un homme qui mange trop, persuadés que l'esprit a ses indigestions comme le corps. Il n'y a que l'empereur seul qui ait une vaste & nombreuse bibliotheque : à l'egard de quelques particuliers qui en ont de trop grandes, on les regarde comme des ânes chargés de livres.

La philosophie chez ces peuples est très-gaie, & ne consiste pas en ergotismes, comme dans nos écoles. Ils ne savent ce que c'est que Baroco & Baralipton, que Catégories, que termes de la première & de la seconde intention, & autres sottises épineuses de la dialectique, qui n'apprennent pas plus à raisonner qu'à danser. Leur philosophie consiste à établir des principes infaillibles, qui conduisent l'esprit à préférer l'état médiocre d'un honnête homme, aux richesses & au faste d'un financier, & les victoires remportées sur ses passions, à celles d'un conquérant. Elle leur apprend à vivre durement, & à fuir tout ce qui accoutume les sens à la volupté, tout ce qui rend l'ame trop dépendante du corps, & affoiblit sa liberté. Au reste, on leur représente toujours la vertu, comme une chose aisée & agréable.

On les exhorte à bien choisir leur état de vie, & on tâche de leur faire prendre celui qui leur convient le mieux, ayant moins d'égard aux facultés de leurs parens, qu'aux facultés de leur ame; en sorte que le fils d'un laboureur est quelquefois ministre d'état, & le fils d'un seigneur est marchand.

Ces peuples n'estiment la physique & les mathématiques, qu'autant que ces sciences sont avantageuses à la vie, & au progrès des arts utiles. En général, ils se mettent peu en peine de connoître toutes les parties de l'univers, & aiment moins à raisonner sur l'ordre & le mouvement des corps physiques, qu'à jouir de la nature sans l'examiner. A l'égard de la métaphysique, ils la regardent comme une source de visions & de chimères.

Ils haïssent l'affectation dans le langage, & le style précieux, soit en prose, soit en vers, & ils jugent qu'il est aussi impertinent de se distinguer par sa manière de parler, que par celle de s'habiller. Un auteur qui quitte le style pur, clair & sérieux, pour employer un jargon bisarre & guindé, & des métaphores recherchées & inouies, est couru & hué dans les rues comme un masque de carnaval.

On cultive parmi eux le corps & l'ame tout à la fois, parce qu'il s'agit de dresser un homme, & que l'on ne doit pas former l'un sans l'autre. C'est, selon eux, une couple de chevaux ensemble qu'il faut conduire à pas égaux. Tandis que vous ne formez (disent-ils) que l'esprit d'un enfant, son extérieur devient grossier & impoli : tandis que vous ne lui formez que le corps, la stupidité & l'ignorance s'emparent de son esprit.

Il est défendu aux maîtres de châtier les enfans par la douleur; ils le font par le retranchement de quelque douceur senſible, par la honte, & ſur-tout par la privation de deux ou trois leçons, ce qui les mortifie extrêmement, parce qu'on les abandonne à eux-mêmes, & qu'on fait ſemblant de ne les pas juger dignes d'inſtruction. La douleur, ſelon eux, ne ſert qu'à les rendre timides, défaut très-préjudiciable, & dont on ne guérit jamais.

CHAPITRE VII.

L'auteur ayant reçu avis qu'on lui vouloit faire ſon procès, pour crime de lèze-majeſté, s'enfuit dans le royaume de Blefuſcu.

AVANT que je parle de ma ſortie de l'empire de Lilliput, il ſera peut-être à propos d'inſtruire le lecteur d'une intrigue ſecrette qui ſe forma contre moi.

J'étois peu fait au manège de la cour, & la baſſeſſe de mon état m'avoit refuſé les diſpoſitions néceſſaires pour devenir un habile courtiſan, quoique pluſieurs, d'auſſi baſſe extraction que moi, ayent ſouvent réuſſi à la cour, & y ſoient parvenus aux plus grands emplois, mais auſſi n'avoient-ils pas peut-être la même délicateſſe que moi ſur la probité & ſur l'honneur.

Quoi qu'il en soit, pendant que je me difpofois à partir pour me rendre auprès de l'empereur de Blefufcu, une perfonne de grande confidération à la cour, & à qui j'avois rendu des fervices importans, me vint trouver fecrétement pendant la nuit, & entra chez moi avec fa chaife, fans fe faire annoncer. Les porteurs furent congédiés; je mis la chaife avec fon excellence dans la poche de mon jufte-au-corps, & donnant ordre à un domeftique de tenir la porte de ma maifon fermée, je mis la chaife fur la table, & je m'affis auprès. Après les premiers complimens, remarquant que l'air de ce feigneur étoit trifte & inquiet, & lui en ayant demandé la raifon, il me pria de le vouloir bien écouter fur un fujet qui intéreffoit mon honneur & ma vie.

Je vous apprends, me dit-il, qu'on a convoqué depuis peu plufieurs comités fecrets à votre fujet, & que depuis deux jours fa majefté a pris une fâcheufe réfolution.

Vous n'ignorez pas que Skyriesh Bolgolam (galbet ou grand amiral) a prefque toujours été votre ennemi mortel depuis votre arrivée ici. Je n'en fais pas la caufe; mais fa haine s'eft fort augmentée depuis votre expédition contre la flotte de Blefufcu: comme amiral il eft jaloux de ce grand fuccès. Ce feigneur de concert avec Flimnap grand tréforier, Limtoc le général, Lalcon le grand-chambellan, & Balmuff le grand-juge, ont dreffé des articles pour vous faire votre procès en qualité de criminel de leze-majefté, & comme coupable de plufieurs autres grands crimes.

Cet exorde me frappa tellement, que j'allois l'interrompre, quand il me pria de ne rien dire & de l'écouter; & il continua ainfi.

Pour reconnoître les fervices que vous m'avez rendus, je me fuis fait inftruire de tout le procès, & j'ai obtenu une copie des articles: c'eft une affaire dans laquelle je rifque ma tête pour votre fervice.

Articles de l'accufation intentée contre Quinbus Fleftrin (l'Homme-Montagne).

ARTICLE PREMIER.

D'AUTANT que par une loi portée fous le règne de fa majefté impériale Cabin Deffar Plune, il eft ordonné que quiconque fera de l'eau dans l'étendue du palais impérial, fera fujet aux peines & châtiment du crime de lèze majefté, & que malgré cela ledit Quinbus Fleftrin, par un violement ouvert de ladite loi, fous le prétexte d'éteindre le feu allumé dans l'appartement de la chère impériale époufe de

S. M. auroit malicieusement, traîtreusement & diaboliquement, par la décharge de sa vessie, éteint ledit feu allumé dans ledit appartement, étant alors entré dans l'étendue dudit palais impérial.

Article II.

Que ledit Quinbus Flestrin, ayant amené la flotte royale de Blefuscu dans notre port impérial; & lui ayant été ensuite enjoint par sa majesté impériale, de se rendre maître de tous les autres vaisseaux dudit royaume de Blefuscu, & de le réduire à la forme d'une province qui pût être gouvernée par un viceroi de notre pays, & de faire périr & mourir non-seulement tous les Gros-Boutiens exilés, mais aussi tous le peuple de cet empire, qui ne voudroit incessamment quitter l'hérésie Gros-Boutienne; ledit Flestrin, comme un traître rebelle à sa très-heureuse impériale majesté, auroit présenté une requête pour être dispensé dudit service, sous le prétexte frivole d'une répugnance de se mêler de contraindre les consciences, & d'opprimer la liberté d'un peuple innocent.

Article III.

Que certains ambassadeurs étant venus depuis peu de la cour de Blefuscu, pour demander la paix à S. M. ledit Flestrin, comme un sujet déloyal, auroit secouru, aidé, soulagé & régalé lesdits ambassadeurs, quoiqu'il les connût pour être ministres d'un prince qui venoit d'être récemment l'ennemi déclaré de sa majesté impériale, & dans une guerre ouverte contre sadite majesté.

ARTICLE IV.

Que ledit Quinbus Flestrin, contre le devoir d'un fidèle sujet, se disposeroit actuellement à faire un voyage à la cour de Blefuscu, pour lequel il n'a reçu qu'une permission verbale de sa majesté impériale; & sous prétexte de ladite permission, se proposeroit témérairement & perfidement de faire ledit voyage, & de secourir, soulager & aider le roi de Blefuscu.

Il y a encore d'autres articles, ajouta-t-il, mais ce sont les plus importans dont je viens de vous lire un abrégé.

Dans les différentes délibérations sur cette accusation, il faut avouer que sa majesté a fait voir sa modération, sa douceur & son équité représentant plusieurs fois vos services, & tâchant de diminuer vos crimes. Le trésorier & l'amiral ont opiné qu'on devoit vous faire mourir d'une mort cruelle & ignominieuse, en mettant le feu à votre hôtel pendant la nuit; & le général devoit vous attendre avec vingt mille hommes armés de fleches empoisonnées, pour vous frapper au visage & aux mains. Des ordres secrets devoient être donnés à quelques-uns de vos domestiques, pour répandre un suc venimeux sur vos chemises, lequel vous auroit fait bientôt déchirer votre propre chair, & mourir dans des tourmens excessifs. Le général s'est rendu au même avis : ensorte que pendant quelque tems, la pluralité des voix a été contre vous ; mais sa majesté, résolue de vous sauver la vie, a gagné le suffrage du chambellan.

Sur ces entrefaites Reldresal, premier secrétaire d'état pour les affaires secretes, a reçu ordre de l'empereur de donner son avis : ce qu'il a fait conformément à celui de sa majesté, & certainement il a bien justifié l'estime que vous avez pour lui. Il a reconnu que vos crimes étoient grands, mais qu'ils méritoient néanmoins quelque indulgence. Il a dit que l'amitié qui étoit entre vous & lui, étoit si connue, que peut-être on pourroit le croire prévenu en votre faveur ; que cependant, pour obéir au commandement de sa majesté, il vouloit dire son avis avec franchise & liberté : que si sa majesté, en considération de vos services, & suivant la douceur de son esprit, vouloit bien vous sauver la vie, & se contenter de vous faire crever les deux yeux, il jugeoit avec soumission que, par cet expédient, la justice pourroit être en quelque sorte satisfaite, & que tout le monde applaudiroit à la clémence de l'empereur, auſſi bien qu'à la procédure équitable & généreuſe de ceux qui avoient l'honneur d'être ſes conſeillers: que la perte de vos yeux ne feroit point d'obſtacle à votre force corporelle, par laquelle vous pourriez être encore utile à S. M.; que l'aveuglement ſert à augmenter le courage, en nous cachant les périls; que l'eſprit en devient plus recueilli & plus diſpoſé à la découverte de la vérité: que la crainte que vous aviez pour vos yeux étoit la plus grande difficulté que vous aviez eue à ſurmonter en vous rendant maître de la flotte ennemie, & que ce feroit aſſez que vous viſſiez par les yeux des autres, puiſque les plus puiſſans princes ne voyent pas autrement.

Cette propoſition fut reçue avec un déplaiſir extrême par toute l'aſſemblée: l'amiral Bolgolam tout en feu ſe leva, & tranſporté de fureur, dit qu'il étoit étonné que le ſecrétaire oſât opiner pour la converſation de la vie d'un traître; que les ſervices que vous aviez rendus étoient, ſelon les véritables maximes d'état, des crimes énormes; que vous, qui étiez capable d'éteindre tout-à-coup un incendie en arroſant d'urine le palais de S. M. (ce qu'il ne pouvoit rappeller ſans horreur,) pourriez quelqu'autrefois, par le même moyen, inonder le palais & toute la ville, ayant une pompe énorme disposée à cet effet ; & que la même force qui vous avoit mis en état d'entraîner toute la flotte de l'ennemi pourroit servir à la reconduire, sur le premier mécontentement, à l'endroit d'où vous l'aviez tirée. Qu'il avoit des raisons très-fortes de penser que vous étiez Gros-Boutien au fond de votre cœur ; & parce que la trahison commence au cœur avant qu'elle paroisse dans les actions, comme Gros-Boutien, il vous déclara formellement traître & rebelle, & insista qu'on devoit sans délai vous faire mourir.

Le trésorier fut du même avis. Il fit voir à quelles extrémités les finances de S. M. étoient réduites par la dépense de votre entretien ; ce qui deviendroit bientôt insoutenable. Que l'expédient proposé par le secrétaire, de vous crever les yeux, loin d'être un remède contre ce mal, l'augmenteroit selon toutes les apparences, comme il paroît par l'usage ordinaire d'aveugler certaines volailles, qui après cela mangent encore plus, & s'engraissent plus promptement. Que sa majesté sacrée, & le conseil, qui étoient vos juges, étoient dans leurs propres consciences persuadés de votre crime ; ce qui étoit une preuve plus que suffisante pour vous condamner à mort, sans avoir recours à des preuves formelles, requises par la lettre rigide de la loi

Mais S. M. impériale étant absolument déterminée à ne vous point faire mourir, dit gracieusement que, puisque le conseil jugeoit la perte de vos yeux un châtiment trop léger, on pourroit en ajouter un autre. Et votre ami le secrétaire priant avec soumission d'être écouté encore pour répondre à ce que le trésorier avoit objecté touchant la grande dépense que sa majesté faisoit pour votre entretien, dit que son excellence, qui avoit la seule disposition des finances de l'empereur, pourroit remédier facilement à ce mal, en diminuant votre table peu-à-peu; & que par ce moyen, faute d'une quantité suffisante de nourriture, vous deviendriez foible & languissant, & perdriez l'appétit, & bientôt après la vie.

Ainsi par la grande amitié du secrétaire toute l'affaire a été terminée à l'amiable; les ordres précis ont été donnés pour tenir secret le dessein de vous faire peu-à-peu mourir de faim. L'arrêt, pour vous crever les yeux, a été enregistré dans le greffe du conseil, personne ne s'y opposant, si ce n'est l'amiral Bolgolam. Dans trois jours le secrétaire aura ordre de se rendre chez vous, & de lire les articles de votre accusation en votre présence, & puis de vous faire savoir la grande clémence & la grace de S. M.

& du conseil, en ne vous comdamnant qu'à la perte de vos yeux, à laquelle sa majesté ne doute pas que vous ne vous soumettiez avec la reconnoissance & l'humilité qui conviennent. Vingt des chirurgiens de sa majesté se rendront à sa suite, & exécuteront l'opération par la décharge adroite de plusieurs fleches très-aiguës dans les prunelles de vos yeux, lorsque vous serez couché à terre. C'est à vous à prendre les mesures convenables que votre prudence vous suggérera. Pour moi, afin de prevenir les soupçons, il faut que je m'en retourne aussi secrétement que je suis venu.

Son excellence me quitta, & je restai seul livré aux inquiétudes. C'étoit un usage introduit par ce prince, & par son ministre (très-différent à ce qu'on m'assure de l'usage des premiers tems) qu'après que la cour avoit ordonné un supplice, pour satisfaire le ressentiment du souverain, ou la malice d'un favori, l'empereur devoit faire une harangue à tout son conseil, parlant de sa douceur & de sa clémence comme de qualités reconnues de tout le monde. La harangue de l'empereur à mon sujet fut bientôt publiée par-tout l'empire, & rien n'inspira tant de terreur au peuple que ces éloges de la clémence de sa majesté, parce qu'on avoit remarqué que plus ces éloges étoient amplifiés, plus le supplice étoit ordinairement cruel & injuste. Et à mon égard, il faut avouer que n'étant pas destiné par ma naissance ou par mon éducation à être homme de cour, j'entendois si peu les affaires, que je ne pouvois décider si l'arrêt porté contre moi étoit doux ou rigoureux, juste ou injuste. Je ne songeai point à demander la permission de me défendre, j'aimai autant être condamné sans être entendu. Car ayant autrefois vu plusieurs procès semblables, je les avois toujours vu terminés selon les instructions données aux juges, & au gré des accusateurs accrédités & puissants.

J'eus quelqu'envie de faire de la résistance, car étant en liberté, toutes les forces de cet empire ne seroient pas venues à-bout de moi, & j'aurois pu facilement à coups de pierres battre & renverser la capitale; mais je rejettai aussi-tôt ce projet avec horreur, me ressouvenant du serment que j'avois prêté à S. M., des graces que j'avois reçues d'elle, & de la haut dignité de Nardac qu'elle m'avoit conférée. D'ailleurs, je n'avois pas assez pris l'esprit de la cour, pour me persuader que les rigueurs de S. M. m'acquitroient de toutes les obligations que je lui avois.

Enfin je pris une résolution, qui, selon les

apparences, sera censurée de quelques personnes avec justice; car je confesse que ce fut une grande témérité à moi, & un très-mauvais procédé de ma part, d'avoir voulu conserver mes yeux, ma liberté & ma vie, malgré les ordres de la cour. Si j'avois mieux connu le caractère des princes & des ministres d'état, que j'ai depuis observés dans plusieurs autres cours, & leur méthode de traiter des accusés moins criminels que moi, je me serois soumis sans difficulté à une peine si douce. Mais emporté par le feu de la jeunesse, & ayant eu ci-devant la permission de S. M. impériale de me rendre auprès du roi de Blefuscu, je me hâtai, avant l'expiration de trois jours, d'envoyer une lettre à mon ami le secrétaire, par laquelle je lui faisois savoir la résolution que j'avois prise, de partir ce jour-là même pour Blefuscu, suivant la permission que j'avois obtenue; & sans attendre la réponse, je m'avancai, vers la côte de l'île où étoit la flotte. Je me saisis d'un gros vaisseau de guerre, j'attachai un cable à la proue, & levant les ancres, je me deshabillai, je mis mon habit (avec ma couverture que j'avois apportée sous mon bras) sur le vaisseau, & le tirant après moi, tantôt guéant, tantôt nageant, j'arrivai au port-royal de Blefuscu, où le peuple m'avoit attendu longtems. On m'y fournit deux guides pour me conduire à la capitale, qui porte le même nom. Je les tins dans mes mains, jusqu'à ce que je fusse arrivé à cent toises de la porte de la ville, & je les priai de donner avis de mon arrivée à un des secrétaires d'état, & de lui faire savoir que j'attendois les ordres de sa majesté. Je reçus réponse au bout d'une heure, que sa majesté, avec toute la maison royale, venoit pour me recevoir. Je m'avançai cinquante toises; le roi & sa suite descendirent de leurs chevaux; & la reine avec les dames sortirent de leurs carosses, & je n'apperçus pas qu'ils eussent peur de moi. Je me couchai à terre pour baiser les mains du roi & de la reine. Je dis à sa majesté que j'étois venu suivant ma promesse, & avec la permission de l'empereur mon maître, pour avoir l'honneur de voir un si puissant prince, & pour lui offrir tous les services qui dépendoient de moi, & qui ne feroient pas contraires à ce que je devois à mon souverain, mais sans parler de ma disgrace.

Je n'ennuyerai point le lecteur du détail de ma réception à la cour, qui fut conforme à la générosité d'un si grand prince, ni des incommodités que j'essuyai, faute d'une maison & d'un lit, étant obligé de me coucher à terre enveloppé de ma couverture.

CHAPITRE

CHAPITRE VIII.

L'auteur, par un accident heureux, trouve le moyen de quitter Blefuscu; &, après quelques difficultés, retourne dans sa patrie.

TROIS jours après mon arrivée, me promenant par curiosité vers le côté de l'île qui regarde le nord-est, je découvris à une demi-lieue de distance dans la mer, quelque chose qui me sembla être un bateau renversé. Je tirai mes souliers & mes bas, & allant dans l'eau cent ou cent cinquante toises, je vis que l'objet s'approchoit par la force de la marée, & je connus alors que c'étoit une chaloupe, qui, à ce que je crus, pouvoit avoir été détachée d'un vaisseau par quelque tempête : sur quoi je revins incessamment à la ville, & priai sa majesté de me prêter vingt des plus grands vaisseaux qui lui restoient depuis la perte de sa flotte, & trois mille matelots, sous les ordres du vice-amiral. Cette flotte mit à la voile, faisant le tour, pendant que j'allai par le chemin le plus court à la côte, où j'avois premièrement decouvert la chaloupe. Je trouvai que la marée l'avoit poussée encore plus près du rivage. Quand les vaisseaux m'eurent joint, je me dépouillai de mes habits, me mis dans l'eau, & m'avançai jusqu'à 50 toises de la chaloupe, après quoi je fus obligé de nager, jusqu'à ce que je l'eusse atteinte. Les matelots, me jettèrent un cable, dont j'attachai un bout à un trou sur le devant du bateau, & l'autre bout à un vaisseau de guerre : mais je ne pus continuer mon ouvrage, perdant pied dans l'eau. Je me mis donc à nager derrière la chaloupe & à la pousser en avant avec une de mes mains ; en sorte qu'à la faveur de la marée, je m'avançai tellement vers le rivage, que je pus avoir le menton hors de l'eau, & trouver pied. Je me reposai deux ou trois minutes, & puis je poussai le bateau encore, jusqu'à ce que la mer ne fût pas plus haute que mes aisselles, & alors la plus grande fatigue étant passée, je pris d'autres cables apportés dans un des vaisseaux, & les attachant premièrement au bateau, & puis à neuf des vaisseaux qui m'attendoient, le vent étant assez favorable, & les matelots m'aidant, je fis en sorte que nous arrivâmes à vingt toises du rivage ; & la mer s'étant retirée, je gagnai la chaloupe à pied sec, & avec le secours de deux mille hommes, & celui des cordes & des machines, je vins à bout de la relever, & trouvai qu'elle n'avoit été que très-peu endommagée.

Je fus dix jours à faire entrer ma chaloupe dans le port-royal de Blefuscu, où il s'amassa un grand concours de peuple, plein d'étonnement à la vue d'un vaisseau si prodigieux. Je dis au roi que ma bonne fortune m'avoit fait rencontrer ce vaisseau pour me transporter à quelque autre endroit, d'où je pourrois retourner dans mon pays natal; & je priai sa majesté de vouloir bien donner ses ordres, pour mettre ce vaisseau en état de me servir, & de me permettre de sortir de ses états; ce qu'après quelques plaintes obligeantes, il lui plut de m'accorder.

J'étois fort surpris que l'empereur de Lilliput, depuis mon départ, n'eût fait aucunes recherches à mon sujet; mais j'appris que sa majesté impériale, ignorant que j'avois eu avis de ses desseins, s'imaginoit que je n'étois allé à Blefuscu, que pour accomplir ma promesse, suivant la permission qu'il m'en avoit donnée, & que je reviendrois dans peu de jours. Mais à la fin, ma longue absence le mit en peine; & ayant tenu conseil avec le trésorier & le reste de la cabale, une personne de qualité fut dépêchée avec une copie des articles dressés contre moi. L'envoyé avoit des instructions pour représenter au souverain de Blefuscu, la grande douceur de son maître, qui s'étoit contenté de me punir par la perte de mes yeux; que je m'étois fouftrait à la juftice; & que fi je ne retournois pas dans deux jours, je ferois dépouillé de mon titre de Nardac, & déclaré criminel de haute trahifon. L'envoyé ajouta, que pour conferver la paix & l'amitié entre les deux empires, fon maître efpéroit que le roi de Blefufcu donneroit ordre de me faire reconduire à Lilliput, pieds & mains liés, pour être puni comme un traître.

Le roi de Blefufcu ayant pris trois jours pour délibérer fur cette affaire, rendit une réponfe très-honnête & très-fage. Il repréfenta qu'à l'égard de me renvoyer lié, l'empereur n'ignoroit pas que cela étoit impoffible; que quoique je lui euffe enlevé fa flotte, il m'étoit redevable de plufieurs bons offices que je lui avois rendus par rapport au traité de paix. D'ailleurs qu'ils feroient bientôt l'un & l'autre délivrés de moi, parce que j'avois trouvé fur le rivage un vaiffeau prodigieux, capable de me porter fur la mer, qu'il avoit donné ordre d'accommoder avec mon fecours & fuivant mes inftructions, en forte qu'il efpéroit que dans peu de femaines les deux empires feroient débarraffés d'un fardeau fi infupportable.

Avec cette réponfe, l'envoyé retourna à Lilliput; & le roi de Blefufcu me raconta tout ce qui s'étoit passé, m'offrant en même-tems, mais secrétement & en confidence, sa gracieuse protection, si je voulois rester à son service. Quoique je crusse sa proposition sincère, je pris la résolution de ne me livrer jamais à aucun prince, ni à aucun ministre lorsque je me pourrois passer d'eux : c'est pourquoi après avoir témoigné à S. M. ma juste reconnoissance de ses intentions favorables, je la priai humblement de me donner mon congé, en lui disant que puisque la fortune, bonne ou mauvaise, m'avoit offert un vaisseau, j'étois résolu de me livrer à l'océan, plutôt que d'être l'occasion d'une rupture entre deux si puissans souverains. Le roi ne me parut pas offensé de ce discours, & j'appris même qu'il étoit bien aise de ma résolution, aussi bien que la plûpart de ses ministres.

Ces considérations m'engagèrent à partir un peu plutôt que je n'avois projetté ; & la cour, qui souhaitoit mon départ, y contribua avec empressement. Cinq cens ouvriers furent employés à faire deux voiles à mon bateau, suivant mes ordres, en doublant treize fois ensemble leur plus grosse toile, & la matelassant. Je pris la peine de faire des cordes & des cables, en joignant ensemble dix, vingt, ou trente des plus forts des leurs. Une grosse pierre, que j'eus le bonheur de trouver, après une longue recherche, près le rivage de la mer, me servit d'ancre; j'eus le suif de trois cens bœufs pour graisser ma chaloupe, & pour d'autres usages. Je pris des peines infinies à couper les plus grands arbres pour en faire des rames & des mâts, en quoi cependant je fus aidé par les charpentiers des navires de sa majesté.

Au bout d'environ un mois, quand tout fut prêt, j'allai pour recevoir les ordres de sa majesté, & pour prendre congé d'elle. Le roi, accompagné de la maison royale, sortit du palais. Je me couchai sur le visage pour avoir l'honneur de lui baiser la main qu'il me donna très-gracieusement, aussi-bien que la reine & les jeunes princes du sang. Sa majesté me fit présent de cinquante bourses de deux cens *spruggs* chacune, avec son portrait en grand que je mis aussi-tôt dans un de mes gants pour le mieux conserver.

Je chargeai sur ma chaloupe cent bœufs & trois cens moutons, avec du pain & de la boisson à proportion, & une certaine quantité de viande cuite, aussi grande que quatre cens cuisiniers m'avoient pu fournir. Je pris avec moi six vaches & deux taureaux vivans, & un même nombre de brebis & de béliers, ayant dessein de les porter dans mon pays, pour en multiplier l'espèce : je me fournis aussi de foin & de bled. J'aurois été bien aise d'emmener six des gens du pays, mais le roi ne le voulut pas permettre ; & outre une très-exacte visite de mes poches, sa majesté me fit donner ma parole d'honneur, que je n'emporterois aucun de ses sujets, quand même ce seroit de leur propre consentement, & à leur requête.

Ayant ainsi préparé toutes choses, je mis à la voile le vingt-quatrième jour de septembre 1701, sur les six heures du matin ; & quand j'eus fait quatre lieues tirant vers le nord, le vent étant au sud-est, sur les six heures du soir, je découvris une petite île, longue d'environ une demi-lieue vers le nord-ouest. Je m'avançai & jettai l'ancre vers la côte de l'île qui étoit à l'abri du vent : elle me parut inhabitée. Je pris des rafraîchissemens & m'allai reposer : je dormis environ six heures, car le jour commença à paroître deux heures après que je fus éveillé. Je déjeûnai, & le vent étant favorable, je levai l'ancre, & fis la même route que le jour précédent, guidé par mon compas de poche. C'étoit mon dessein de me rendre, s'il étoit possible, à une de ces îles, que je croyois avec raison, situées au nord-est de la terre de Van Diémen. Je ne découvris rien ce jour-là ; mais le lendemain, sur les trois heures après midi, quand j'eus fait, selon mon calcul, environ vingt-quatre lieues, je découvris un navire faisant route vers le sud-est. Je mis toutes mes voiles; & au bout d'une demi-heure, le navire m'ayant apperçu, arbora son pavillon, & tira un coup de canon. Il n'est pas facile de représenter la joie que je ressentis de l'espérance que j'eus de revoir encore une fois mon aimable pays, & les chers gages que j'y avois laissés. Le navire relâcha ses voiles, & je le joignis à cinq ou six heures du soir, le 26 septembre. J'étois transporté de joie de voir le pavillon d'Angleterre. Je mis mes vaches & mes moutons dans les poches de mon juste-au-corps; & me rendis à bord avec toute ma petite cargaison de vivres. C'étoit un vaisseau marchand Anglois, revenant du Japon par les mers du nord & du sud, commandé par le capitaine Jean Bidell de Deptfort, fort honnête homme & excellent marin. Il y avoit encore cinquante hommes sur le vaisseau, parmi lesquels je rencontrai un de mes anciens camarades, nommé Pierre Williams, qui parla avantageusement de moi au capitaine. Ce galant homme me fit un très-bon accueil, & me pria de lui apprendre d'où je venois & où j'allois, ce que je fis en peu de mots; mais il crut que la fatigue & les périls que j'avois courus, m'avoient fait tourner la tête; sur quoi je tirai mes vaches & mes moutons de ma poche, ce qui le jetta dans un grand étonnement, en lui faisant voir la vérité de ce que je lui venois de raconter. Je lui montrai les pièces d'or que m'avoit données le roi de Blefuscu, aussi-bien que le portrait de sa majesté en grand, avec plusieurs autres raretés de ce pays. Je lui donnai deux bourses de deux cens Spruggs chacune, & promis, à notre arrivée en Angleterre, de lui faire présent d'une vache & d'une brebis pleine.

Je n'entretiendrai point le lecteur du détail de ma route; nous arrivâmes aux Dunes le 13 d'avril 1702. Je n'eus qu'un seul malheur, c'est que les rats du vaisseau emportèrent une de mes brebis. Je débarquai le reste de mon bétail en santé, & le mis paître dans un parterre de jeu de boule à Greenwich.

Pendant le peu de tems que je restai en Angleterre, je fis un profit considérable, en montrant mes petits animaux à plusieurs gens de qualité, & même au peuple; & avant que je commençasse mon second voyage, je les vendis six cens livres sterlings. Depuis mon dernier retour, j'en ai inutilement cherché la race que je croyois considérablement augmentée, surtout les moutons; j'espérois que cela tourneroit à l'avantage de nos manufactures de laine, par la finesse des toisons.

Je ne restai que deux mois avec ma femme & ma fille. La passion insatiable de voir les pays étrangers ne me permit pas d'être plus long tems sédentaire. Je laissai quinze cens livres sterlings à ma femme, & l'établis dans une bonne maison à Redriff. Je portai le reste de ma fortune avec moi, partie en argent, & partie en marchandises, dans la vue d'augmenter mes fonds. Mon oncle Jean m'avoit laissé des terres proche d'Epping, de trente livres sterlings de rente ; & j'avois un long bail des taureaux noirs en Fetterlane, qui me fournissoit le même revenu : ainsi je ne courois pas risque de laisser ma fille à la charité de la paroisse. Mon fils Jean, ainsi nommé du nom de son oncle, apprenoit le latin, & alloit au collège ; & ma fille Elisabeth (qui est à présent mariée, & a des enfans) s'appliquoit au travail de l'aiguille. Je dis adieu à ma femme, à mon fils & à ma fille ; &, malgré beaucoup de larmes qu'on versa de part & d'autre, je montai courageusement sur l'Aventure, vaisseau marchand de trois cens tonneaux, commandé par le capitaine Jean Nicolas, de Leverpool.

SECONDE PARTIE.
VOYAGE
A BROBDINGNAG.

CHAPITRE PREMIER.

L'auteur, après avoir essuyé une grande tempête, se met dans une chaloupe pour descendre à terre, & est saisi par un des habitans du pays. Comment il en est traité. Idée du pays & du peuple.

AYANT été condamné par la nature & par la fortune à une vie agitée, deux mois après mon retour, comme j'ai dit, j'abandonnai encore mon pays natal, & je m'embarquai dans les Dunes le 20 Juin 1702, sur un vaisseau nommé l'Aventure, dont le capitaine, Jean Nicolas, de la province de Cornouaille, partoit pour Surate. Nous eûmes le vent très-favorable jusqu'à la hauteur du Cap de Bonne-Espérance, où nous mouiliâmes pour faire aiguade. Notre capitaine se trouvant alors incommodé d'une fièvre intermittente, nous ne pûmes quitter le

Cap qu'à la fin du mois de mars. Alors nous remîmes à la voile, & notre voyage fut heureux jusqu'au détroit de Madagascar. Mais, étant arrivés au nord de cette île, les vents, qui dans ces mers soufflent toujours également entre le nord & l'ouest depuis le commencement de décembre jusqu'au commencement de mai, commencèrent, le 29 avril, à souffler très-violemment du côté de l'ouest : ce qui dura vingt jours de suite, pendant lesquels nous fûmes poussés un peu à l'orient des îles Moluques, & environ à trois degrés au nord de la ligne équinoxiale : ce que notre capitaine découvrit par son estimation faite le second jour de mai, que le vent cessa ; mais étant homme très-expérimenté dans la navigation de ces mers, il nous ordonna de nous préparer pour le lendemain à une terrible tempête : ce qui ne manqua pas d'arriver. Un vent de sud appellé monson commença à s'élever. Appréhendant que le vent ne devînt trop fort, nous serrâmes la voile du beaupré, & mîmes à la cape pour serrer la misaine ; mais l'orage augmentant toujours, nous fîmes attacher les canons, & serrâmes la misaine. Le vaisseau étoit au large, & ainsi nous crûmes que le meilleur parti à prendre étoit d'aller vent derrière. Nous rivâmes la misaine, & bordâmes les écoutes ; le timon étoit devers le vent, & le navire se gouvernoit bien. Nous mîmes hors la grande voile ; mais elle fut déchirée par la violence du tems. Après, nous amenâmes la grande vergue pour la dégréer, & coupâmes tous les cordages & le robinet qui la tenoient. La mer étoit très-haute, les vagues se brisant les unes contre les autres. Nous tirâmes les bras du timon, & aidâmes au timonier, qui ne pouvoit gouverner seul. Nous ne voulions pas amener le mât du grand hunier, parce que le vaisseau se gouvernoit mieux allant avec la mer, & nous étions persuadés qu'il feroit mieux son chemin, le mât gréé. Voyant que nous étions assez au large après la tempête, nous mîmes hors la misaine & la grande voile, & gouvernâmes auprès du vent. Après nous mîmes hors l'artimon, le grand & le petit hunier. Notre route étoit est-nord-est ; le vent étoit au sud-ouest. Nous amarrâmes à tribord, & démarrâmes le bras devers le vent, brassâmes les boulines, & mîmes le navire au plus près du vent, toutes les voiles portant. Pendant cet orage, qui fut suivi d'un vent impétueux d'ouest-sud-ouest, nous fûmes poussés, selon mon calcul, environ cinq cent lieues vers l'orient ; en sorte que le plus vieux & le plus expérimenté des mariniers ne sut nous dire en quelle partie du monde nous étions. Cependant les vivres ne nous manquoient pas, notre vaisseau ne faisoit point d'eau, & notre équipage étoit en bonne santé; mais nous étions réduits à une très-grande disette d'eau. Nous jugeâmes plus à propos de continuer la même route, que de tourner au nord : ce qui nous auroit peut-être portés aux parties de la Grande-Tartarie, qui sont le plus au nord-ouest, & dans la mer glaciale.

Le seizième de juin 1703, un garçon découvrit terre du haut du perroquet; le dix-septième, nous vîmes clairement une grande île ou un continent (car nous ne sûmes pas lequel des deux), sur le côté droit duquel il y avoit une petite langue de terre qui s'avançoit dans la mer, & une petite baie trop basse pour qu'un vaisseau de plus de cent tonneaux pût y entrer. Nous jettâmes l'ancre à une lieue de cette petite baie; notre capitaine envoya douze hommes de son équipage, bien armés, dans la chaloupe, avec des vases pour l'eau, si l'on en pouvoit trouver. Je lui demandai la permission d'aller avec eux pour voir le pays, & faire toutes les découvertes que je pourrois. Quand nous fûmes à terre, nous ne vîmes ni rivière, ni fontaine, ni aucun vestige d'habitans : ce qui obligea nos gens à cotoyer le rivage pour chercher de l'eau fraîche proche de la mer.

Pour moi, je me promenai seul, & avançai environ un mille dans les terres, où je ne remarquai qu'un pays stérile & plein de rochers. Je commençois à me lasser ; &, ne voyant rien qui pût satisfaire ma curiosité, je m'en retournois doucement vers la petite baie, lorsque je vis nos hommes sur la chaloupe, qui sembloient tâcher, à force de rames, de sauver leur vie ; & je remarquai en même tems qu'ils étoient poursuivis par un homme d'une grandeur prodigieuse. Quoiqu'il fût entré dans la mer, il n'avoit de l'eau que jusqu'aux genoux, & faisoit des enjambées étonnantes ; mais nos gens avoient pris le devant d'une demi-lieue ; & la mer étant, en cet endroit, pleine de rochers, le grand homme ne put atteindre la chaloupe. Pour moi, je me mis à fuir aussi vîte que je pus, & je grimpai jusqu'au sommet d'une montagne escarpée, qui me donna le moyen de voir une partie du pays. Je le trouvai parfaitement bien cultivé ; mais ce qui me surprit d'abord, fut la grandeur de l'herbe qui me parut avoir plus de 20 pieds de hauteur.

Je pris un grand chemin, qui me parut tel, quoiqu'il ne fût pour les habitans qu'un petit sentier qui traversoit un champ d'orge. Là, je marchai pendant quelque tems ; mais je ne pouvois presque rien voir, le tems de la moisson étant proche, & les bleds étant hauts de quarante pieds au moins. Je marchai pendant une heure, avant que je pusse arriver à l'extrémité de ce champ, qui étoit enclos d'une haie haute au moins de cent vingt pieds; pour les arbres, ils étoient si grands, qu'il me fut impossible d'en supputer la hauteur.

Je tâchois de trouver quelque ouverture dans la haie, quand je découvris un des habitans, dans le champ prochain, de la même taille que celui que j'avois vu dans la mer, poursuivant notre chaloupe. Il me parut aussi haut qu'un clocher ordinaire, & il faisoit environ cinq toises à chaque enjambée, autant que je pus conjecturer. Je fus frappé d'une frayeur extrême, & je courus me cacher dans le bled, d'où je le vis arrêté à une ouverture de la haie, jettant les yeux çà & là, & appellant d'une voix plus grosse & plus retentissante, que si elle fût sortie d'un porte-voix : le son étoit si fort & si élevé dans l'air, que d'abord je crus entendre le tonnerre. Aussitôt sept hommes de sa taille s'avancèrent vers lui, chacun une faucille à la main, chaque faucille étant de la grandeur de six faux. Ces gens n'étoient pas si bien habillés que le premier, dont ils sembloient être les domestiques. Selon les ordres qu'il leur donna, ils allèrent pour couper le

bled

bled dans le champ où j'étois couché. Je m'éloignai d'eux autant que je pus ; mais je ne me remuois qu'avec une difficulté extrême, car les tuyaux du bled n'étoient pas quelquefois distans de plus d'un pied l'un de l'autre ; ensorte que je ne pouvois guère marcher dans cette espèce de forêt. Je m'avançai cependant vers un endroit du champ où la pluie & le vent avoient couché le bled. Il me fut alors tout à-fait impossible d'aller plus loin ; car les tuyaux étoient si entrelassés, qu'il n'y avoit pas moyen de ramper à travers ; & les barbes des épis tombés étoient si fortes & si pointues, qu'elles me perçoient au travers de mon habit, & m'entroient dans la chair. Cependant j'entendois les moissonneurs qui n'étoient qu'à cinquante toises de moi. Etant tout-à-fait épuisé & réduit au désespoir, je me couchai entre deux sillons, & je souhaitai d'y finir mes jours, me représentant ma veuve désolée, avec mes enfans orphelins, & déplorant ma folie qui m'avoit fait entreprendre ce second voyage, contre l'avis de tous mes amis & de tous mes parens.

Dans cette terrible agitation, je ne pouvois m'empêcher de songer au pays de Lilliput, dont les habitans m'avoient regardé comme le plus grand prodige qui avoit jamais paru dans le monde ; où j'étois capable d'entraîner une flotte entière d'une seule main, & de faire d'autres actions merveilleuses ; dont la mémoire sera éternellement conservée dans les chroniques de cet empire, pendant que la postérité les croira avec peine, quoiqu'attestées par une nation. Je fis réflexion quelle mortification ce seroit pour moi, de paroître aussi misérable aux yeux de la nation parmi laquelle je me trouvois alors, qu'un Lilliputien le seroit parmi nous. Mais je regardois cela comme le moindre de mes malheurs ; car on remarque que les créatures humaines sont ordinairement plus sauvages & plus cruelles, à raison de leur taille ; & en faisant cette réflexion, que pouvois-je attendre, sinon d'être bientôt dévoré par le premier de ces barbares énormes entre les mains duquel je tomberois ? En vérité les philosophes ont raison, quand ils nous disent qu'il n'y a rien de grand ou de petit que par comparaison. Peut-être que les Lilliputiens trouveront quelque nation plus petite à leur égard, qu'ils ne me le parurent : & qui sait si cette race prodigieuse de mortels ne seroit pas une nation Lilliputienne, par rapport à celle de quelque pays que nous n'avons pas encore découvert ? Mais effrayé & confus comme je l'étois, je ne fis pas alors toutes ces réflexions philosophiques.

Un des moissonneurs s'approchant à cinq toises du sillon où j'étois couché, me fit craindre qu'en faisant encore un pas je ne fusse écrasé sous son pied, ou coupé en deux par sa faucille: c'est pourquoi le voyant prêt de lever le pied & d'avancer, je me mis à jetter des cris pitoyables, & aussi forts que la frayeur dont j'étois saisi me le put permettre. Aussi-tôt le géant s'arrêta, & regardant autour & au-dessous de lui avec attention, enfin il m'apperçut. Il me considéra quelque tems avec la circonspection d'un homme qui tâche d'attrapper un petit animal dangereux, d'une manière qu'il n'en soit ni égratigné ni mordu, comme j'avois fait moi-même quelquefois à l'égard d'une belette en Angleterre. Enfin, il eut la hardiesse de me prendre par les deux fesses, & de me lever à une toise & demie de ses yeux, afin d'observer ma figure plus exactement. Je devinai son intention, & je résolus de ne faire aucune résistance, tandis qu'il me tenoit en l'air à plus de soixante pieds de terre, quoiqu'il me serrât très-cruellement les fesses, par la crainte qu'il avoit que je ne glissasse d'entre ses doigts. Tout ce que j'osai faire, fut de lever mes yeux vers le soleil, de mettre mes mains dans la posture d'un suppliant, & de dire quelques mots d'un accent très-humble & très-triste, conformément à l'état où je me trouvois alors; car je craignois à chaque instant qu'il ne voulût m'écraser, comme nous écrasons d'ordinaire certains petits animaux odieux que nous voulons faire périr. Mais il parut content de ma voix & de mes gestes; & il commença à me regarder comme quelque chose de curieux, étant bien surpris de m'entendre articuler des mots, quoiqu'il ne les comprît pas.

Cependant je ne pouvois m'empêcher de gémir & de verser des larmes; & en tournant la tête, je lui faisois entendre, autant que je le pouvois, combien il me faisoit de mal par son pouce & par son doigt. Il me parut qu'il comprenoit la douleur que je ressentois; car levant un pan de son juste-au-corps, il me mit doucement dedans; & aussi-tôt il courut vers son maître, qui étoit un riche laboureur, & le même que j'avois vu d'abord dans le champ.

Le laboureur prit un petit brin de paille, environ de la grosseur d'une canne dont nous nous appuyons en marchant, & avec ce brin leva les pans de mon juste-au-corps qu'il me parut prendre pour une espèce de couverture que la nature m'avoit donnée. Il souffla mes cheveux pour mieux voir mon visage. Il appella ses valets, & leur demanda (autant que j'en pus juger) s'ils avoient jamais vu dans les champs aucun animal qui me ressemblât. Ensuite il me plaça doucement à terre sur les quatre pattes ; mais je me levai aussi-tôt, & marchai gravement, allant & venant, pour faire voir que je n'avois pas envie de m'enfuir. Ils s'assirent tous en rond autour de moi, pour mieux observer mes mouvemens : j'ôtai mon chapeau, & je fis une révérence très-soumise au paysan, je me jettai à ses genoux, je levai les mains & la tête, & je prononçai plusieurs mots aussi fortement que je pus. Je tirai une bourse pleine d'or de ma poche, & la lui présentai très-humblement. Il la reçut dans la paume de sa main, & la porta bien près de son œil pour voir ce que c'étoit, & ensuite la tourna plusieurs fois avec la pointe d'une épingle, qu'il tira de sa manche, mais il n'y comprit rien. Sur cela, je lui fis signe qu'il mît sa main à terre, & prenant la bourse, je l'ouvris & répandis toutes les pièces d'or dans sa main. Il y avoit six pièces Espagnoles de quatre pistoles chacune, sans compter vingt ou trente pièces plus petites. Je le vis mouiller son petit doigt sur sa langue, & lever une de mes pièces les plus grosses, & ensuite une autre ; mais il me sembla tout-à-fait ignorer ce que c'étoit. Il me fit signe de les remettre dans ma bourse, & la bourse dans ma poche.

Le laboureur fut alors persuadé qu'il falloit

que je fuſſe une petite créature raiſonnable. Il me parla très-ſouvent, mais le ſon de ſa voix m'étourdiſſoit les oreilles, comme celui d'un moulin à eau ; cependant ſes mots étoient bien articulés. Je répondis auſſi fortement que je pus en pluſieurs langues, & ſouvent il appliqua ſon oreille à une toiſe de moi, mais inutilement. Enſuite il renvoya ſes gens à leur travail, & tirant ſon mouchoir de ſa poche, il le plia en deux & l'étendit ſur ſa main gauche qu'il avoit miſe à terre, me faiſant ſigne d'entrer dedans; ce que je pus faire aiſément; car elle n'avoit pas plus d'un pied d'épaiſſeur. Je crus devoir obéir ; & de peur de tomber, je me couchai tout de mon long ſur le mouchoir dont il m'enveloppa, & de cette façon il m'emporta chez lui. Là il appella ſa femme, & me montra à elle ; mais elle jetta des cris effroyables & recula, comme font les femmes en Angleterre à la vue d'un crapaud ou d'une araignée. Cependant lorſqu'au bout de quelque-tems elle eût vu toutes mes manières, & comment j'obſervois les ſignes que faiſoit ſon mari, elle commença à m'aimer très-tendrement.

Il étoit environ l'heure de midi, & alors un domeſtique ſervit le dîner. Ce n'étoit (ſuivant l'état ſimple d'un laboureur) que de la viande groſſière dans un plat d'environ vingt-quatre pieds de diametre. Le laboureur, sa femme, trois enfans, & une vieille grand'mere composoient la compagnie. Lorsqu'ils furent assis, le fermier me plaça à quelque distance de lui sur la table, qui étoit à-peu-près haute de trente pieds; je me tins aussi loin que je pus du bord, de crainte de tomber. La femme coupa un morceau de viande, ensuite elle émia du pain sur une assiette de bois qu'elle plaça devant moi. Je lui fis une révérence très-humble, & tirant mon couteau & ma fourchette, je me mis à manger; ce qui leur donna un très-grand plaisir. La maîtresse envoya sa servante chercher une petite tasse qui servoit à boire des liqueurs, & qui contenoit environ douze pintes, & la remplit de boisson. Je levai le vase avec une grande difficulté; & d'une manière très-respectueuse, je bus à la santé de Madame, exprimant les mots aussi fortement que je pouvois en Anglois; ce qui fit faire à la compagnie de si grands éclats de rire, que peu s'en fallut que je n'en devinsse sourd. Cette boisson avoit à-peu-près le goût du petit-cidre, & n'étoit pas désagréable. Le maître me fit signe de venir à côté de son assiette de bois; mais en marchant trop vîte sur la table, une petite croûte de pain me fit broncher & tomber sur le visage, sans pourtant me blesser. Je me levai aussi-tôt, & remarquant que ces

G iv

bonnes gens en étoient fort touchés, je pris mon chapeau, & le faisant tourner sur ma tête, je fis trois acclamations pour marquer que je n'avois point reçu de mal. Mais en avançant vers mon maître (c'est le nom que je lui donnerai désormais), le dernier de ses fils, qui étoit assis le plus proche de lui, & qui étoit très-malin & âgé d'environ dix ans, me prit par les jambes, & me tint si haut dans l'air, que je me trémoussai de tout mon corps. Son père m'arracha d'entre ses mains, & en même-tems lui donna sur l'oreille gauche un si grand soufflet, qu'il en auroit presque renversé une troupe de cavalerie Européenne, & en même tems lui ordonna de se lever de table. Mais ayant à craindre que le garçon ne gardât quelque ressentiment contre moi, & me souvenant que tous les enfans chez nous sont naturellement méchans à l'égard des oiseaux, des lapins, des petits chats & des petits chiens; je me mis à genoux, & montrant le garçon au doigt, je me fis entendre à mon maître autant que je pus, & le priai de pardonner à son fils. Le père y consentit, & le garçon reprit sa chaise; alors je m'avançai jusqu'à lui, & lui baisai la main.

Au milieu du dîner le chat, favori de ma maîtresse, sauta sur elle. J'entendis derrière moi un bruit ressemblant à celui de douze faiseurs de bas au métier ; & tournant ma tête, je trouvai que c'étoit un chat qui miauloit. Il me parut trois fois plus grand qu'un bœuf, comme je le jugeai en voyant sa tête & une de ses pattes, pendant que sa maîtresse lui donnoit à manger, & lui faisoit des caresses. La férocité du visage de cet animal me déconcerta tout-à-fait, quoique je me tinsse au bout le plus éloigné de la table, à la distance de cinquante pieds, & quoique ma maîtresse tînt le chat de peur qu'il ne s'élançât sur moi. Mais il n'y eut point d'accident, & le chat m'épargna.

Mon maître me plaça à une toise & demie du chat; & comme j'ai toujours éprouvé que lorsque l'on fuit devant un animal féroce, ou que l'on paroît en avoir peur, c'est alors qu'on en est infailliblement poursuivi; je résolus de faire bonne contenance devant le chat, & de ne point paroître craindre ses griffes. Je marchai hardiment devant lui, & je m'avançai jusqu'à dix-huit pouces, ce qui le fit reculer comme s'il eût eu lui-même peur de moi. J'eus moins d'appréhension des chiens: trois ou quatre entrèrent dans la salle, entre lesquels il y avoit un mâtin d'une grosseur égale à celle de quatre éléphans, & un lévrier un peu plus haut que le mâtin, mais moins gros.

Sur la fin du dîner la nourrice entra; portant

entre ses bras un enfant de l'âge d'un an qui, aussi-tôt qu'il m'apperçut, poussa des cris si forts, qu'on auroit pu, je crois, les entendre facilement du pont de Londres jusqu'à Chelsea. L'enfant, me regardant comme une poupée ou une babiole, crioit afin de m'avoir pour lui servir de jouet. La mère m'éleva & me donna à l'enfant qui se saisit bientôt de moi, & mit ma tête dans sa bouche, où je commençai à hurler si horriblement, que l'enfant effrayé me laissa tomber. Je me serois infailliblement cassé la tête, si la mère n'avoit pas tenu son tablier sous moi. La nourrice, pour appaiser son poupon, se servit d'un hochet qui étoit un gros pilier creux, rempli de grosses pierres, & attaché par un cable au milieu du corps de l'enfant; mais cela ne put l'appaiser, & elle se trouva réduite à se servir du dernier remède, qui fut de lui donner à tetter. Il faut avouer que jamais objet ne me dégoûta comme la vue des tettons de cette nourrice, & je ne sais à quoi je puis les comparer.

Cela me fait penser aux tettons de nos dames Angloises, qui sont si charmans, & qui ne nous paroissent tels, que parce qu'ils sont proportionnés à notre vue & à notre taille: cependant le microscope qui les grossit, & nous en fait paroître plusieurs parties qui échappent à nos yeux, les enlaidit extrêmement. Tels me parurent les tettons énormes de cette nourrice. C'est ainsi qu'étant à Lilliput, une femme me disoit que je lui paroissois très-laid ; qu'elle découvroit de grands trous dans ma peau ; que les poils de ma barbe étoient dix fois plus forts que les soies d'un sanglier, & que mon teint, composé de différentes couleurs, étoit tout à-fait désagréable, quoique je sois blond, & que je passe pour avoir le teint assez beau.

Après le dîner, mon maître alla retrouver ses ouvriers ; & à ce que je pus comprendre par sa voix & par ses gestes, il chargea sa femme de prendre un grand soin de moi. J'étois bien las & j'avois une grande envie de dormir ; ce que ma maîtresse appercevant, elle me mit dans son lit, & me couvrit avec un mouchoir blanc, mais plus large que la grande voile vaisseau de guerre.

Je dormis pendant deux heures, & songeai que j'étois chez moi avec ma femme & mes enfans ; ce qui augmenta mon affliction quand je m'éveillai & me trouvai tout seul dans une chambre vaste de deux ou trois cens pieds de largeur, & de plus de deux cens pieds de hauteur, & couché dans un lit large de dix toises. Ma maîtresse étoit sortie pour les affaires de la maison, & m'avoit enfermé au verrouil.

Le lit étoit élevé de quatre toises; cependant quelques nécessités naturelles me pressoient de descendre, & je n'osois appeler : quand je l'eusse essayé, c'eût été inutilement avec une voix comme la mienne, & y ayant une si grande distance de la chambre où j'étois, à la cuisine où la famille se tenoit. Sur ces entrefaites, deux rats grimpèrent le long des rideaux, & se mirent à courir sur le lit. L'un approcha de mon visage, sur quoi je me levai tout effrayé & mis le sabre à la main pour me défendre. Ces animaux horribles eurent l'insolence de m'attaquer des deux côtés ; mais je fendis le ventre à l'un, & l'autre s'enfuit. Après cet exploit, je me couchai pour me reposer & reprendre mes esprits. Ces animaux étoient de la grosseur d'un mâtin, mais infiniment plus agiles & plus féroces, en sorte que si j'eusse ôté mon ceinturon, & mis bas mon sabre avant que de me coucher, j'aurois été infailliblement dévoré par deux rats.

Bientôt après ma maîtresse entra dans la chambre, & me voyant tout couvert de sang, elle accourut, & me prit dans sa main. Je lui montrai avec mon doigt le rat mort ; en souriant & en faisant d'autres signes, pour lui faire entendre que je n'étois pas blessé ; ce qui lui donna de la joie. Je tâchai de lui faire entendre que je souhaitois fort qu'elle me mît à terre, ce qu'elle fit; mais ma modestie ne me permit pas de m'expliquer autrement, qu'en montrant du doigt la porte, & en faisant plusieurs révérences. La bonne femme m'entendit, mais avec quelque difficulté, & me reprenant dans sa main, alla dans le jardin où elle me mit à terre. Je m'éloignai environ à cent toises, & lui faisant signe de ne me pas regarder, je me cachai entre deux feuilles d'oseille, & y fis ce que vous pouvez deviner.

CHAPITRE II.

Portrait de la fille du laboureur. L'auteur est conduit à une ville où il y avoit un marché, & ensuite à la capitale. Détail de son voyage.

MA maîtresse avoit une fille de l'âge de neuf ans, enfant qui avoit beaucoup d'esprit pour son âge. Sa mère de concert avec elle, s'avisa d'accommoder pour moi le berceau de sa poupée avant qu'il fût nuit. Le berceau fut mis dans un petit tiroir de cabinet, & le tiroir posé sur une tablette suspendue, de peur des rats: ce fut-là mon lit pendant tout le tems que je demeurai avec ces bonnes gens. Cette jeune fille étoit si adroite, qu'après que je me fus deshabillé une ou deux fois en sa présence, elle sût m'habiller & me deshabiller quand il lui plaisoit, quoique je ne lui donnasse cette peine que pour lui obéir. Elle me fit six chemises, & d'autres sortes de linge de la toile la plus fine qu'on put trouver (qui à la vérité étoit plus grossière que des toiles de navire) & les blanchit toujours elle-même. Ma blanchisseuse étoit encore ma maîtresse d'école, qui m'apprenoit la langue. Quand je montrois quelque chose du doigt, elle m'en disoit le nom aussi-tôt, en sorte qu'en peu de tems je fus en état de demander presque tout ce que je souhaitois: elle avoit en vérité un très-bon naturel. Elle me donna le nom de Grildrig, mot qui signifie ce que les latins appellent Nanunculus, les Italiens Homunceletino, & les Anglois Mannikin. C'est à elle que je fus redevable de ma conservation: nous étions toujours ensemble; je l'appellois Glumdalclitch, ou la petite nourrice; & je serois coupable d'une très-noire ingratitude, si j'oubliois jamais ses soins & son affection pour moi: je souhaite de tout mon cœur être un jour en état de les reconnoître, au lieu d'être peut-être l'innocente, mais malheureuse cause de sa disgrace, comme j'ai trop lieu de l'appréhender.

Il se répandit alors dans tout le pays que mon maître avoit trouvé un petit animal dans les champs, environ de la grosseur d'un Splacknock (animal de ce pays long d'environ six pieds) & de la même figure qu'une créature humaine; qu'il imitoit l'homme dans toutes ses actions, & sembloit parler une petite espèce de langue qui lui étoit propre; qu'il avoit déja appris plusieurs de leurs mots; qu'il marchoit droit sur les deux pieds, étoit doux & traitable, venoit quand il étoit appellé, faisoit tout ce qu'on lui ordonnoit de faire, avoit les membres délicats, & un teint plus blanc & plus fin que celui de la fille d'un seigneur, à l'âge de trois ans. Un laboureur voisin & intime ami de mon maître lui rendit visite exprès pour examiner la vérité du bruit qui s'étoit répandu. On me fit venir aussi-tôt; on me mit sur une table, où je marchai comme on me l'ordonna. Je tirai mon sabre, & le remis dans son fourreau. Je fis la révérence à l'ami de mon maître, je lui demandai dans sa propre langue comment il se portoit, & lui dis qu'il étoit le bien venu; le tout suivant les instructions de ma petite maîtresse. Cet homme à qui le grand âge avoit fort affoibli la vue, mit ses lunettes pour me regarder mieux; sur quoi je ne pus m'empêcher d'éclater de rire. Les gens de la famille, qui découvrirent la cause de ma gaieté, se prirent aussi à rire, de quoi le vieux penard fut assez bête pour se fâcher. Il avoit l'air d'un avare, & il le fit bien paroître, par le conseil détestable qu'il donna à mon maître de me faire voir pour de l'argent, à quelque jour de marché, dans la ville prochaine, qui étoit éloignée de notre maison environ de vingt-deux milles. Je devinai qu'il y avoit quelque dessein, sur le tapis, lorsque je remarquai mon maître & son ami parlant ensemble tout bas à l'oreille pendant un assez long-tems, & quelquefois me regardant & me montrant au doigt.

Le lendemain au matin Glumdalclitch, ma petite maîtresse, me confirma dans ma pensée en me racontant toute l'affaire, qu'elle avoit apprise de sa mère. La pauvre fille me mit dans son sein, & versa beaucoup de larmes. Elle appréhendoit qu'il ne m'arrivât du mal, que je ne fusse froissé, estropié, & peut-être écrasé par des hommes grossiers & brutaux qui me manieroient rudement comme elle avoit remarqué que j'étois modeste de mon naturel, & très-délicat dans tout ce qui regardoit mon honneur, elle gémissoit de me voir exposé pour de l'argent, à la curiosité du plus bas peuple. Elle disoit que son papa & sa maman lui avoient promis que Grildrig seroit tout à elle;

elle ; mais qu'elle voyoit bien qu'on la vouloit tromper, comme on avoit fait l'année dernière, quand on feignit de lui donner un agneau, qui, quand il fut gras, fut vendu à un boucher. Quant à moi, je puis dire en vérité que j'eus moins de chagrin, que ma petite maîtresse. J'avois conçu de grandes espérances, qui ne m'abandonnèrent jamais, que je recouvrerois un jour ma liberté : & à l'égard de l'ignominie d'être porté çà & là, comme un monstre, je songeois qu'une telle disgrace ne me pourroit jamais être reprochée, & ne flétriroit point mon honneur, lorsque je serois de retour en Angleterre ; parce que le roi même de la Grande-Bretagne, s'il se trouvoit en pareille situation, auroit un même sort.

Mon maître, suivant l'avis de son ami, me mit dans une caisse ; & le jour du marché suivant, me mena à la ville prochaine, avec sa petite fille. La caisse étoit fermée de tous côtés, & étoit seulement percée de quelques trous pour laisser entrer l'air. La fille avoit pris le soin de mettre sous moi le matelas du lit de sa poupée : cependant je fus horriblement agité & rudement secoué dans ce voyage, quoiqu'il ne dura pas plus d'une demi-heure. Le cheval faisoit à chaque pas environ quarante pieds, & trottoit si haut, que l'agitation étoit égale

H

celle d'un vaisseau, dans une tempête furieuse: le chemin étoit un peu plus long que de Londres à Saint-Albans. Mon maître descendit de cheval à une auberge, où il avoit coutume d'aller; & après avoir pris conseil avec l'hôte, & avoir fait quelques préparatifs nécessaires, il loua le Glultrud ou le crieur public, pour donner avis à toute la ville d'un petit animal étranger, qu'on feroit voir à l'enseigne de l'aigle verte, qui étoit moins gros qu'un Splacknock, & ressemblant dans toutes les parties de son corps à une créature humaine; qui pouvoit prononcer plusieurs mots, & faire une infinité de tours d'adresse.

Je fus posé sur une table dans la salle la plus grande de l'auberge, qui étoit presque large de trois cents pieds en carré. Ma petite maîtresse se tenoit debout sur un tabouret bien près de la table, pour prendre soin de moi, & m'instruire de ce qu'il falloit faire. Mon maître, pour éviter la foule & le désordre, ne voulut pas permettre que plus de trente personnes entrassent à la fois pour me voir. Je marchai çà & là sur la table, suivant les ordres de la fille: elle me fit plusieurs questions, qu'elle sut être à ma portée, & proportionnées à la connoissance que j'avois de la langue; & je répondis le mieux & le plus haut que je pus. Je me retournai plusieurs fois vers toute la compagnie, & fis mille révérences. Je pris un dez plein de vin que Glumdalclitch m'avoit donné pour un gobelet, & je bus à leur santé. Je tirai mon sabre & fis le moulinet, à la façon des maîtres d'armes d'Angleterre. La fille me donna un bout de paille, dont je fis l'exercice comme d'une pique, ayant appris cela dans ma jeunesse. Je fus montré ce jour-là douze fois, & fus obligé de répéter toujours les mêmes choses, jusqu'à ce que je fusse presque mort de lassitude, d'ennui & de chagrin.

Ceux qui m'avoient vu, firent de tous côtés des rapports si merveilleux, que le peuple vouloit ensuite enfoncer les portes pour entrer. Mon maître, ayant en vue ses propres intérêts, ne voulut permettre à personne de me toucher, excepté à ma petite maîtresse : & pour me mettre plus à couvert de tout accident, on avoit rangé des bancs autour de la table, à une telle distance, que je ne fusse à portée d'aucun spectateur. Cependant un petit écolier malin, me jetta une noisette à la tête, & il s'en fallut peu qu'il ne m'attrapât. Elle fut jettée avec tant de force que, s'il n'eût pas manqué son coup, elle m'auroit infailliblement fait sauter la cervelle, car elle étoit presqu'aussi grosse qu'un melon : mais j'eus la satisfaction de voir le petit écolier chassé de la salle.

Mon maître fit afficher qu'il me feroit voir encore le jour de marché suivant : cependant il me fit faire une voiture plus commode, vu que j'avois été si fatigué de mon premier voyage, & du spectacle que j'avois donné pendant huit heures de suite, que je ne pouvois plus me tenir debout, & que j'avois presque perdu la voix. Pour m'achever, lorsque je fus de retour, tous les gentilshommes du voisinage ayant entendu parler de moi, se rendirent à la maison de mon maître. Il y en avoit un jour plus de trente avec leurs femmes & leurs enfans : car ce pays, aussi bien que l'Angleterre, est peuplé de gentilshommes fainéans & désœuvrés.

Mon maître, considérant le profit que je pouvois lui rapporter, résolut de me faire voir dans les villes du royaume les plus considérables. S'étant donc fourni de toutes les choses nécessaires à un long voyage, après avoir réglé ses affaires domestiques & dit adieu à sa femme le dix-septième août 1703, environ deux mois après mon arrivée, nous partîmes pour nous rendre à la capitale, située vers le milieu de cet empire, & environ à quinze cents lieues de notre demeure. Mon maître fit monter sa fille en trousse derrière lui : elle me porta dans une boîte attachée autour de son corps, doublée du drap le plus fin qu'elle avoit pu trouver.

Le dessein de mon maître fut de me faire voir sur la route, dans toutes les villes, bourgs & villages un peu fameux, & de parcourir même les châteaux de la noblesse, qui l'éloigneroient peu de son chemin. Nous faisions de petites journées seulement de quatre-vingt ou cent lieues; car Glumdalclitch, exprès pour m'épargner de la fatigue, se plaignit qu'elle étoit bien incommodée du trot du cheval. Souvent elle me tiroit de la caisse pour me donner de l'air & me faire voir le pays. Nous passâmes cinq ou six rivières plus larges & plus profondes que le Nil & le Gange, & il n'y avoit guères de ruisseau qui ne fût plus grand que la Tamise au pont de Londres. Nous fûmes trois semaines dans notre voyage, & je fus montré dans dix-huit grandes villes, sans compter plusieurs villages & plusieurs châteaux de la campagne.

Le vingt-sixième jour d'octobre, nous arrivâmes à la capitale appellée dans leur langue Lordbruldrud, ou l'orgueil de l'univers. Mon maître loua un appartement dans la rue principale de la ville, peu éloignée du palais royal, & distribua, selon la coutume, des affiches contenant une description merveilleuse de ma personne & de mes talens. Il loua une très-grande salle de trois ou quatre cens pieds de large, où il plaça une table de soixante pieds de diamètre, sur laquelle je devois jouer mon rôle; il la fit entourer de palissades pour m'empêcher de tomber en bas. C'est sur cette table qu'on me montra dix fois par jour, au grand étonnement & à la satisfaction de tout le peuple. Je savois alors passablement parler la langue, & j'entendois parfaitement tout ce qu'on disoit de moi : d'ailleurs, j'avois appris leur alphabeth, & je pouvois, quoiqu'avec peine, lire & expliquer les livres; car Glumdalclitch m'avoit donné des leçons chez son père, & aux heures de loisir pendant notre voyage. Elle portoit un petit livre dans sa poche, un peu plus gros qu'un volume d'atlas, livre à l'usage des jeunes filles, & qui étoit une espèce de catéchisme en abrégé; elle s'en servoit pour m'enseigner les lettres de l'alphabet, & elle m'en interprétoit les mots.

CHAPITRE III.

L'auteur est mandé pour se rendre à la cour, la reine l'achète & le présente au roi. Il dispute avec les savans de sa majesté. On lui prépare un appartement. Il devient le favori de la reine. Il soutient l'honneur de son pays. Ses querelles avec le nain de la reine.

LES peines & les fatigues qu'il me falloit essuyer chaque jour, apportèrent un changement considérable à ma santé. Car plus mon maître gagnoit, plus il devenoit insatiable. J'avois perdu entièrement l'appétit, & j'étois presque devenu un squélette. Mon maître s'en apperçut, & jugeant que je mourrois bientôt, résolut de me faire valoir autant qu'il pourroit. Pendant qu'il raisonnoit de cette façon, un flardral ou écuyer du roi, vint ordonner à mon maître de m'amener incessamment à la cour, pour le divertissement de la reine & de toutes ses dames. Quelques-unes de ces dames m'avoient déja vu, & avoient rapporté des choses merveilleuses de ma figure mignonne, de mon maintien gracieux & de mon esprit délicat. Sa majesté & sa suite furent extrêmement divertis de mes manières. Je me mis à genoux & demandai d'avoir l'honneur de baiser son pied royal. Mais cette princesse gracieuse me présenta son petit doigt que j'embrassai entre mes deux bras, & dont j'appliquai le bout avec respect à mes lèvres. Elle me fit des questions générales touchant mon pays & mes voyages, auxquelles je répondis aussi distinctement & en aussi peu de mots que je pus. Elle me demanda si je serois bien-aise de vivre à la cour; je fis la révérence jusqu'au bas de la table sur laquelle j'étois monté, & répondis humblement que j'étois l'esclave de mon maître; mais que s'il ne dépendoit que de moi, je serois charmé de consacrer ma vie au service de sa majesté. Elle demanda ensuite à mon maître s'il vouloit me vendre. Lui, qui s'imaginoit que je n'avois pas un mois à vivre, fut ravi de la proposition, & fixa le prix de ma vente à mille pièces d'or qu'on lui compta sur le champ. Je dis alors à la reine que, puisque j'étois devenu un humble esclave de sa majesté, je lui demandois que Glumdalclitch, qui avoit toujours eu pour moi tant d'attention, d'amitié & de soin, fût admise à l'honneur de son service, & continuât d'être ma gouvernante. Sa majesté y consentit & y fit consentir le laboureur, qui étoit bien-aise de voir sa fille à la cour. Pour la pauvre fille, elle ne pouvoit cacher sa joie. Mon maître se retira, & me dit en partant qu'il me laissoit dans un bon endroit, à quoi je ne répliquai que par une révérence cavalière.

La reine remarqua la froideur avec laquelle j'avois reçu le compliment & l'adieu du laboureur, & m'en demanda la cause : je pris la liberté de répondre à sa majesté que je n'avois point d'autre obligation à mon dernier maître, que celle de n'avoir pas écrasé un pauvre animal innocent trouvé dans son champ; que ce bienfait avoit été assez bien payé par le profit qu'il avoit fait en me montrant pour de l'argent, & par le prix qu'il venoit de recevoir en me vendant; que ma santé étoit très-altérée par mon esclavage & par l'obligation continuelle d'entretenir & d'amuser le menu peuple à toutes les heures du jour; & que si mon maître n'avoit pas cru ma vie en danger, sa majesté ne m'auroit pas eu à si bon marché; mais que comme je n'avois pas lieu de craindre d'être désormais si malheureux sous la protection d'une princesse si grande & si bonne, l'ornement de la nature, l'admiration du monde, les délices de ses sujets, & le phœnix de la création, j'espérois que l'appréhension, qu'avoit eue mon dernier maître, feroit vaine, puifque je trouvois déja mes efprits ranimés par l'influence de fa préfence très-augufte.

Tel fut le fommaire de mon difcours prononcé avec plufieurs barbarifmes, & en héfitant fouvent.

La reine, qui excufa avec bonté, les défauts de ma harangue, fut furprife de trouver tant d'efprit & de bon fens dans un petit animal : elle me prit dans fes mains, & fur le champ me porta au roi, qui étoit alors retiré dans fon cabinet. Sa majefté, prince très-férieux & d'un vifage auftère, ne remarquant pas bien ma figure à la première vue, demanda froidement à la reine depuis quand elle étoit devenue fi amoureufe d'un Splacknock, (car il m'avoit pris pour cet infecte). Mais la reine, qui avoit infiniment d'efprit, me mit doucement debout fur l'écritoire du roi, & m'ordonna de dire moi-même à fa majefté ce que j'étois. Je le fis en très-peu de mots; & Glumdalclitch, qui étoit reftée à la porte du cabinet, ne pouvant pas fouffrir que je fuffe long tems hors de fa préfence, entra & dit à fa majefté comment j'avois été trouvé dans un champ.

Le roi, auffi favant qu'aucune perfonne de fes états, avoit été élevé dans l'étude de la

philosophie, & sur-tout des mathématiques;
cependant quand il vit de près ma figure &
ma démarche, avant que j'eusse commencé à
parler, il s'imagina que je pourrois être une
machine artificielle, comme celle d'un tour-
nebroche, ou tout au plus d'une horloge inventée & exécutée par un habile artiste. Mais
quand il eut entendu ma voix, & qu'il eut
trouvé du raisonnement dans les petits sons
que je rendois, il ne put cacher son étonnement & son admiration.

Il envoya chercher trois fameux savans,
qui, alors, étoient de quartier à la cour,
& dans leur semaine de service (selon la coutume admirable de ce pays). Ces messieurs,
après avoir examiné ma figure avec beaucoup
d'exactitude, raisonnèrent différemment sur
mon être. Ils convenoient tous que je ne pouvois pas être produit suivant les loix ordinaires de la nature, parce que j'étois dépourvu
de la faculté naturelle de conserver ma vie,
soit par l'agilité, soit par la facilité de grim-
per sur un arbre, soit par le pouvoir de creuser
la terre & d'y faire des trous pour m'y cacher
comme les lapins. Mes dents, qu'ils considé-
rèrent long-tems, les firent conjecturer que
j'étois un animal carnassier.

Un de ces philosophes avança que j'étois un

embryon, un pur avorton. Mais cet avis fut rejetté par les deux autres, qui observèrent que mes membres étoient parfaits & achevés dans leur espèce, & que j'avois vécu plusieurs années, ce qui parut évident par ma barbe, dont les poils se découvroient avec un microscope. On ne voulut pas avouer que j'étois un nain, parce que ma petitesse étoit hors de comparaison; car le nain favori de la reine, le plus petit qu'on eût jamais vu dans ce royaume, avoit près de trente pieds de haut. Après un grand débat, on conclut unanimement que je n'étois qu'un relplum scalcath, qui, étant interprété littéralement, veut dire *lusus naturæ*; décision très-conforme à la philosophie moderne de l'Europe, dont les professeurs, dédaignant le vieux subterfuge des causes occultes, à la faveur duquel les sectateurs d'Aristote tâchent de masquer leur ignorance, ont inventé cette solution merveilleuse de toutes les difficultés de la physique. Admirable progrès de la science humaine!

Après cette conclusion décisive, je pris la liberté de dire quelques mots: je m'adressai au roi, & protestai à sa majesté que je venois d'un pays où mon espèce étoit répandue en plusieurs millions d'individus des deux sexes, où les animaux, les arbres & les maisons étoient proportionnés à ma petitesse, & où, par conséquent, je pouvois être aussi bien en état de me défendre & de trouver ma nourriture, mes besoins & mes commodités qu'aucun des sujets de sa majesté. Cette réponse fit sourire dédaigneusement les philosophes, qui répliquèrent que le laboureur m'avoit bien instruit, & que je savois ma leçon. Le roi, qui avoit un esprit bien plus éclairé, congédiant ses savans, envoya chercher le laboureur, qui, par bonheur, n'étoit pas encore sorti de la ville. L'ayant donc d'abord examiné en particulier, & puis l'ayant confronté avec moi & avec la jeune fille, sa majesté commença à croire que ce que je lui avois dit pouvoit être vrai. Il pria la reine de donner ordre qu'on prît un soin particulier de moi, & fut d'avis qu'il me falloit laisser sous la conduite de Glumdalclitch, ayant remarqué que nous avions une grande affection l'un pour l'autre.

La reine donna ordre à son ébéniste de faire une boîte qui me pût servir de chambre à coucher, suivant le modèle que Glumdalclitch & moi lui donnerions. Cet homme, qui étoit un ouvrier très-adroit, me fit, en trois semaines, une chambre de bois de seize pieds en quarré & de douze de haut, avec des fenêtres, une porte & deux cabinets.

Un ouvrier excellent, qui étoit célèbre pour les petits bijoux curieux, entreprit de me faire deux chaises d'une matière semblable à l'ivoire, & deux tables avec une armoire pour mettre mes hardes : ensuite la reine fit chercher chez les marchands les étoffes de soie les plus fines pour me faire des habits.

Cette princesse goûtoit si fort mon entretien, qu'elle ne pouvoit dîner sans moi ; j'avois une table placée sur celle où sa majesté mangeoit, avec une chaise sur laquelle je me pouvois asseoir. Glumdalclitch étoit debout sur un tabouret près de la table, pour pouvoir prendre soin de moi.

Un jour le prince, en dînant, prit plaisir à s'entretenir avec moi, me faisant des questions touchant les mœurs, la religion, les loix, le gouvernement & la littérature de l'Europe, & je lui en rendis compte le mieux que je pus. Son esprit étoit si pénétrant & son jugement si solide, qu'il fit des réflexions & des observations très-sages sur tout ce que je lui dis. Lui ayant parlé des deux partis qui divisent l'Angleterre, il me demanda si j'étois un Wight ou un Tory. Puis se tournant vers son premier ministre, qui se tenoit derrière lui, ayant à la main un bâton blanc presqu'aussi haut que le grand mât du Souverain Royal : Hélas, dit il, que la grandeur humaine eſt peu de choſe, puiſque de vils inſectes ont auſſi de l'ambition, avec des rangs & des diſtinctions parmi eux! Ils ont de petits lambeaux dont ils ſe parent, des trous, des cages, des boîtes qu'ils appellent des palais & des hôtels; des équipages, des livrées, des titres, des charges, des occupations, des paſſions comme nous. Chez eux on aime, on hait, on trompe, on trahit comme ici. C'eſt ainſi que ſa majeſté philoſophoit à l'occaſion de ce que je lui avois dit de l'Angleterre; & moi j'étois confus & indigné de voir ma patrie, la maîtreſſe des arts, la ſouveraine des mers, l'arbitre de l'Europe, la gloire de l'univers, traitée avec tant de mépris.

Il n'y avoit rien qui m'offenſât & me chagrinât plus que le nain de la reine qui, étant de la taille la plus petite qu'on eût jamais vue dans ce pays, devint d'une inſolence extrême à la vue d'un homme plus petit que lui. Il me regardoit d'un air fier & dédaigneux, & railloit ſans ceſſe de ma petite figure. Je ne m'en vengeai qu'en l'appellant mon frère. Un jour, pendant le dîner, le malicieux nain, prenant le tems que je ne penſois à rien, me prit par le milieu du corps, m'enleva & me laiſſa tomber dans un plat de lait, & auſſi-tôt s'enfuit. J'en eus par-deſſus les oreilles; & ſi je n'avois été un nageur excellent, j'aurois été infailliblement noyé. Glumdalclith, dans ce moment, étoit par hasard à l'autre extrêmité de la chambre. La reine fut si consternée de cet accident, qu'elle manqua de présence d'esprit pour m'assister ; mais ma petite gouvernante me tira adroitement hors du plat, après que j'eus avalé plus d'une pinte de lait. On me mit au lit ; cependant je ne reçus d'autre mal que la perte d'un habit qui fut tout-à-fait gâté. Le nain fut bien fouetté, & je pris quelque plaisir à voir cette exécution.

Je vais maintenant donner au lecteur une légère description de ce pays, autant que je l'ai pu connoître par ce que j'en ai parcouru. Toute l'étendue du royaume est environ de trois mille lieues de long, & de deux mille cinq cens lieues de large ; d'où je conclus que nos géographes de l'Europe se trompent, lorsqu'ils croyent qu'il n'y a que la mer entre le Japon & la Californie. Je me suis toujours imaginé qu'il devoit y avoir de ce côté-là un grand continent, pour servir de contre-poids au grand continent de Tartarie ; on doit donc corriger les cartes, & joindre cette vaste étendue de pays aux parties nord-ouest de l'Amérique, sur quoi je suis prêt d'aider les geographes de mes lumières. Ce royaume est une presqu'île, terminée vers le nord par une chaîne de montagnes, qui ont

ont environ trente milles de hauteur, & dont l'on ne peut approcher, à cause des volcans qui y sont en grand nombre sur la cime.

Les plus savans ne savent quelle espèce de mortels habite au-delà de ces montagnes, ni même s'il y a des habitans. Il n'y a aucun port dans tout le royaume, & les endroits de la côte, où les rivières vont se perdre dans la mer, sont si pleins de rochers hauts & escarpés, & la mer y est ordinairement si agitée, qu'il n'y a presque personne qui ose y aborder; en sorte que ces peuples sont exclus de tout commerce avec le reste du monde. Les grandes rivières sont pleines de poissons excellens; aussi c'est très-rarement qu'on pêche dans l'océan, parce que les poissons de mer sont de la même grosseur que ceux de l'Europe, & par rapport à eux, ne méritent pas la peine d'être pêchés ; d'où il est évident que la nature, dans la production des plantes & des animaux d'une grosseur si énorme, se borne tout-à-fait à ce continent, & sur ce point je m'en rapporte aux philosophes. On prend néanmoins quelquefois sur la côte des baleines, dont le petit peuple se nourrit & même se régale. J'ai vu une de ces baleines qui étoit si grosse, qu'un homme du pays avoit de la peine à la porter sur ses épaules. Quelquefois, par curiosité, on en apporte dans des paniers à Lorbrulgrud : j'en ai vu une dans un plat sur la table du roi.

Le pays est très-peuplé, car il contient cinquante-une villes, près de cent bourgs entourés de murailles, & un bien plus grand nombre de villages & de hameaux. Pour satisfaire le lecteur curieux, il suffira peut-être de donner la description de Lorbrulgrud. Cette ville est située sur une rivière qui la traverse, & la divise en deux parties presqu'égales. Elle contient plus de quatre-vingt-mille maisons, & environ six cens mille habitans. Elle a en longueur trois Glonglungs (qui font environ cinquante-quatre milles d'Angleterre) & deux & demi en largeur, selon la mesure que j'en pris sur la carte royale, dressée par les ordres du roi, qui fut étendue sur la terre exprès pour moi, & étoit longue de cent pieds.

Le palais du roi est un bâtiment assez peu régulier. C'est plutôt un amas d'édifices qui a environ sept milles de circuit; les chambres principales sont hautes de deux cens quarante pieds, & larges à proportion.

On donna un carrosse à Glumdalclitch & à moi pour voir la ville, ses places & ses hôtels. Je supputai que notre carrosse étoit environ en quarré comme la salle de Westminster, mais pas tout-à-fait si haut. Un jour nous fîmes arrêter le carrosse à plusieurs boutiques, où les mendians, profitant de l'occasion, se rendirent en foule aux portières, & me fournirent les spectacles les plus affreux qu'un œil Anglois ait jamais vus. Comme ils étoient difformes, estropiés, sales, mal-propres, couverts de plaies, de tumeurs & de vermine, & que tout cela me paroissoit d'une grosseur énorme, je prie le lecteur de juger de l'impression que ces objets firent sur moi, & de m'en épargner la description.

Les filles de la reine prioient souvent Glumdalclitch de venir dans leurs appartemens, & de m'y porter avec elle, pour avoir le plaisir de me voir de près & de me toucher. Souvent elles me dépouilloient de mes habits, & me mettoient nud de la tête jusqu'aux pieds, pour mieux considérer la délicatesse de mes membres. En cet état elles me flattoient, me mettoient quelquefois dans leur sein, & me faisoient mille petites carresses. Mais aucunes d'elles n'avoit la peau si douce que Glumdalclitch.

Je suis persuadé qu'elles n'avoient pas de mauvaises intentions ; elles me traitoient sans cérémonie, comme une créature sans conséquence. Elles se déshabilloient sans façon, & ôtoient même leur chemise en ma présence, sans prendre les précautions qu'exige la bienséance & la pudeur. J'étois pendant ce tems-là placé sur leurs toilettes, vis-à-vis d'elles, & obligé, malgré moi, de les voir toutes nues. Je dis malgré moi, car en vérité cette vue ne me causoit aucune tentation, & pas le moindre plaisir. Leur peau me sembloit rude, peu unie, & de différentes couleurs, avec des taches çà & là aussi larges qu'une assiette; leurs longs cheveux pendans sembloient des paquets de ficelles; je ne dis rien touchant d'autres endroits de leurs corps, d'où il faut conclure que la beauté des femmes, qui nous cause tant d'émotion, n'est qu'une chose imaginaire, puisque les femmes de l'Europe ressembleroient à ces femmes dont je viens de parler, si nos yeux étoient des microscopes. Je supplie le beau sexe de mon pays de ne me point savoir mauvais gré de cette observation. Il importe peu aux belles d'être laides pour des yeux perçans qui ne les verront jamais. Les philosophes savent bien ce qui en est; mais lorsqu'ils voyent une beauté, ils voyent comme tout le monde, & ne sont plus philosophes.

La reine, qui m'entretenoit souvent de mes voyages sur mer, cherchoit toutes les occasions possibles de me divertir quand j'étois mélancolique. Elle me demanda un jour si j'aurois l'adresse de manier une voile & une rame, & si un peu d'exercice en ce genre ne seroit pas convenable à ma santé. Je répondis que j'entendois tous les deux assez bien. Car quoique mon emploi particulier eût été celui de chirurgien, c'est-à-dire, médecin de vaisseau, je m'étois trouvé souvent obligé de travailler comme un matelot; mais j'ignorois comment cela se pratiquoit dans ce pays, où la plus petite barque étoit égale à un vaisseau de guerre du premier rang parmi nous; d'ailleurs un navire proportionné à ma grandeur & à mes forces, n'auroit pu flotter long-tems sur leurs rivières, & je n'aurois pu le gouverner. Sa majesté me dit que si je voulois, son menuisier me feroit une petite barque, & qu'elle me trouveroit un endroit où je pourrois naviguer. Le menuisier, suivant mes instructions, dans l'espace de dix jours me construisit un petit navire avec tous ses cordages, capable de tenir commodément huit Européens. Quand il fut achevé, la reine donna ordre au menuisier de faire une auge de bois longue de trois cens pieds, large de cinquante, & profonde de huit; laquelle, étant bien goudronnée pour empêcher l'eau de s'échapper, fut posée sur le plancher, le long de la muraille, dans une salle extérieure du palais. Elle avoit un robinet bien près du fond, pour laisser sortir l'eau de tems en tems, & deux domestiques la pouvoient remplir dans une demi-heure de tems. C'est-là que l'on me fit ramer pour mon divertissement, aussi bien que pour celui de la reine & de ses dames, qui prirent beaucoup de plaisir à voir mon adresse & mon agilité. Quelquefois je haussois ma voile, & puis c'étoit mon affaire de gouverner, pendant que les dames me donnoient un coup de vent avec leurs éventails; & quand elles se trouvoient fatiguées, quelques-uns des pages poussoient & faisoient avancer le navire avec leur souffle, tandis que je signalois mon adresse à stribord & à bas-bord, selon qu'il me plaisoit. Quand j'avois fini, Glumdalclitch reportoit mon navire dans son cabinet, & le suspendoit à un clou pour sécher.

Dans cet exercice, il m'arriva une fois un accident qui pensa me coûter la vie ; car un des pages ayant mis mon navire dans l'auge, une femme de la suite de Glumdalclitch me leva très-officieusement pour me mettre dans le navire; mais il arriva que je glissai d'entre ses doigts, & j'aurois infailliblement tombé de la hauteur de quarante pieds sur le plancher, si, par le plus heureux accident du monde, je n'eusse pas été arrêté par une grosse épingle qui étoit fichée dans le tablier de cette femme : la tête de l'épingle passa entre ma chemise & la ceinture de ma culotte, & ainſi je fus ſuſpendu en l'air par mon derrière, jusqu'à ce que Glumdalclitch accourut à mon secours.

Une autrefois un des domestiques, dont la fonction étoit de remplir mon auge d'eau fraîche de trois jours en trois jours, fut ſi négligent, qu'il laiſſa échapper de ſon ſceau une grenouille très-groſſe ſans l'appercevoir. La grenouille ſe tint cachée juſqu'à ce que je fuſſe dans mon navire ; alors voyant un endroit pour ſe repoſer, elle y grimpa & le fit tellement pencher, que je me trouvai obligé de faire le contre-poids de l'autre côté, pour empêcher le navire de s'enfoncer, mais je l'obligeai, à coups de rames, de ſauter dehors.

Voici le plus grand péril que je courus dans ce royaume. Glumdalclitch m'avoit enfermé au verrouil dans ſon cabinet, étant ſortie pour des affaires ou pour faire une viſite. Le tems étoit très-chaud, & la fenêtre du cabinet étoit ouverte, auſſi bien que les fenêtres & la porte de ma boîte : pendant que j'étois aſſis tranquillement & mélancoliquement près de ma table, j'entendis quelque choſe entrer dans le cabinet par la fenêtre, & ſauter çà & là. Quoique j'en fuſſe un peu allarmé, j'eus le courage de regarder dehors, mais ſans abandonner ma chaiſe, & alors je vis un animal capricieux, bondiſfant & fautant de tous côtés, qui enfin s'approcha de ma boîte, & la regarda avec une apparence de plaisir & de curiosité, mettant sa tête à la porte & à chaque fenêtre. Je me retirai au coin le plus éloigné de ma boîte; mais cet animal, qui étoit un singe, regardant dedans de tous côtés, me donna une telle frayeur, que je n'eus pas la préfence d'efprit de me cacher fous mon lit, comme je pouvois le faire très-facilement. Après bien des grimaces & des gambades, il me découvrit, & fourrant une de fes pattes par l'ouverture de la porte, comme fait un chat qui joue avec une fouris, quoique je changeaffe fouvent de lieu pour me mettre à couvert de lui, il m'attrappa par les pans de mon jufte-au-corps, (qui, étant fait du drap de ce pays, étoit épais & très-fort) & me tira dehors. Il me prit dans fa patte droite, & me tint comme une nourrice tient un enfant qu'elle va allaiter, & de la même façon que j'ai vu la même efpèce d'animal faire avec un jeune chat en Europe. Quand je me débattois, il me preffoit fi fort que je crus que le parti le plus fage étoit de me foumettre, & d'en paffer par tout ce qui lui plairoit. J'ai quelque raifon de croire qu'il me prit pour un jeune finge, parce qu'avec fon autre patte il flattoit doucement mon vifage.

Il fut tout-à-coup interrompu par un bruit à

la porte du cabinet, comme si quelqu'un eût tâché de l'ouvrir : soudain il sauta à la fenêtre par laquelle il étoit entré, & de-là sur les gouttières, marchant sur trois pattes, & me tenant dans la quatrième jusqu'à ce qu'il eût grimpé à un toît attenant au nôtre. J'entendis dans l'instant jetter des cris pitoyables à Glumdalclitch. La pauvre fille étoit au désespoir, & ce quartier du palais étoit tout en tumulte : les domestiques coururent chercher des échelles ; le singe fut vu par plusieurs personnes, assis sur le faîte d'un bâtiment, me tenant comme une poupée dans une de ses pattes de devant, & me donnant à manger avec l'autre, fourrant dans ma bouche quelques viandes qu'il avoit attrapées, & me tappant quand je ne voulois pas manger ; ce qui faisoit beaucoup rire la canaille qui me regardoit, en quoi ils n'avoient pas tort ; car, excepté pour moi, la chose étoit assez plaisante. Quelques uns jettèrent des pierres, dans l'espérance de faire descendre le singe ; mais on défendit de continuer, de peur de me casser la tête.

Les échelles furent appliquées, & plusieurs hommes montèrent. Aussi-tôt le singe effrayé décampa, & me laissa tomber sur une gouttière. Alors un des laquais de ma petite maîtresse, honnête garçon, grimpa, & me mettant dans la poche de sa culotte, me fit descendre en sûreté.

J'étois presque suffoqué des ordures que le singe avoit fourrées dans mon gosier; mais ma chère petite maîtresse me fit vomir, ce qui me soulagea. J'étois si foible & si froissé des embrassades de cet animal, que je fus obligé de me tenir au lit pendant quinze jours. Le roi & toute la cour envoyèrent chaque jour pour demander des nouvelles de ma santé, & la reine me fit plusieurs visites pendant ma maladie. Le singe fut mis à mort, & un ordre fut porté, faisant défense d'entretenir désormais aucun animal de cette espèce auprès du palais. La première fois que je me rendis auprès du roi, après le rétablissement de ma santé, pour le remercier de ses bontés, il me fit l'honneur de railler beaucoup sur cette aventure: il me demanda quels étoient mes sentimens & mes réflexions, pendant que j'étois entre les pattes du singe; de quel goût étoient les viandes qu'il me donnoit, & si l'air frais que j'avois respiré sur le toît n'avoit pas aiguisé mon appétit. Il souhaita fort de savoir ce que j'aurois fait en une telle occasion dans mon pays. Je dis à sa majesté qu'en Europe nous n'avions point de singes, excepté ceux qu'on apportoit des pays étrangers, & qui étoient si petits, qu'ils n'étoient point à craindre ; & qu'à l'égard de cet animal énorme à qui je venois d'avoir affaire (il étoit en vérité auſſi gros qu'un éléphant), ſi la peur m'avoit permis de penſer aux moyens d'uſer de mon ſabre (à ces mots je pris un air fier, & mis la main ſur la poignée de mon ſabre) quand il a fourré ſa patte dans ma chambre, peut-être je lui aurois fait une telle bleſſure, qu'il auroit été bien aiſe de la retirer plus promptement qu'il ne l'avoit avancée. Je prononçai ces mots avec un accent ferme, comme une perſonne jalouſe de ſon honneur, & qui ſe ſent. Cependant mon diſcours ne produiſit rien qu'un éclat de rire, & tout le reſpect dû à ſa majeſté, de la part de ceux qui l'environ-noient, ne put les retenir. Ce qui me fit réfléchir ſur la ſottiſe d'un homme qui tâche de ſe faire honneur à lui-même, en préſence de ceux qui ſont hors de tous les degrés d'égalité ou de comparaiſon avec lui. Et cependant ce qui m'arriva alors, je l'ai vu ſouvent arriver en Angleterre, où un petit homme de néant ſe vante, s'en fait accroire, tranche du petit Seigneur, & oſe prendre un air important avec les plus grands du royaume, parce qu'il a quelque talent.

Je fourniſſois tous les jours à la cour le ſujet de quelque conte ridicule, & Glumdalclitch, quoiqu'elle m'aimât extrêmement, étoit aſſez méchante pour inſtruire la reine, quand je faifois quelque sottise qu'elle croyoit pouvoir réjouir sa majesté. Par exemple, étant un jour descendu de carrosse à la promenade où j'étois avec Glumdalclitch, porté par elle dans ma boîte de voyage, je me mis à marcher: il y avoit de la bouze de vache dans un sentier; je voulus, pour faire parade de mon agilité, faire l'essai de sauter par-dessus; mais par malheur je sautai mal, & tombai au beau milieu; en sorte que j'eus de l'ordure jusqu'aux genoux. Je me tirai avec peine, & un des laquais me nettoya comme il put, avec son mouchoir. La reine fut bientôt instruite de cette aventure impertinente, & les laquais la divulguèrent par-tout.

CHAPITRE IV.

Différentes inventions de l'auteur pour plaire au roi & à la reine. Le roi s'informe de l'état de l'Europe, dont l'auteur lui donne la relation. Les observations du roi sur cet article.

J'avois coutume de me rendre au lever du roi, une ou deux fois la semaine, & je m'y étois trouvé souvent lorsqu'on le rasoit; ce qui, au commencement, me faisoit trembler, le rasoir du barbier étant près de deux fois plus long qu'une faulx. Sa majesté, selon l'usage du pays, n'étoit rasée que deux fois par semaine. Je demandai une fois au barbier quelques poils de la barbe de sa majesté. M'en ayant fait présent, je pris un petit morceau de bois, & y faisant plusieurs trous à une distance égale avec une aiguille, j'y attachai les poils si adroitement, que je m'en fis un peigne; ce qui me fut d'un grand secours, le mien étant rompu & devenu presqu'inutile, n'ayant trouvé dans le pays aucun ouvrier capable de m'en faire un autre.

Je me souviens d'un amusement que je me procurai vers le même tems. Je priai une des femmes de chambre de la reine de recueillir les cheveux fins qui tomboient de la tête de sa majesté quand on la peignoit, & de me les donner. J'en amassai une quantité considérable, & alors prenant conseil de l'ébéniste, qui avoit reçu ordre de faire tous les petits ouvrages que je lui commanderois, je lui donnai des instructions pour me faire deux fauteuils de la grandeur de ceux qui se trouvoient dans ma boîte, & de les percer de plusieurs petits trous avec une alêne fine. Quand les pieds, les bras, les barres & les dossiers des fauteuils furent prêts, je composai le fond avec les cheveux de la reine, que je passai dans les trous, & j'en fis des fauteuils semblables aux fauteuils de canne, dont nous nous servons en Angleterre. J'eus l'honneur d'en faire présent à la reine, qui les mit dans une armoire comme une curiosité.

Elle voulut un jour me faire asseoir sur un de ces fauteuils; mais je m'en excusai, protestant que je n'étois pas assez téméraire & assez insolent, pour appliquer mon derrière sur de respectables cheveux qui avoient autrefois orné la tête de sa majesté. Comme j'avois du génie pour la méchanique, je fis ensuite de ces cheveux une petite bourse très-bien travaillée, longue environ de deux aunes, avec le nom de sa majesté tissu en lettres d'or, que je donnai à Glumdalclitch, du consentement de la reine.

Le roi, qui aimoit fort la musique, avoit très-souvent des concerts auxquels j'assistois, placé dans ma boîte. Mais le bruit étoit si grand, que je ne pouvois guères distinguer les accords. Je puis assurer que tous les tambours & trompettes d'une armée royale, battant & sonnant à la fois tout près des oreilles, n'auroient pu égaler ce bruit. Ma coutume étoit de faire placer ma boîte loin de l'endroit où étoient les acteurs du concert, de fermer les portes & les fenêtres de ma boîte, & de tirer les rideaux de mes fenêtres; & avec ces précautions, je ne trouvois pas leur musique désagréable.

J'avois appris, pendant ma jeunesse, à jouer

u claveſſin. Glumdalclitch en avoit un dans ſa chambre, où un maître ſe rendoit deux fois la ſemaine pour lui montrer. La fantaiſie me prit un jour de régaler le roi & la reine d'un air Anglois ſur cet inſtrument. Mais cela me parut extrêmement difficile, car le claveſſin étoit long de près de ſoixante pieds, & les touches larges environ d'un pied; de telle ſorte qu'avec mes deux bras bien étendus, je ne pouvois atteindre plus de cinq touches; & de plus, pour tirer un ſon, il me falloit toucher à grands coups de poing. Voici le moyen dont je m'aviſai. J'accommodai deux bâtons environ de la groſſeur d'un tricot ordinaire, & je couvris le bout de ces bâtons de peau de ſouris, pour ménager les touches & le ſon de l'inſtrument; je plaçai un banc vis-à-vis, ſur lequel je montai, & alors je me mis à courir avec toute la vîteſſe & toute l'agilité imaginable ſur cette eſpèce d'échaffaud, frappant çà & là le clavier avec mes deux bâtons, de toute ma force ; en ſorte que je vins à bout de jouer une gigue angloiſe, à la grande ſatisfaction de leurs majeſtés. Mais il faut avouer que je ne fis jamais d'exercice plus violent & plus pénible.

Le roi qui, comme je l'ai dit, étoit un prince plein d'eſprit, ordonnoit ſouvent de m'apporter dans ma boîte, & de me mettre ſur la table de son cabinet. Alors il me commandoit de tirer une de mes chaises hors de la boîte, & de m'asseoir, de sorte que je fusse au niveau de son visage. De cette manière j'eus plusieurs conférences avec lui. Un jour je pris la liberté de dire à sa majesté, que le mépris qu'elle avoit conçu pour l'Europe & pour le reste du monde ne me sembloit pas répondre aux excellentes qualités d'esprit dont elle étoit ornée; que la raison étoit indépendante de la grandeur du corps; qu'au contraire nous avions observé, dans notre pays, que les personnes de haute taille n'étoient pas ordinairement les plus ingénieuses; que parmi les animaux, les abeilles & les fourmis avoient la réputation d'avoir le plus d'industrie, d'artifice & de sagacité; & enfin, que quelque peu de cas qu'il fît de ma figure, j'espérois néanmoins pouvoir rendre de grands services à sa majesté. Le roi m'écouta avec attention, & commença à me regarder d'un autre œil, & à ne plus mesurer mon esprit par ma taille.

Il m'ordonna alors de lui faire une relation exacte du gouvernement d'Angleterre; parce que quelque prévenus que les princes soient ordinairement en faveur de leurs maximes & de leurs usages, il seroit bien aise de savoir s'il y avoit en mon pays de quoi imiter. Imaginez-vous,

vous, mon cher lecteur, combien je defirai alors d'avoir le génie & la langue de Demofthène & de Cicéron, pour être capable de peindre dignement l'Angleterre ma patrie, & d'en tracer une idée fublime.

Je commençai par dire à fa majefté que nos états étoient compofés de deux îles qui formoient trois puiffans royaumes fous un feul fouverain, fans compter nos colonies en Amérique. Je m'étendis fort fur la fertilité de notre terrein, & fur la température de notre climat. Je découvris enfuite la conftitution du parlement Anglois, compofé en partie d'un corps illuftre appellé *la chambre des pairs*, perfonnages du fang le plus noble, anciens poffeffeurs & feigneurs des plus belles terres du royaume. Je repréfentai l'extrême foin qu'on prenoit de leur éducation par rapport aux fciences & aux armes, pour les rendre capables d'être confeillers nés du roi & du royaume, d'avoir part dans l'adminiftration du gouvernement, d'être membres de la plus haute cour de juftice dont il n'y avoit point d'appel, & d'être les défenfeurs zélés de leur prince & de leur patrie, par leur valeur, leur conduite & leur fidélité ; que ces feigneurs étoient l'ornement & la fûreté du royaume, dignes fucceffeurs de leurs ancêtres, dont les honneurs avoient été la récompenfe d'une vertu infigne, & qu'on n'avoit jamais vu leur poftérité dégénérer; qu'à ces feigneurs étoient joints plufieurs faints hommes qui avoient une place parmi eux fous le titre d'évêques, dont la charge particulière étoit de veiller fur la religion, & fur ceux qui la prêchent au peuple; qu'on cherchoit & qu'on choififfoit, dans le clergé, les plus faints & les plus favans hommes, pour les revêtir de cette dignité éminente.

J'ajoutai que l'autre partie du parlement étoit une affemblée refpectable, nommée la chambre des Communes, compofée de nobles, choifis librement, & députés du peuple même, feulement à caufe de leurs lumières, de leurs talens & de leur amour pour la patrie, afin de repréfenter la fageffe de toute la nation. Je dis que ces deux corps formoient la plus augufte affemblée de l'univers, qui, de concert avec le prince, difpofoit de tout, & régloit, en quelque forte, la deftinée de tous les peuples de l'Europe.

Enfuite je defcendis aux cours de juftice, où étoient affis de vénérables interprètes de la loi, qui décidoient fur les différentes conteftations des particuliers, qui puniffoient le crime & protégeoient l'innocence. Je ne manquai pas de parler de la fage & économique adminiftration de nos finances, & de m'étendre sur la valeur & les exploits de nos guerriers de mer & de terre. Je supputai le nombre du peuple, en comptant combien il y avoit de millions d'hommes de différentes religions & de différens partis politiques parmi nous. Je n'omis ni nos jeux, ni nos spectacles, ni aucune autre particularité que je crus pouvoir faire honneur à mon pays, & je finis par un petit récit historique des dernières révolutions d'Angleterre, depuis environ cent ans.

Cette conversation dura cinq audiences, dont chacune fut de plusieurs heures; & le Roi écouta le tout avec une grande attention, écrivant l'extrait de presque tout ce que je disois, & marquant en même tems les questions qu'il avoit dessein de me faire.

Quand j'eus achevé mes longs discours, Sa Majesté, dans une sixieme audience, examinant ses extraits, me proposa plusieurs doutes & de fortes objections sur chaque article. Elle me demanda d'abord quels étoient les moyens ordinaires de cultiver l'esprit de notre jeune noblesse; quelles mesures l'on prenoit quand une maison noble venoit à s'éteindre; ce qui devoit arriver de tems en tems; quelles qualités étoient nécessaires à ceux qui devoient être créés nouveaux pairs; si le caprice du prince, une somme d'argent donnée à propos à une dame de la cour & à un favori, ou le dessein de fortifier un parti opposé au bien public, n'étoient jamais les motifs de ces promotions; quel degré de science les pairs avoient dans les loix de leur pays, & comment ils devenoient capables de décider en dernier ressort des droits de leurs compatriotes; s'ils étoient toujours exempts d'avarice & de préjugés; si ces saints évêques, dont j'avois parlé, parvenoient toujours à ce haut rang par leur science dans les matières théologiques & par la sainteté de leur vie; s'ils n'avoient jamais eu de foiblesses; s'ils n'avoient jamais intrigué lorsqu'ils n'étoient que de simples Prêtres; s'ils n'avoient pas été quelquefois les aumôniers d'un pair, par le moyen duquel ils étoient parvenus à l'évêché; & si dans ce cas ils ne suivoient pas toujours aveuglément l'avis du pair, & ne servoient pas sa passion ou son préjugé dans l'assemblée du parlement.

Il voulut savoir comment on s'y prenoit pour l'élection de ceux que j'avois appelé les Communes; si un inconnu, avec une bourse bien remplie d'or, ne pouvoit pas quelquefois gagner le suffrage des électeurs à force d'argent, se faire préférer à leur propre seigneur, ou aux plus considérables & aux plus distingués de la noblesse dans le voisinage ; pourquoi on avoit une si violente passion d'être élu pour l'assemblée du parlement, puisque cette élection étoit l'occasion d'une très-grande dépense, & ne rendoit rien ; qu'il falloit donc que ces élus fussent des hommes d'un désintéressement parfait & d'une vertu éminente & héroïque, ou bien qu'ils comptassent d'être indemnisés & remboursés avec usure par le prince & par ses ministres, en leur sacrifiant le bien public. Sa Majesté me proposa sur cet article des difficultés insurmontables que la prudence ne me permet pas de répéter.

Sur ce que je lui avois dit de nos cours de justice, Sa Majesté voulut être éclaircie touchant plusieurs articles. J'étois assez en état de la satisfaire, ayant été autrefois presque ruiné par un long procès à la Chancellerie, qui fut néanmoins jugé en ma faveur, & que je gagnai même, avec dépens. Il me demanda combien de tems on employoit ordinairement à mettre une affaire en état d'être jugée ; s'il en coûtoit beaucoup pour plaider ; si les avocats avoient la liberté de défendre des causes évidemment injustes ; si l'on n'avoit jamais remarqué que l'esprit de parti & de religion eût fait pencher la balance ; si ces avocats avoient quelque connoissance des premiers principes & des loix générales de l'équité ; ou s'ils ne se contentoient pas de savoir les loix arbitraires & les coutumes locales du pays ; si eux & les juges avoient le droit d'interpréter à leur gré & de commenter les loix ; si les plaidoyers & les arrêts n'étoient pas quelquefois contraires les uns aux autres dans la même espèce.

Ensuite il s'attacha à me questionner sur l'administration des finances, & me dit qu'il croyoit que je m'étois mépris sur cet article, parce que je n'avois fait monter les impôts qu'à cinq ou six millions par an ; que cependant la dépense de l'état alloit beaucoup plus loin, & excédoit beaucoup la recette.

Il ne pouvoit, disoit-il, concevoir comment un royaume osoit dépenser au-delà de son revenu, & manger son bien comme un particulier. Il me demanda quels étoient nos créanciers, & où nous trouverions de quoi les payer ; si nous gardions à leur égard les loix de la nature, de la raison & de l'équité. Il étoit étonné du détail que je lui avois fait de nos guerres & des frais excessifs qu'elles occasionnent. Il falloit, disoit-il, que nous fussions un peuple bien inquiet & bien querelleur, ou que nous eussions de bien mauvais voisins. Qu'avez-vous à démêler, ajoutoit-il, hors de vos isles ? Devez-vous y avoir d'autres affaires que celles de votre commerce ? Devez-vous songer à faire des conquêtes, & ne vous suffit-il pas de bien garder vos ports & vos côtes ? Ce qui l'étonna fort, ce fut d'apprendre que nous entretenions une armée dans le sein de la paix & au milieu d'un peuple libre. Il dit que si nous étions gouvernés de notre propre consentement, il ne pouvoit s'imaginer de qui nous avions peur, & contre qui nous avions à nous battre. Il demanda si la maison d'un particulier ne seroit pas mieux défendue par lui-même, par ses enfans & par ses domestiques, que par une troupe de fripons & de coquins, tirés par hasard de la lie du peuple, avec un salaire bien petit, & qui pourroient gagner cent fois plus en nous coupant la gorge.

Il rit beaucoup de ma bizarre arithmétique (comme il lui plut de l'appeller), lorsque j'avois supputé le nombre de notre peuple, en calculant les différentes sectes qui sont parmi nous à l'égard de la religion & de la politique.

Il remarqua qu'entre les amusemens de notre foiblesse, j'avois fait mention du jeu. Il voulut savoir à quel âge ce divertissement étoit ordinairement pratiqué, & quand on le quittoit; combien de tems on y consacroit, & s'il n'altéroit pas quelquefois la fortune des particuliers, & ne leur faisoit pas commettre des actions basses & indignes ; si des hommes vils & corrompus ne pouvoient pas quelquefois, par leur adresse dans ce métier, acquérir de grandes richesses, tenir nos pairs même dans une espèce de dépendance ; les accoutumer à voir mauvaise compagnie ; les détourner entièrement de la culture de leur esprit & du soin de leurs affaires domestiques, & les forcer, par les pertes qu'ils pouvoient faire, d'apprendre peut-être à se servir de cette même adresse infâme qui les avoit ruinés.

Il étoit extrêmement étonné du récit que je lui avois fait de notre histoire du dernier siècle ; ce n'étoit, selon lui, qu'un enchaînement horrible de conjurations, de rebellions, de meurtres, de massacres, de révolutions, d'exils & des plus énormes effets que l'avarice, l'esprit de faction, l'hypocrisie, la perfidie, la cruauté, la rage, la folie, la haine, l'envie & l'ambition pouvoient produire.

Sa Majesté, dans une autre audience, prit la peine de récapituler la substance de tout ce que j'avois dit, compara les questions qu'elle m'avoit faites, avec les réponses que j'avois données ; puis me prenant dans ses mains & me flattant doucement, s'exprima dans ces mots que je n'oublierai jamais, non plus que la manière dont il les prononça. Mon petit ami

Grildrig, vous avez fait un panégyrique très-extraordinaire de votre pays ; vous avez fort bien prouvé que l'ignorance, la paresse & le vice peuvent être quelquefois les seules qualités d'un homme d'état ; que les loix sont éclaircies, interprétées & appliquées le mieux du monde par des gens dont les intérêts & la capacité les portent à les corrompre, à les brouiller & à les éluder. Je remarque parmi vous une constitution de gouvernement qui, dans son origine, a peut-être été supportable, mais que le vice a tout-à-fait défigurée. Il ne me paroît pas même, par tout ce que vous m'avez dit, qu'une seule vertu soit requise pour parvenir à aucun rang ou à aucune charge parmi vous. Je vois que les hommes n'y sont point ennoblis par leur vertu ; que les prêtres n'y sont point avancés par leur piété ou leur science ; les soldats, par leur conduite ou leur valeur ; les juges, par leur intégrité ; les sénateurs, par l'amour de leur patrie, ni les hommes d'état, par leur sagesse. Mais pour vous (continua le roi), qui avez passé la plus grande partie de votre vie dans les voyages, je veux croire que vous n'êtes pas infecté des vices de votre pays ; mais par tout ce que vous m'avez raconté d'abord, & par les réponses que je vous ai obligé de faire à mes

mes objections, je juge que la plupart de vos compatriotes sont la plus pernicieuse race d'insectes que la nature ait jamais souffert ramper sur la surface de la terre.

CHAPITRE V.

Zèle de l'auteur pour l'honneur de sa patrie. Il fait une proposition avantageuse au roi, qui est rejettée. La littérature de ce peuple, imparfaite & bornée. Leurs loix, leurs affaires militaires, & leurs partis dans l'état.

L'AMOUR de la vérité m'a empêché de déguiser l'entretien que j'eus alors avec Sa Majesté : mais ce même amour ne me permit pas de me taire, lorsque je vis mon cher pays si indignement traité. J'éludois adroitement la plupart de ses questions, & je donnois à chaque chose le tour le plus favorable que je pouvois ; car quand il s'agit de défendre ma patrie, & de soutenir sa gloire, je me pique de ne point entendre raison. Alors je n'omets rien pour cacher ses infirmités & ses difformités, & pour mettre sa vertu & sa beauté dans le jour le plus avantageux ; c'est ce que je m'efforçai de faire dans les différens entretiens que j'eus avec ce judicieux monarque ; par malheur je perdis ma peine.

Mais il faut excuser un roi qui vit entièrement séparé du reste du monde, & qui, par conséquent ignore les mœurs & les coutumes des autres nations. Ce défaut de connoissance sera toujours la cause de plusieurs préjugés, & d'une certaine manière bornée de penser, dont le pays de l'Europe est exempt. Il seroit ridicule que les idées de vertu & de vice d'un prince étranger & isolé, fussent proposées pour des regles & pour des maximes à suivre.

Pour confirmer ce que je viens de dire, & pour faire voir les effets malheureux d'une éducation bornée, je rapporterai ici une chose qu'on aura peut-être de la peine à croire. Dans la vûe de gagner les bonnes graces de sa majesté, je lui donnai avis d'une découverte faite depuis trois ou quatre cens ans, qui étoit une certaine petite poudre noire qu'une seule petite étincelle pouvoit allumer en un instant, de telle manière qu'elle étoit capable de faire sauter en l'air des montagnes avec un bruit & un fracas plus grand que celui du tonnerre ; qu'une quantité de cette poudre étant mise dans un tube de bronze ou de fer, selon sa grosseur, poussoit une balle de plomb ou un boulet de fer, avec une si grande violence &

tant de vîteſſe, que rien n'étoit capable de ſoutenir ſa force; que les boulets ainſi pouſſés & chaſſés d'un tube de fonte par l'inflammation de cette petite poudre, rompoient, renverſoient, culbutoient les bataillons & les eſcadrons, abattoient les plus fortes murailles, faiſoient ſauter les plus groſſes tours, couloient à fond les plus gros vaiſſeaux ; que cette poudre miſe dans un globe de fer lancé avec une machine, brûloit & écraſoit les maiſons, & jettoit de tous côtés des éclats qui foudroyoient tout ce qui ſe rencontroit ; que je ſavois la compoſition de cette poudre merveilleuſe, où il n'entroit que des choſes communes & à bon marché, & que je pourrois apprendre le même ſecret à ſes ſujets, ſi ſa majeſté le vouloit ; que par le moyen de cette poudre ſa majeſté briſeroit les murailles de la plus fort ville de ſon royaume, ſi elle ſe ſoulevoit jamais & oſoit lui réſiſter ; que je lui offrois ce petit préſent comme un léger tribut de ma reconnoiſſance.

Le roi, frappé de la deſcription que je lui avois faite des effets terribles de ma poudre, paroiſſoit ne pouvoir comprendre comment un inſecte impuiſſant, foible, vil & rampant, avoit imaginé une choſe effroyable dont il oſoit parler d'une manière ſi familière, qu'il ſembloit regarder comme des bagatelles le carnage & la désolation que produisoit une invention si pernicieuse. Il falloit, disoit-il, que ce fût un mauvais génie, ennemi de Dieu & de ses ouvrages, qui en eût été l'auteur. Il protesta que, quoique rien ne lui fît plus de plaisir que les nouvelles découvertes, soit dans la nature, soit dans les arts, il aimeroit mieux perdre sa couronne que de faire usage d'un si funeste secret, dont il me défendit, sous peine de la vie, de faire part à aucun de ses sujets ; effet pitoyable de l'ignorance & des bornes d'un prince sans éducation. Ce monarque, orné de toutes les qualités qui gagnent la vénération, l'amour & l'estime des peuples, d'un esprit fort & pénétrant, d'une grande sagesse, d'une profonde science, doué de talens admirables pour le gouvernement, & presque adoré de son peuple, se trouve sottement gêné par un scrupule excessif & bizarre, dont nous n'avons jamais eu d'idée en Europe, & laisse échapper une occasion qu'on lui met entre les mains, de se rendre le maître absolu de la vie, de la liberté & des biens de tous ses sujets ! je ne dis pas ceci dans l'intention de rabaisser les vertus & les lumières de ce prince, auquel je n'ignore pas néanmoins que ce récit fera tort dans l'esprit d'un lecteur Anglois ; mais je m'assure que ce défaut ne venoit que d'ignorance, ces peuples n'ayant pas encore réduit la politique en art, comme nos esprits sublimes de l'Europe.

Car il me souvient que dans un entretien que j'eus un jour avec le roi, sur ce que je lui avois dit par hazard, qu'il y avoit parmi nous un grand nombre de volumes écrits sur l'art du gouvernement, sa majesté en conçut une opinion très-basse de notre esprit, & ajouta qu'il méprisoit & détestoit tout mystère, tout rafinement & toute intrigue dans les procédés d'un prince ou d'un ministre d'état. Il ne pouvoit comprendre ce que je voulois dire par les secrets du cabinet. Pour lui il renfermoit la science de gouverner dans des bornes très-étroites, la réduisant au sens commun, à la raison, à la justice, à la douceur, à la prompte décision des affaires civiles & criminelles, & à d'autres semblables pratiques à la portée de tout le monde, & qui ne méritent pas qu'on en parle. Enfin il m'avança ce paradoxe étrange, que si quelqu'un pouvoit faire croître deux épis de bled ou deux brins d'herbe sur un morceau de terre, où auparavant il n'y en avoit qu'un, mériteroit beaucoup plus du genre humain, & rendroit un service plus essentiel à son pays, que toute la race de nos sublimes politiques.

La littérature de ce peuple est fort peu de chose, & ne consiste que dans la connoissance de la morale, de l'histoire, de la poésie & des mathématiques; mais il faut avouer qu'ils excellent dans ces quatre genres.

La dernière de ces connoissances n'est appliquée par eux qu'à tout ce qui est utile; en sorte que la meilleure partie de notre mathématique seroit parmi eux fort peu estimée. A l'égard des entités métaphysiques, des abstractions & des catégories, il me fut impossible de les leur faire concevoir.

Dans ce pays il n'est pas permis de dresser une loi en plus de mots qu'il n'y a de lettres dans leur alphabet, qui n'est composé que de vingt-deux lettres. Il y a même très-peu de loix qui s'étendent jusqu'à cette longueur; elles sont toutes exprimées dans les termes les plus clairs & les plus simples, & ces peuples ne sont ni assez vifs, ni assez ingénieux pour y trouver plusieurs sens: c'est d'ailleurs un crime capital d'écrire un commentaire sur aucune loi.

Ils possèdent de tems immémorial l'art d'imprimer, aussi-bien que les Chinois; mais leurs bibliothèques ne sont pas grandes: celle du roi, qui est la plus nombreuse, n'est composée que de mille volumes rangés dans une gallerie de douze cens pieds de longueur, où j'eus la liberté de lire tous les livres qu'il me plut. Le livre que j'eus d'abord envie de lire, fut mis sur une table sur laquelle on me plaça : alors tournant mon visage vers le livre, je commençai par le haut de la page ; je me promenai dessus le livre même, à droite & à gauche, environ huit ou dix pas, selon la longueur des lignes, & je reculois à mesure que j'avançois dans la lecture des pages. Je commençai à lire l'autre page de la même façon, après quoi je tournai le feuillet : ce que je pus difficilement faire avec mes deux mains, car il étoit aussi épais & aussi roide qu'un gros carton.

Leur style est clair, mâle & doux, mais nullement fleuri, parce qu'on ne sait parmi eux ce que c'est que de multiplier les mots inutiles, & de varier les expressions. Je parcourus plusieurs de leurs livres, sur-tout ceux qui concernoient l'histoire & la morale. Entr'autres, je lus avec plaisir un vieux petit traité qui étoit dans la chambre de Glumdalclitch. Ce livre étoit intitulé : *Traité de la foiblesse du genre humain*, & n'étoit estimé que des femmes & du petit peuple. Cependant je fus curieux de savoir ce qu'un auteur pouvoit dire sur un pareil sujet. Cet écrivain faisoit voir, très au long, combien l'homme est peu en état de se mettre à couvert des injures de l'air, ou de la fureur des bêtes sauvages ; combien il étoit surpassé par d'autres animaux, soit dans la force, soit dans

la

la vîteſſe, ſoit dans la prévoyance, ſoit dans l'induſtrie. Il montroit que la nature avoit dégénéré dans ces derniers ſiècles, & qu'elle étoit ſur ſon déclin.

Il enſeignoit que les loix mêmes de la nature exigeoient abſolument que nous euſſions été au commencement d'une taille plus grande & d'une complexion plus vigoureuſe, pour n'être point ſujets à une ſoudaine deſtruction, par l'accident d'une tuile tombant de deſſus une maiſon, ou d'une pierre jettée de la main d'un enfant, ni à être noyés dans un ruiſſeau. De ces raiſonnemens, l'auteur tiroit pluſieurs applications utiles à la conduite de la vie. Pour moi, je ne pouvois m'empêcher de faire des réflexions morales ſur cette morale même, & ſur le penchant univerſel qu'ont tous les hommes à ſe plaindre de la nature & à exagérer ſes défauts. Ces géans ſe trouvoient petits & foibles. Que ſommes-nous donc, nous autres Européens ! Ce même auteur diſoit que l'homme n'étoit qu'un ver de terre, qu'un atôme, & que ſa petiteſſe devoit ſans ceſſe l'humilier. Hélas ! que ſuis-je, me diſois-je, moi qui ſuis au-deſſous du rien en comparaiſon de ces hommes qu'on dit être ſi petits & ſi peu de choſe !

Dans ce même livre, on faiſoit voir la vanité du titre d'alteſſe & de grandeur, & com-

L

bien il étoit ridicule qu'un homme, qui avoit au plus cinquante pieds de hauteur, osât se dire haut & grand. Que penseroient les princes & les grands seigneurs d'Europe, disois-je alors, s'ils lisoient ce livre, eux qui, avec cinq pieds & quelques pouces, prétendent sans façon qu'on leur donne de l'altesse & de la grandeur ? Mais pourquoi n'ont-ils pas aussi exigé les titres de grosseur, de largeur, d'épaisseur. Au moins auroient-ils pu inventer un terme général pour comprendre toutes ces dimensions, & se faire appeller votre étendue. On me répondra, peut-être, que ces mots altesse & grandeur, se rapportent à l'ame & non au corps. Mais si cela est, pourquoi ne pas prendre des titres plus marqués & plus déterminés à un sens spirituel ? Pourquoi ne pas se faire appeller votre sagesse, votre pénétration, votre prévoyance, votre libéralité, votre bonté, votre bon sens, votre bel esprit ? Il faut avouer que comme ces titres auroient été très-beaux & très honorables, ils auroient aussi semé beaucoup d'aménité dans les complimens des inférieurs, rien n'étant plus divertissant qu'un discours plein de contre-vérités.

La médecine, la chirurgie, la pharmacie, sont très-cultivées en ce pays-là. J'entrai un jour dans un vaste édifice que je pensai prendre pour un arsenal plein de boulets & de canons, c'étoit la boutique d'un apothicaire, ces boulets étoient des pillules, & ces canons des seringues. En comparaison nos plus gros canons sont en vérité de petites coulevrines.

A l'égard de leur milice, on dit que l'armée du roi est composée de cent soixante-seize mille hommes de pied, & de trente-deux mille de cavalerie, si néanmoins on peut donner ce nom à une armée qui n'est composée que de marchands & de laboureurs, dont les commandans ne sont que les pairs & la noblesse, sans aucune paie ou récompense : ils sont, à la vérité, assez parfaits dans leurs exercices, & ont une discipline très-bonne, ce qui n'est pas étonnant, puisque chaque laboureur est commandé par son propre seigneur, & chaque bourgeois, par les principaux de sa propre ville, élus à la façon de Venise.

Je fus curieux de savoir pourquoi ce prince, dont les états sont inaccessibles, s'avisoit de faire apprendre à son peuple la pratique de la discipline militaire. Mais j'en fus bientôt instruit, soit par les entretiens que j'eus sur ce sujet, soit par la lecture de leurs histoires. Car, pendant plusieurs siècles, ils ont été affligés de la maladie à laquelle tant d'autres gouvernemens sont sujets; la pairie & la noblesse disputant souvent pour le pouvoir, le peuple pour la liberté, & le roi pour la domination arbitraire. Ces choses, quoique sagement tempérées par les loix du royaume, ont quelquefois occasionné des partis, allumé des passions & causé des guerres civiles, dont la dernière fut heureusement terminée par l'ayeul du prince regnant ; & la milice établie alors dans le royaume, a toujours subsisté depuis, pour prévenir de nouveaux désordres.

CHAPITRE VI.

Le roi & la reine font un voyage vers la frontiere, où l'auteur les suit. Détail de la manière dont il sort de ce pays pour retourner en Angleterre.

J'AVOIS toujours dans l'esprit que je recouvrerois un jour ma liberté, quoique je ne pusse deviner par quel moyen, ni former aucun projet avec la moindre apparence de réussir. Le vaisseau qui m'avoit porté, & qui avoit échoué sur ces côtes, étoit le premier vaisseau Européen qu'on eût su en avoir approché, & le roi avoit donné des ordres très-précis, que si jamais il arrivoit qu'un autre parût, il fût tiré à terre, & mis avec tout l'équipage & les paſſagers ſur un tombereau, & apporté à Lor-burlgrud.

Il étoit fort porté à me trouver une femme de ma taille, par laquelle je puſſe multiplier mon eſpèce. Mais je crois que j'aurois mieux aimé mourir, que de faire de malheureux en-fans, deſtinés à être mis en cage, ainſi que des ſerins de canarie, & à être enſuite vendus par tout le royaume aux gens de qualité, comme de petis animaux curieux. J'étois, à la vérité, traité avec beaucoup de bonté : j'étois le favori du roi & de la reine, & les délices de toute la cour. Mais c'étoit ſur un état qui ne convenoit pas à la dignité de ma nature hu-maine. Je ne pouvois d'ailleurs oublier ces pré-cieux gages que j'avois laiſſés chez moi. Je ſou-haitois fort de me retrouver parmi des peuples avec leſquels je me puſſe entretenir d'égal à égal, & d'avoir la liberté de me promener par les rues & par les champs, ſans craindre d'être foulé aux pieds, d'être écraſé comme une gre-nouille, ou d'être le jouet d'un jeune chien. Mais ma délivrance arriva plutôt que je ne m'y attendois, & d'une manière très-extraor-dinaire, ainſi que je vais le raconter fidellement avec toutes les circonſtances de cet admirable événement.

Il y avoit deux ans que j'étois dans ce pays.

Au commencement de la troisième année, Glumdalclitch & moi étions à la suite du roi & de la reine, dans un voyage qu'ils faisoient vers la côte méridionale du royaume. J'étois porté à mon ordinaire dans ma boîte de voyage, qui étoit un cabinet très-commode, large de douze pieds. On avoit, par mon ordre, attaché un brancard avec des cordons de soie aux quatre coins du haut de la boîte, afin que je sentisse moins les secousses du cheval sur lequel un domestique me portoit devant lui. J'avois ordonné au menuisier de faire au toît de ma boîte une ouverture d'un pied en quarré, pour laisser entrer l'air, en sorte que quand je voudrois, on pût l'ouvrir & la fermer avec une planche.

Quand nous fûmes arrivés au terme de notre voyage, le roi jugea à propos de passer quelques jours à une maison de plaisance qu'il avoit proche de Flanflasnic, ville située à dix-huit milles Anglois du bord de la mer. Glumdalclitch & moi étions bien fatigués : j'étois, moi, un peu enrhumé ; mais la pauvre fille se portoit si mal, qu'elle étoit obligée de se tenir toujours dans sa chambre. J'eus envie de voir l'océan : je fis semblant d'être plus malade que je ne l'étois, & je demandai la liberté de prendre l'air de la mer avec un page qui me plaisoit beaucoup, & à qui j'avois été confié quelquefois. Je n'oublierai jamais avec quelle répugnance Glumdalclitch y consentit, ni l'ordre sévère qu'elle donna au page d'avoir soin de moi, ni les larmes qu'elle répandit, comme si elle eût eu quelques présages de ce qui me devoit arriver. Le page me porta donc dans ma boîte, & me mena environ à une demie-lieue du palais vers les rochers, sur le rivage de la mer. Je lui dis alors de me mettre à terre; & levant le chassis d'une de mes fenêtres, je me mis à regarder la mer d'un œil triste. Je dis ensuite au page que j'avois envie de dormir un peu dans mon brancard, & que cela me soulageroit. Le page ferma bien la fenêtre de peur que je n'eusse froid : je m'endormis bientôt. Tout ce que je puis conjecturer, est que pendant que je dormois, ce page croyant qu'il n'y avoit rien à appréhender, grimpa sur les rochers pour chercher des œufs d'oiseaux, l'ayant vu auparavant de ma fenêtre en chercher & en ramasser. Quoiqu'il en soit, je me trouvai soudainement éveillé par une secousse violente donnée à ma boîte que je sentis tirée en haut, & ensuite portée en avant avec une vîtesse prodigieuse. La première secousse m'avoit presque jetté hors de mon brancard, mais ensuite le mouvement fut assez doux. Je criois de toute ma force, mais inutilement. Je regardai à travers ma fenêtre, & je ne vis que des nuages. J'entendis un bruit horrible au dessus de ma tête, ressemblant à celui d'un battement d'ailes. Alors je commençai à connoître le dangereux état où je me trouvois, & à soupçonner qu'une aigle avoit pris le cordon de ma boîte dans son bec, dans le dessein de la laisser tomber sur quelque rocher, comme une tortue dans son écaille, & puis d'en tirer mon corps pour le dévorer; car la sagacité & l'odorat de cet oiseau le mettent en état de découvrir sa proie à une grande distance, quoique cachée encore mieux que je pouvois être dessous des planches qui n'étoient épaisses que de deux pouces.

Au bout de quelque tems, je remarquai que le bruit & le battement d'ailes s'augmentoient beaucoup, & que ma boîte étoit agitée çà & là, comme une enseigne de boutique par un grand vent. J'entendis plusieurs coups violens qu'on donnoit à l'aigle, & puis, tout-à-coup, je me sentis tomber perpendiculairement pendant plus d'une minute, mais avec une vîtesse incroyable. Ma chûte fut terminée par une secousse terrible qui retentit plus haut à mes oreilles, que notre cataracte de Niagara, après quoi je fus dans les ténèbres pendant une autre minute, & alors ma boîte commença à s'élever de manière, que je pus voir le jour par le haut de ma fenêtre.

Je connus alors que j'étois tombé dans la mer, & que ma boîte flottoit. Je crus, & je le crois encore, que l'aigle, qui emportoit ma boîte, avoit été pourſuivie par deux ou trois autres aigles, & contrainte de me laiſſer tomber pendant qu'elle ſe défendoit, contre les autres qui lui diſputoient ſa proie. Les plaques de fer attachées au bas de la boîte, conſervèrent l'équilibre, & l'empêchèrent d'être briſée & fracaſſée en tombant.

O que je ſouhaitai alors d'être ſecouru par ma chere Glumdalclitch, dont cet accident ſubit m'avoit tant éloigné. Je puis dire, en vérité, qu'au milieu de mes malheurs, je plaignois & regrettois ma chère petite maitreſſe; que je penſois au chagrin qu'elle auroit de ma perte, & au déplaiſir de la reine. Je ſuis ſûr qu'il y a très-peu de voyageurs qui ſe ſoient trouvés dans une ſituation auſſi triſte que celle où je me trouvai alors, attendant à tout moment de voir ma boîte briſée, ou au moins renverſée par le premier coup de vent, & ſubmergée par les vagues. Un carreau de vitre caſſé, c'étoit fait de moi. Il n'y avoit rien qui pût juſqu'alors conſerver ma fenêtre, que des fils de fer affez forts dont elle étoit munie par dehors contre les accidens qui peuvent arriver en voyageant. Je vis l'eau entrer dans ma boîte par quelques petites fentes que je tâchai de boucher le mieux que je pus. Hélas! je n'avois pas la force de lever le toît de ma boîte, ce que j'aurois fait fi j'avois pu, & me ferois tenu affis deffus, plutôt que de refter enfermé dans une efpèce de fond de cale.

Dans cette déplorable fituation, j'entendis, ou je crus entendre quelque forte de bruit à côté de ma boîte, & bientôt après je commençai à m'imaginer qu'elle étoit tirée, & en quelque façon remorquée; car de tems en tems je fentois une forte d'effort qui faifoit monter les ondes jufqu'au haut de mes fenêtres, me laiffant prefque dans l'obfcurité. Je conçus alors quelques foibles efpérances de fecours, quoique je ne puffe me figurer d'où il me pourroit venir. Je montai fur mes chaifes & approchai ma tête d'une petite fente qui étoit au toît de ma boîte, & alors je me mis à crier de toutes mes forces, & à demander du fecours dans toutes les langues que je favois. Enfuite j'attachai mon mouchoir à un bâton que j'avois, & le hauffant par l'ouverture, je le branlai plufieurs fois dans l'air, afin que fi quelque barque ou vaiffeau étoit proche, les matelots puffent conjecturer qu'il y avoit un malheureux mortel renfermé dans cette boîte.

Je ne m'apperçus point que tout cela eût rien produit; mais je connus évidemment que ma boîte étoit tirée en avant: au bout d'une heure je sentis qu'elle heurtoit quelque chose de très-dur. Je craignis d'abord que ce ne fût un rocher, & j'en fus très-allarmé. J'entendis alors distinctement du bruit sur le toit de ma boîte, comme celui d'un cable. Ensuite je me trouvai haussé peu-à-peu, au moins trois pieds plus haut que je n'étois auparavant; sur quoi je levai encore mon bâton & mon mouchoir, criant au secours jusqu'à m'enrouer. Pour réponse, j'entendis de grandes acclamations répétées trois fois, qui me donnèrent des transports de joie qui ne peuvent être conçus que par ceux qui les sentent. En même tems j'entendis marcher sur le toit, & quelqu'un appellant par l'ouverture, & criant en Anglois, y a-t-il là quelqu'un? Je répondis: Hélas, oui! je suis un pauvre Anglois réduit par la fortune, à la plus grande calamité qu'aucune créature ait jamais soufferte: au nom du Dieu, délivrez-moi de ce cachot. La voix me répondit, rassurez-vous, vous n'avez rien à craindre, votre boîte est attachée au vaisseau, & le charpentier va venir pour faire un trou dans le toit & vous tirer dehors. Je répondis que cela n'étoit pas nécessaire, & demanderoit trop de tems; qu'il suffisoit que quelqu'un de l'équipage mît son doigt dans le cordon, afin d'emporter la boîte hors de la mer dans le vaisseau, & après dans la chambre du capitaine. Quelques-uns d'entr'eux m'entendant parler ainsi, pensèrent que j'étois un pauvre insensé, d'autres en rirent; je ne pensois pas que j'étois alors parmi des hommes de ma taille & de ma force. Le charpentier vint, & dans peu de minutes, fit un trou au haut de ma boîte, large de trois pieds, & me présenta une petite échelle, sur laquelle je montai: j'entrai dans le vaisseau en un état très-foible.

Les matelots furent tous étonnés, & me firent mille questions auxqu'elles je n'eus pas le courage de répondre. Je m'imaginois voir autant de pigmées, mes yeux étant accoutumés aux objets monstrueux que je venois de quitter. Mais le capitaine monsieur Thomas Wiletcks, homme de probité & de mérite, originaire de la province de Salop, remarquant que j'étois prêt de tomber en foiblesse, me fit entrer dans sa chambre, me donna un cordial pour me soulager, & me fit coucher sur son lit, me conseillant de prendre un peu de repos, dont j'avois assez de besoin. Avant que je m'endormisse, je lui fis entendre que j'avois des meubles précieux dans ma boîte, un brancard superbe, un lit de campagne, deux chaises, une table & une armoire ; que ma chambre étoit tapissée, ou pour mieux dire, matelassée d'étoffes de soie & de coton. Que s'il vouloit ordonner à quelqu'un de son équipage d'apporter ma chambre dans sa chambre, je l'y ouvrirois en sa présence, & lui montrerois mes meubles. La capitaine m'entendant dire ces absurdités, jugea que j'étois fou : cependant, pour me complaire, il promit d'ordonner ce que je souhaitois, & montant sur le tillac, il envoya quelques-uns de ses gens visiter la caisse.

Je dormis pendant quelques heures, mais continuellement troublé par l'idée du pays que j'avois quitté, & du péril que j'avois couru. Cependant quand je m'éveillai, je me trouvai assez bien remis. Il étoit huit heures du soir, & le capitaine donna ordre de me servir à souper incessamment, croyant que j'avois jeûné trop long-tems. Il me régala avec beaucoup d'honnêteté, remarquant néanmoins que j'avois des yeux égarés. Quand on nous eut laissé seuls, il me pria de lui faire le récit de mes voyages, & de lui apprendre par quel accident j'avois été abandonné au gré des flots dans cette grande caisse. Il me dit, que sur le midi, comme il regardoit avec sa lunette, il l'avoit découverte de fort loin, l'avoit prise pour une petite barque, & qu'il l'avoit voulu joindre, dans la vue d'acheter du biscuit, le sien commençant à manquer; qu'en approchant il avoit connu son erreur, & avoit envoyé sa chalouppe pour découvrir ce que c'étoit; que ses gens étoient revenus tout effrayés, jurant qu'ils avoient vu une maison flottante. Qu'il avoit ri de leur sottise, & s'étoit lui-même mis dans la chalouppe, ordonnant à ses matelots de prendre avec eux, un cable très-fort. Que le tems étant calme, après avoir ramé autour de la grande caisse & en avoir plusieurs fois fait le tour il avoit observé ma fenêtre; qu'alors il avoit commandé à ses gens de ramer, & d'approcher de ce côté-là, & qu'attachant un cable à une des gâches de la fenêtre, il l'avoit fait remorquer; qu'on avoit vu mon bâton & mon mouchoir hors de l'ouverture, & qu'on avoit jugé qu'il falloit que quelques malheureux fussent renfermés dedans. Je lui demandai, si lui ou son équipage n'avoit point vu des oiseaux prodigieux dans l'air, dans le tems qu'il m'avoit découvert. A quoi il répondit, que parlant sur ce sujet avec les matelots, pendant que je dormois, un d'entr'eux lui avoit dit qu'il avoit observé trois aigles volants vers le nord. Mais il n'avoit point remarqué qu'elles fuffent plus groffes qu'à l'ordinaire; ce qu'il faut imputer, je crois, à la grande hauteur où elles fe trouvoient; & auffi ne put-il pas deviner pourquoi je faifois cette queftion. Enfuite je demandai au capitaine combien il croyoit que nous fuffions éloignés de terre : il me répondit, que par le meilleur calcul qu'il eût pu faire, nous en étions éloignés de cent lieues. Je l'affurai qu'il s'étoit certainement trompé prefque de la moitié, parce que je n'avois pas quitté le pays d'où je venois, plus de deux heures avant que je tombaffe dans la mer: fur quoi il recommença à croire que mon cerveau étoit troublé, & me confeilla de me remettre au lit, dans une chambre qu'il avoit fait préparer pour moi. Je l'affurai que j'étois bien rafraîchi de fon bon repas, & de fa gracieufe compagnie, & que j'avois l'ufage de mes fens, & de ma raifon, auffi parfaitement que je l'avois jamais eu. Il prit alors fon férieux, & me pria de lui dire franchement fi je n'étois pas troublé dans mon ame, & fi je n'avois point la confcience bourrelée de quelque crime, pour lequel j'avois été puni par l'ordre de quelque prince, & expofé dans cette caiffe, comme quelquefois les criminels en certains pays font abandonnés à la merci des flots, dans un vaiffeau fans voiles, & fans vivres: que quoiqu'il fût bien fâché d'avoir reçu un tel scélérat dans son vaisseau, cependant il me promettoit sur sa parole d'honneur de me mettre à terre en sûreté au premier port où nous arriverions. Il ajouta que ses soupçons s'étoient beaucoup augmentés par quelques discours très-absurdes, que j'avois tenus d'abord aux matelots, & ensuite à lui-même, à l'égard de ma boîte & de ma chambre, aussi bien que par mes yeux égarés, & ma bizarre contenance.

Je le priai d'avoir la patience de m'entendre faire le récit de mon histoire : je le fis très-fidèlement, depuis la dernière fois que j'avois quitté l'Angleterre, jusqu'au moment qu'il m'avoit découvert. Et comme la vérité s'ouvre toujours un passage dans les esprits raisonnables, cet honnête & digne gentilhomme, qui avoit un très-bons sens, & n'étoit pas tout-à-fait dépourvu de lettres, fut satisfait de ma candeur & de ma sincérité. Mais d'ailleurs pour confirmer tout ce que j'avois dit, je le priai de donner ordre de m'apporter mon armoire, dont j'avois la clef, je l'ouvris en sa présence, & lui fis voir toutes les choses curieuses travaillées dans le pays d'où j'avois été tiré d'une manière si étrange. Il y avoit, entr'autres choses, le peigne que j'avois formé des poils de la barbe du roi, & un autre de la même matière dont le dos étoit d'une rognure de l'ongle du pouce

pouce de fa majefté. Il y avoit un paquet d'aiguilles & d'épingles longues d'un pied & demi. Une bague d'or, dont un jour la reine me fit préfent d'une manière très-obligeante, l'ôtant de fon petit doigt & me la mettant au cou comme un collier. Je priai le capitaine de vouloir bien accepter cette bague en reconnoiffance de fes honnêtetés, ce qu'il refufa abfolument. Enfin je le priai de confidérer la culotte que je portois alors, qui étoit faite de peau de fouris.

Le capitaine fut très-fatisfait de tout ce que je lui racontai, & me dit qu'il efpéroit qu'à notre retour en Angleterre, je voudrois bien en écrire la relation & la donner au public. Je répondis que je croyois que nous avions déja trop de livres de voyages; que mes aventures pafferoient pour un vrai roman, & pour une fiction ridicule; que ma relation ne contiendroit que des defcriptions de plantes, & d'animaux extraordinaires, de loix, de mœurs, & d'ufages bizarres; que ces defcriptions étoient trop communes, & qu'on en étoit las; & que n'ayant rien autre chofe à dire touchant mes voyages, ce n'étoit pas la peine de les écrire. Je le remerciai de l'opinion avantageufe qu'il avoit de moi.

Il me parut étonné d'une chofe, qui fut de

M

m'entendre parler si haut, me demandant si le roi & la reine de ce pays étoient sourds. Je lui dis que c'étoit une chose à laquelle j'étois accoutumé depuis plus de deux ans, & que j'admirois de mon côté sa voix & celle de ses gens, qui me sembloient toujours me parler tout bas & à l'oreille ; mais que malgré cela je les pouvois entendre assez bien. Que quand je parlois dans ce pays, j'étois comme un homme qui parle dans la rue à un autre, qui est monté au haut d'un clocher, excepté quand j'étois mis sur une table, ou tenu dans la main de quelque personne. Je lui dis que j'avois même remarqué une autre chose ; c'est que d'abord que j'étois entré dans le vaisseau, lorsque les matelots se tenoient debout autour de moi, ils me paroissoient infiniment petits. Que pendant mon séjour dans ce pays, je ne pouvois plus me regarder dans un miroir, depuis que mes yeux s'étoient accoutumé à de grands objets, parce que la comparaison que je faisois me rendoit méprisable à moi-même. Le capitaine me dit, que pendant que nous soupions, il avoit aussi remarqué que je regardois toutes choses avec une espèce d'étonnement, & que je lui semblois quelquefois avoir de la peine à m'empêcher d'éclater de rire ; qu'il ne savoit pas fort bien alors comment il le devoit prendre, mais qu'il l'attribua à quelque dérangement dans ma cervelle. Je répondis que j'étois étonné comment j'avois été capable de me contenir, en voyant ses plats de la grosseur d'une pièce d'argent de trois sols, une éclanche de mouton, qui étoit à peine une bouchée, un gobelet moins grand qu'une écaille de noix, & je continuai ainsi faisant la description du reste de ses meubles & de ses viandes par comparaison. Car quoique la reine m'eût donné pour mon usage, tout ce qui m'étoit nécessaire dans une grandeur, proportionnée à ma taille; cependant mes idées étoient occupées entièrement de ce que je voyois autour de moi, & je faisois comme tous les hommes qui considèrent sans cesse les autres, sans se considérer eux-mêmes, & sans jetter les yeux sur leur petitesse. Le capitaine faisant allusion au vieux proverbe Anglois, me dit que mes yeux étoient donc plus grands que mon ventre, puisqu'il n'avoit pas remarqué que j'eusse un grand appétit, quoique j'eusse jeûné toute la journée; & continuant de badiner, il ajouta qu'il auroit donné avec plaisir cent livres sterlings, pour avoir le plaisir de voir ma caisse dans le bec de l'aigle, & ensuite tomber d'une si grande hauteur dans la mer, ce qui certainement auroit été un objet très-étonnant, & digne d'être transmis aux siècles futurs.

Le capitaine revenant du Tonquin, faifoit fa route vers l'Angleterre, & avoit été pouffé vers le nord-eft à quarante degrés de latitude, & à cent quarante-trois de longitude. Mais un vent de faifon s'élevant deux jours après que je fus à fon bord, nous fûmes pouffés au nord pendant un long-tems, & cotoyant la nouvelle Hollande; nous fîmes route vers l'oueft-nord-oueft, & depuis au fud-fud-oueft, jufqu'à ce que nous euffions doublé le Cap de Bonne-Efpérance. Notre voyage fut très-heureux, mais j'en épargnerai le journal ennuyeux au lecteur. Le capitaine mouilla à un ou deux ports, & y fit entrer fa chaloupe pour chercher des vivres & faire de l'eau; pour moi je ne fortis point du vaiffeau, que nous ne fuffions arrivés aux Dunes. Ce fut, je crois, le trois de juin mil fept cent fix, environ neuf mois après ma délivrance. J'offris de laiffer mes meubles pour la fûreté du paiement de mon paffage; mais le capitaine protefta qu'il ne vouloit rien recevoir. Nous nous dîmes adieu très-affectueufement, & je lui fis promettre de me venir voir à Redriff. Je louai un cheval & un guide pour un écu que me prêta le capitaine.

Pendant le cours de ce voyage, remarquant la petiteffe des maifons, des arbres, du bétail & du peuple, je penfai me croire encore à

Lilliput. J'eus peur de fouler aux pieds les voyageurs que je rencontrai, & criai souvent pour les faire reculer du chemin ; ensorte que je courus risque une ou deux fois d'avoir la tête cassée pour mon impertinence.

Quand je me rendis à ma maison, que j'eus de la peine à reconnoître, un de mes domestiques ouvrant la porte, je me baissai pour entrer, de crainte de me blesser la tête, cette porte me sembloit un guichet. Ma femme accourut pour m'embrasser ; mais je me courbai plus bas que ses genoux, songeant qu'elle ne pourroit autrement atteindre ma bouche. Ma fille se mit à mes genoux pour me demander ma bénédiction. Mais je ne pus la distinguer que lorsqu'elle fut levée, ayant été depuis si longtems accoutumé à me tenir debout, avec ma tête & mes yeux levés en haut. Je regardai tous mes domestiques, & un ou deux amis qui se trouvèrent alors dans la maison, comme s'ils avoient été des pygmées, & moi un géant. Je dis à ma femme qu'elle avoit été trop frugale ; car je trouvois qu'elle s'étoit réduite elle-même, & sa fille presque à rien. En un mot, je me conduisis d'une manière si étrange, qu'ils furent tous de l'avis du capitaine, quand il me vit d'abord, & conclurent que j'avois perdu l'esprit. Je fais mention de ces minuties, pour faire connoître le grand pouvoir de l'habitude & du préjugé.

En peu de tems, je m'accoutumai à ma femme, à ma famille & à mes amis : mais ma femme protesta que je n'irois jamais sur mer; toutefois mon mauvais destin en ordonna autrement, comme le lecteur le pourra voir dans la suite. Cependant c'est ici que je finis la seconde partie de mes malheureux voyages.

TROISIEME PARTIE.
VOYAGE
A LAPUTA,
Aux Balnibardes, à Luggnagg, à Gloubbdoubdrid, & au Japon.

CHAPITRE PREMIER.

L'auteur entreprend un troisième voyage. Il est pris par des pirates. Méchanceté d'un Hollandois. Il arrive à Laputa.

Il n'y avoit que deux ans environ que j'étois chez moi, lorsque le capitaine Guillaume Robinson, de la province de Cornouaille, capitaine de la Bonne-Espérance, vaisseau de trois cens tonneaux, vint me trouver. J'avois été autrefois chirurgien d'un autre vaisseau dont il étoit capitaine, dans un voyage au Levant, & j'en avois été toujours bien traité. Le capitaine ayant appris mon arrivée, me rendit une visite, où il me marqua la joie qu'il avoit de me trouver en bonne santé; me demanda si je m'étois fixé pour toujours, & m'apprit qu'il méditoit un voyage aux Indes orientales, & comptoit partir dans deux mois. Il m'infinua en même-tems que je lui ferois grand plaifir de vouloir bien être le chirurgien de fon vaiffeau ; qu'il auroit un autre chirurgien avec moi & deux garçons ; que j'aurois une double paie ; & qu'ayant éprouvé que la connoiffance que j'avois de la mer, étoit au moins égale à la fienne, il s'engageoit à fe comporter à mon égard, comme avec un capitaine en fecond.

Il me dit enfin tant de chofes obligeantes, & me parut un fi honnête homme, que je me laiffai gagner, ayant d'ailleurs, malgré mes malheurs paffés, une plus forte paffion de voyager que jamais. La feule difficulté que je voyois, étoit d'obtenir le confentement de ma femme ; qu'elle me donna pourtant affez volontiers, en vue, fans doute, des avantages que fes enfans en pourroient retirer.

Nous mîmes à la voile le 5 d'août 1706, & arrivâmes au port Saint-Georges le premier avril 1707, où nous reftâmes trois femaines pour rafraîchir notre équipage, dont la plus grande partie étoit malade. Delà nous allâmes vers le Tonquin, où notre capitaine réfolut de s'arrêter quelque tems, parce que la plus grande partie des marchandifes qu'il avoit envie d'acheter ne pouvoit lui être livrée que dans plusieurs mois. Pour se dédommager un peu des frais de ce retardement, il acheta une barque chargée de différentes sortes de marchandises, dont les Tonquinois font un commerce ordinaire avec les îles voisines, & mettant sur ce petit navire quarante hommes, dont il y en avoit trois du pays, il m'en fit capitaine, & me donna un pouvoir pour deux mois, tandis qu'il feroit ses affaires au Tonquin.

Il n'y avoit pas trois jours que nous étions en mer, qu'une grande tempête s'étant élevée, nous fûmes poussés pendant cinq jours vers le nord-nord-est, & ensuite à l'est. Le tems devint un peu plus calme, mais le vent d'ouest souffloit toujours assez fort. Le dixième jour, deux pirates nous donnèrent la chasse, & bientôt nous prirent: car mon navire étoit si chargé, qu'il alloit très-lentement, & qu'il nous fût impossible de faire la manœuvre nécessaire pour nous défendre.

Les deux pirates vinrent à l'abordage, & entrèrent dans notre navire à la tête de leurs gens; mais nous trouvant tous couchés sur le ventre, comme je l'avois ordonné, ils se contentèrent de nous lier, & nous ayant donné des gardes, ils se mirent à visiter la barque.

Je remarquai parmi eux un Hollandois, qui paroissoit avoir quelque autorité, quoiqu'il n'eût pas de commandement. Il connut à nos manières que nous étions Anglois, & nous parlant en sa langue, il nous dit qu'on alloit nous lier tous dos à dos, & nous jetter dans la mer. Comme je parlois hollandois assez bien, je lui déclarai qui nous étions, & le conjurai, en considération du nom commun de chrétiens, & de chrétiens réformés, de voisins & d'alliés, d'intercéder pour nous auprès du capitaine. Mes paroles ne firent que l'irriter; il redoubla ses menaces, & s'étant tourné vers ses compagnons, il leur parla en langue japonoise, répétant assez souvent le nom de christianos.

Le plus gros vaisseau de ces pirates étoit commandé par un capitaine Japonois, qui parloit un peu hollandois. Il vint à moi, & après m'avoir fait diverses questions, auxquelles je répondis très-humblement, il m'assura qu'on ne nous ôteroit point la vie. Je lui fis une très-profonde révérence, & me tournant alors vers le Hollandois, je lui dis que j'étois bien fâché de trouver plus d'humanité dans un idolâtre que dans un chrétien. Mais j'eus bientôt lieu de me repentir de ces paroles inconsidérées: car ce misérable réprouvé ayant tâché en vain de persuader aux deux capitaines de me jetter dans la mer (ce qu'on ne voulut pas lui accorder, à cause de la parole qui m'avoit été donnée,) il obtint que je ferois encore plus rigoureusement traité, que si ont m'eût fait mourir. On avoit partagé mes gens dans les deux vaisseaux & dans la barque; pour moi, on résolut de m'abandonner à mon sort dans un petit canot avec des avirons, une voile & des provisions pour quatre jours. Le capitaine Japonois les augmenta du double, & tira de ses propres vivres cette charitable augmentation; il ne voulut pas même qu'on me fouillât. Je descendis donc dans le canot, pendant que mon Hollandois brutal m'accabloit de dessus le pont, de toutes les injures, & imprécations que son langage lui pouvoit fournir.

Environ une heure avant que nous eussions vu les deux pirates, j'avois pris hauteur, & avois trouvé que nous étions à quarante-six degrés de latitude, & à cent quatre-vingt-trois de longitude. Lorsque je fus un peu éloigné, je découvris avec une lunette différentes îles au sud-ouest. Alors je haussai ma voile, le vent étant bon, dans le dessein d'aborder à la plus prochaine de ces îles, ce que j'eus bien de la peine à faire en trois heures. Cette île n'étoit qu'une roche, où je trouvai beaucoup d'œufs d'oiseaux : alors battant mon fusil, je mis le feu à quelques bruyères & à quelques joncs marins pour pouvoir cuire ces œufs, qui furent ce soir-là toute ma nourriture, étant résolu d'épargner mes provisions autant que je le pourrois. Je passai la nuit sous cette roche, où ayant étendu des bruyères sous moi, je dormis assez bien.

Le jour suivant, je fis voile vers une autre île, & delà à une troisième & à une quatrième, me servant quelquefois de mes rames. Mais pour ne point ennuyer le lecteur, je lui dirai seulement qu'au bout de cinq jours, j'atteignis la dernière île que j'avois vue, qui étoit au sud-sud-ouest de la première.

Cette île étoit plus éloignée que je ne croyois, & je ne pus y arriver qu'en cinq heures. J'en fis presque tout le tour avant que de trouver un endroit pour pouvoir y aborder. Ayant pris terre à une petite baie, qui étoit trois fois large comme mon canot, je trouvai que toute l'île n'étoit qu'un rocher, avec quelques espaces où il croissoit du gazon & des herbes très-odoriférantes. Je pris mes petites provisions, & après m'être un peu rafraichi, je mis le reste dans une des caves, dont il y avoit grand nombre. Je ramassai plusieurs œufs sur le rocher, & arrachai une quantité de joncs marins & d'herbes seches, afin de les allumer le lendemain pour cuire mes œufs; car j'avois sur moi mon fusil, ma meche, avec un verre ardent. Je passai toute la nuit dans la cave, où j'avois mis mes provisions; mon lit étoit ces mêmes herbes seches destinées au feu. Je dormis peu, car j'étois encore plus inquiet que las. Je considérois qu'il étoit impossible de ne pas mourir dans un lieu si misérable, & qu'il me faudroit faire bientôt une triste fin. Je me trouvai si abattu de ces réflexions, que je n'eus pas le courage de me lever; & avant que j'eusse assez de force pour sortir de ma cave, le jour étoit déjà fort grand. Le tems étoit beau, & le soleil si ardent, que j'étois obligé de détourner mon visage.

Mais voici tout-à-coup que le tems s'obscurcit, d'une manière pourtant très-différente de ce qui arrive par l'interposition d'un nuage. Je me tournai vers le soleil, & je vis un grand corps opaque & mobile entre lui & moi, qui sembloit aller çà & là. Ce corps suspendu, qui me paroissoit à deux milles de hauteur, me cacha le soleil environ six ou sept minutes; mais je ne pus pas bien l'observer, à cause de l'obscurité. Quand ce corps fut venu plus près de l'endroit où j'étois, il me parut être d'une substance solide, dont la base étoit plate, unie & luisante par la réverbération de la mer. Je m'arrêtai sur une hauteur à deux cents pas environ du rivage, & je vis ce même corps descendre & approcher de moi, environ à un mille de distance. Je pris alors mon télescope, & je découvris un grand nombre de personnes en mouvement, qui me regardoient & se regardoient les unes les autres.

L'amour naturel de la vie me fit naître quelques sentimens de joie, & d'espérance que cette aventure pourroit m'aider à me délivrer de l'état fâcheux où j'étois. Mais en même-tems le lecteur ne peut s'imaginer mon étonnement, de voir une espèce d'île en l'air, habitée par des hommes qui avoient l'art & le pouvoir de la hausser, de l'abaisser, & de la faire marcher à leur gré; mais n'étant pas alors en humeur de philosopher sur un si étrange phénomène, je me contentai d'observer de quel côté l'île tourneroit, car elle me parut alors arrêtée un peu de tems. Cependant elle s'approcha de mon côté, & j'y pus découvrir plusieurs grandes terrasses & des escaliers d'intervalle en intervalle, pour communiquer des unes aux autres. Sur la terrasse la plus basse, je vis plusieurs hommes qui pêchoient des oiseaux à la ligne, & d'autres qui regardoient. Je leur fis signe avec mon chapeau, & avec mon mouchoir ; & lorsque je me fus approché de plus près, je criai de toutes mes forces, & ayant alors regardé fort attentivement, je vis une foule de monde amassée sur le bord qui étoit vis-à-vis de moi. Je découvris par leurs postures qu'ils me voyoient, quoiqu'ils ne m'eussent pas répondu : j'apperçus alors cinq ou six hommes, montant avec empressément au sommet de l'île, je m'imaginai qu'ils avoient été envoyés à quelques personnes d'autorité, pour en recevoir des ordres sur ce qu'on devoit faire en cette occasion.

La foule des Insulaires augmenta, & en moins d'une demi-heure l'île s'approcha tellement, qu'il n'y avoit plus que cent pas de distance entre elle & moi. Ce fut alors que je me mis en diverses postures humbles & touchantes, & que je fis les supplications les plus vives. Mais je ne reçus point de réponse : ceux qui me sembloient le plus proche, à en juger par leurs habits, étoient des personnes de distinction.

A la fin un d'eux me fit entendre sa voix dans un langage clair, poli & très-doux, dont le son approchoit de l'Italien ; ce fut aussi en Italien que je répondis, m'imaginant que le son & l'accent de cette langue, feroit plus agréable à leurs oreilles que tout autre langage. Ce peuple comprit ma pensée ; on me fit signe de descendre du rocher, & d'aller vers le rivage, ce que je fis ; & alors l'île volante s'étant abaissée à un degré convenable, on me jetta de la terrasse d'en bas une chaîne avec un petit siege qui y étoit attaché, sur lequel m'étant assis, je fus dans un moment enlevé par le moyen d'un moufle.

CHAPITRE II.

Caractère des Laputiens. Idée de leurs savans, de leur roi & de sa cour. Réception qu'on fait à l'auteur. Les craintes & les inquiétudes des habitans. Caractère des femmes Laputiennes.

A mon arrivée je me vis entouré d'une foule de peuple, qui me regardoit avec admiration, & que je regardois de même, n'ayant encore jamais vu une race de mortels si singulière dans sa figure, dans ses habits & dans ses manières. Ils penchoient la tête, tantôt à droite, tantôt à gauche : ils avoient un œil tourné en dedans, & l'autre vers le ciel. Leurs habits étoient bigarrés de figures du soleil, de la lune & des étoiles, & parsemés de violons, de flûtes, de harpes, de trompettes, de guittarres, de luths, & de plusieurs autres instrumens inconnus en Europe. Je vis autour d'eux plusieurs domestiques armés de vessies, attachées comme un fléau au bout d'un petit bâton, dans lesquelles il y avoit une certaine quantité de petits poids & de petits cailloux. Ils frappoient de tems en tems avec ces vessies, tantôt la bouche, tantôt les oreilles de ceux dont ils étoient proche, & je n'en pus d'abord deviner la raison. Les esprits de ce peuple paroissent si distraits, & si plongés dans la méditation, qu'ils ne pouvoient ni parler, ni être attentifs à ce qu'on leur disoit, sans le secours de ces vessies bruyantes dont on les frappoit, soit à la bouche, soit aux oreilles, pour les réveiller. C'est pourquoi les personnes qui en avoient le moyen, entretenoient toujours un domestique qui leur servoit de moniteur, & sans lequel ils ne sortoient jamais.

L'occupation de cet Officier, lorsque deux ou trois personnes se trouvoient ensemble, étoit de donner adroitement de la vessie sur la bouche de celui à qui c'étoit à parler, ensuite sur l'oreille droite de celui ou de ceux à qui le discours s'adressoit. Le moniteur accompagnoit toujours son maître lorsqu'il sortoit, & étoit obligé de lui donner de tems en tems de la vessie sur les yeux, parce que sans cela ses profondes rêveries l'eussent bientôt mis en danger de tomber dans quelque précipice, de se heurter contre quelque poteau, de pousser les autres dans les rues, ou d'en être jetté dans le ruisseau.

On me fit monter au sommet de l'île, & entrer dans le palais du roi, où je vis sa majesté sur un trône environné des personnes de la première distinction. Devant le trône étoit une grande table couverte de globes, de sphères & d'instrumens de mathématiques de toute espèce. Le roi ne prit point garde à moi, lorsque j'entrai, quoique la foule qui m'accompagnoit fît un très-grand bruit. Il étoit alors appliqué à résoudre un problême, & nous fûmes devant lui au moins une heure entière à attendre que sa majesté eût fini son opération. Il avoit auprès de lui deux pages qui avoient des vessies à la main, dont l'un, lorsque sa majesté eut cessé de travailler, le frappa doucement & respectueusement à la bouche, & l'autre à l'oreille droite. Le roi parut alors comme se réveiller en sursaut, & jettant les yeux sur moi, & sur le monde qui m'entouroit, il se rappella ce qu'on lui avoit dit de mon arrivée peu de tems auparavant. Il me dit quelques mots, & aussi-tôt un jeune homme armé d'une vessie, s'approcha de moi, & m'en donna sur l'oreille droite. Mais je fis signe qu'il étoit inutile de prendre cette peine, ce qui donna au roi & à toute la cour une haute idée de mon intelligence. Le roi me fit diverses questions auxquelles je répondis, sans que nous nous entendissions ni l'un, ni l'autre. On me conduisit bientôt après dans un appartement, où l'on me servit à dîner. Quatre personnes de distinction me firent l'honneur de se mettre à table avec moi : nous eûmes deux services chacun de trois plats. Le premier service étoit composé d'une épaule de mouton coupé en triangle équilatérale ; d'une pièce de bœuf sous la forme d'un rhomboïde, & d'un boudin sous celle d'une cycloïde. Le second service fut deux canards ressemblans à deux violons, des saucisses & des andouilles qui paroissoient comme des flûtes & des hautbois, & un foie de veau, qui avoit l'air d'une harpe. Les pains qu'on nous servit avoient la figure de cônes, de cylindres, de parallélogrammes.

Après le dîner, un homme vint à moi de la part du roi, avec une plume, de l'encre & du papier, & me fit entendre par des signes qu'il avoit ordre de m'apprendre la langue du pays. Je fus avec lui environ quatre heures, pendant lesquelles j'écrivis sur deux colonnes un grand nombre de mots, avec la traduction vis-à-vis. Il m'apprit aussi plusieurs phrases courtes, dont il me fit connoître le sens, en faisant devant moi ce qu'elles signifioient. Mon maître me montra ensuite dans un de ses livres, la figure du soleil & de la lune, des étoiles, du zodiaque, des tropiques & des cerles polaires, en me disant le nom de tout cela, ainsi que de toutes sortes d'instrumens de musique, avec les termes de cet art convenables à chaque instrument. Quand il eut fini sa leçon, je composai en mon particulier un très-joli petit dictionnaire de tous les mots que j'avois appris, & en peu de jours, graces à mon heureuse mémoire, je sus passablement la langue Laputienne.

Un tailleur vint le lendemain matin prendre ma mesure. Les tailleurs de ce pays exercent leur métier autrement qu'en Europe. Il prit d'abord la hauteur de mon corps avec un quart de cercle; & puis avec la règle & le compas, ayant mesuré ma grosseur, & toute la proportion de mes membres, il fit son calcul sur le papier, & au bout de six jours, il m'apporta un habit très-mal fait. Il m'en fit excuse, en me disant qu'il avoit eu le malheur de se tromper dans ses supputations.

Sa majesté ordonna ce jour-là qu'on fît avancer son île vers Lagado, qui est la capitale de son royaume de terre ferme, & ensuite vers certaines villes & villages, pour recevoir les requêtes de ses sujets. On jetta pour cela plusieurs ficelles avec de petits plombs au bout, afin que le peuple attachât ses placets à ces ficelles, qu'on tiroit ensuite, & qui sembloient en l'air autant de cervolans.

La connoissance que j'avois des mathématiques, m'aida beaucoup à comprendre leurs façons de parler, & leurs métaphores tirées la plupart des mathématiques, & de la musique; car je suis aussi un peu musicien (1). Toutes leurs idées n'étoient qu'en lignes & en figures, & leur galanterie même étoit toute géométrique. Si, par exemple, ils vouloient louer la beauté d'une fille, ils disoient que ses dents blanches étoient de beaux & parfaits parallélogrammes, que ses sourcils étoient un arc charmant, ou une belle portion de cercle; que ses yeux formoient une ellipse admirable; que sa gorge étoit décorée de deux globes asymptotes, & ainsi du reste. Le sinus, la tangente, la ligne droite, la ligne courbe, le cône, le cylindre, l'ovale, la parabole, le diamètre, le rayon, le centre, le point, sont parmi eux

---

(1) « Il ne tiendra pas à moi (dit l'auteur du *traité de
» la pesanteur*, dans une lettre insérée dans le Merc. de
» janvier 1727) que tout le monde ne soit géomètre, &
» que la géométrie ne devienne un style de conver-
» sation, comme la morale, la physique, l'histoire & la
» gazette ».

des termes qui entrent dans le langage de l'amour.

Leurs maisons étoient fort mal bâties : c'est qu'en ce pays-là on méprise la géométrie-pratique, comme une chose vulgaire & méchanique. Je n'ai j'amais vu de peuple si sot, si niais, si mal-adroit dans tout ce qui regarde les actions communes, & la conduite de la vie. Ce sont outre cela les plus mauvais raisonneurs du monde ; toujours prêts à contredire, si ce n'est lorsqu'ils pensent juste, ce qui leur arrive rarement, & alors ils se taisent. Ils ne savent ce que c'est qu'imagination, invention, portraits, & n'ont pas même de mots en leur langue, qui expriment ces choses. Aussi tous leurs ouvrages, & même leurs poësies, semblent des théorêmes d'Euclide.

Plusieurs d'entr'eux, principalement ceux qui s'appliquent à l'astronomie, donnent dans l'astronomie judiciaire, quoiqu'ils n'osent l'avouer publiquement ; mais ce que je trouvai de plus surprenant, ce fut l'inclination qu'ils avoient pour la politique & leur curiosité pour les nouvelles. Ils parloient incessamment d'affaires d'état, & portoient sans façon leur jugement sur tout ce qui se passoit dans les cabinets des princes. J'ai souvent remarqué le même caractère dans nos mathématiciens d'Europe, sans avoir jamais pu trouver la moindre analogie entre la mathématique & la politique, à moins que l'on ne suppose que, comme le plus petit cercle a autant de degrés que le plus grand, celui qui fait raisonner sur un cercle tracé sur le papier, peut également raisonner sur la sphère du monde. Mais n'est-ce pas plutôt le défaut naturel de tous les hommes, qui se plaisent ordinairement à parler & à raisonner sur ce qu'ils entendent le moins ?

Ce peuple paroît toujours inquiet & allarmé; & ce qui n'a jamais troublé le repos des autres hommes, est le sujet continuel de leurs craintes & de leurs frayeurs. Ils appréhendent l'altération des corps célestes : par exemple, que la terre, par les approches continuelles du soleil, ne soit à la fin dévorée par les flammes de cet astre terrible ; que ce flambeau de la nature ne se trouve peu-à-peu encroûté par son écume, & ne vienne à s'éteindre tout-à-fait pour les mortels; ils craignent que la prochaine comète, qui, selon leur calcul, paroîtra dans trente-un ans, d'un coup de sa queue ne foudroie la terre, & ne la réduise en cendres. Ils craignent encore que le soleil, à force de répandre des rayons de toutes parts, ne parvienne enfin à s'user, & à perdre tout-à-fait sa substance. Voilà les craintes ordinaires & les allarmes qui leur dérobent le sommeil, & les privent de toutes sortes de plaisirs : aussi dès qu'ils se rencontrent le matin, ils se demandent d'abord les uns aux autres des nouvelles du soleil, comment il se porte, & en quel état il s'est couché & levé.

Les femmes de cette île sont très-vives ; elles méprisent leurs maris, & ont beaucoup de goût pour les étrangers, dont il y a toujours un nombre considérable à la suite de la cour. C'est aussi parmi eux que les dames de qualité prennent leurs galans : ce qu'il y a de fâcheux, c'est qu'elles prennent leurs plaisirs sans aucune traverse, & avec beaucoup de sécurité ; car leurs maris sont si absorbés dans les spéculations géométriques, qu'on caresse leurs femmes en leur présence, sans qu'ils s'en apperçoivent, pourvu pourtant que le Moniteur avec sa vessie n'y soit pas, ou qu'il soit intéressé à ne s'appercevoir de rien.

Les femmes & les filles sont fort fâchées de se voir confinées dans cette île, quoique ce soit l'endroit le plus délicieux de la terre, & quoiqu'elles y vivent dans la richesse & dans la magnificence. Elles peuvent aller où elles veulent dans l'île ; mais elles meurent d'envie de courir le monde, & de se rendre dans la capitale, où il leur est défendu d'aller sans la permiffion du roi, qu'il ne leur eft pas aifé d'obtenir, parce que les maris ont fouvent éprouvé qu'il leur étoit difficile de les en faire revenir. J'ai oui-dire qu'une grande dame de la cour, mariée au premier miniftre, l'homme le mieux fait & le plus riche du royaume, qui l'aimoit éperduement, vint à Lagado, fous le prétexte de fa fanté, & y demeura cachée pendant plufieurs mois, jufqu'à ce que le roi envoyât la chercher. Elle fut trouvée en un état pitoyable dans une mauvaife auberge, ayant engagé fes habits pour entretenir un laquais, vieux & laid, qui la battoit tous les jours : on l'arracha d'auprès de lui malgré elle. Et quoique fon mari l'eût reçue avec bonté, lui eût fait mille careffes & nuls reproches fur fa conduite, elle s'enfuit encore bientôt après avec tous fes bijoux & toutes fes pierreries, pour aller retrouver ce digne galant; & on n'a plus entendu parler d'elle.

Le lecteur prendra peut-être cela pour une hiftoire Européenne, ou même Angloife; mais je le prie de confidérer que les caprices de l'efpèce femelle, ne font pas bornés à une feule partie du monde, ni à un feul climat, mais font en tous lieux les mêmes.

CHAPITRE III.

Phénomène expliqué par les philosophes & astronomes modernes. Les Laputiens sont grands astronomes. Comment le roi appaise les séditions.

JE demandai au roi la permission de voir les curiosités de l'île. Il me l'accorda, & ordonna à un de ses courtisans de m'accompagner. Je voulois savoir principalement quel secret naturel ou artificiel étoit le principe de ces mouvemens divers, dont je vais rendre au lecteur un compte exact & philosophique.

L'île volante est parfaitement ronde ; son diamètre est de sept mille huit cents trente-sept demi toises ; c'est-à-dire, d'environ quatre mille pas, & par conséquent contient à-peu-près dix mille acres. Le fond de cette île ou la surface de dessous, telle qu'elle paroît à ceux qui la regardent d'en bas, est comme un large diamant, poli & taillé régulièrement, qui réfléchit la lumière à quatre cents pas. Il y a au-dessus plusieurs minéraux, situés selon le rang ordinaire des mines, & par-dessus est un terrain fertile de dix ou douze pieds de profondeur.

Le penchant des parties de la circonférence vers le centre de la surface inférieure, est la cause naturelle que toutes les pluies & rosées qui tombent sur l'île, sont conduites par de petits ruisseaux vers le milieu, où ils s'amassent dans quatre grands bassins, chacun d'environ un demi-mille de circuit. A deux cens pas de distance du centre de ces bassins, l'eau est continuellement attirée & exaltée par le soleil pendant le jour, ce qui empêche le débordement. De plus, comme il est au pouvoir du monarque d'élever l'île au-dessus de la région des nuages & des vapeurs terrestres, il peut, quand il lui plaît, empêcher la chûte de la pluie & de la rosée; ce qui n'est au pouvoir d'aucun potentat de l'europe, qui ne dépendant de personne, dépend toujours de la pluie & du beau tems.

Au centre de l'île, est un trou d'environ vingt-cinq toises de diamètre, par lequel les astronomes descendent dans un large dôme, qui pour cette raison est appellé flandola, gagnolé, ou la cave des astronomes, située à la profondeur de cinquante toises, au-dessous de la surface supérieure du diamant. Il y a dans cette cave vingt lampes sans cesse allumées, qui par la réverbération du diamant répandent une grande lumière de tous côtés. Ce lieu est orné de sextans, de quadrans, de télescopes, d'astrolabes, & autres instrumens astronomiques; mais la plus grande curiosité, dont dépend même la destinée de l'île, est une pierre d'aimant d'une grandeur prodigieuse, taillée en forme de navette de tisserand. Elle est longue de trois toises, & dans sa plus grande épaisseur, elle a au moins une toise & demie. Cet aimant est suspendu par un gros essieu de diamant, qui passe par le milieu de la pierre, sur lequel elle joue, & qui est placé avec tant de justesse, qu'une main très-foible peut la faire tourner. Elle est entourée d'un cercle de diamant, en forme de cylindre creux, de quatre pieds de profondeur, de plusieurs pieds d'épaisseur, & de six toises de diamètre, placé horisontalement, & soutenu par huit piédestaux tous de diamant, hauts chacun de trois toises. Du côté concave du cercle, il y a une mortaise profonde de douze pouces, dans laquelle sont placées les extrêmités de l'essieu qui tourne quand il le faut.

Aucune force ne peut déplacer la pierre, parce que lé cercle & les pieds du cercle sont d'une seule pièce avec le corps du diamant qui fait la base de l'île.

C'est par le moyen de cet aimant que l'île se hausse, se baisse & change de place. Car par rapport à cet endroit de la terre sur laquelle le monarque préside, la pierre est munie à un de ses côtés d'un pouvoir attractif, & de l'autre d'un pouvoir répulsif. Ainsi quand il lui p'aît que l'aimant soit tourné vers la terre par son pole ami, l'île descend. Mais quand le pole ennemi est tourné vers la même terre, l'île remonte en haut. Lorsque la position de la pierre est oblique, le mouvement de l'île est pareil; car dans cet aimant les forces agissent toujours en ligne parallèle à sa direction; c'est par ce mouvement oblique que l'île est conduite aux différentes parties des domaines du monarque.

Le roi seroit le prince le plus absolu de l'univers, s'il pouvoit engager ses ministres à lui complaire en tout ; mais ceux-ci ayant leurs terres au-dessous dans le continent ; & considérant que la faveur des princes est passagère, n'ont garde de se porter préjudice à eux mêmes, en opprimant la liberté de leurs compatriotes.

Si quelque ville se révolte, ou refuse de payer les impôts, le roi a deux façons de la réduire. La première & la plus modérée est de tenir son île au-dessus de la ville rebelle, & des terres voisines : par-là il prive le pays & du soleil & de la rosée, ce qui cause des maladies & de la mortalité. Mais si le crime le mérite, on les accable de grosses pierres qu'on leur jette du haut de l'île, dont ils ne peuvent se garantir qu'en se sauvant dans leurs celliers & dans leurs caves, où ils passent le tems à boire frais, tandis que les toits de leurs maisons sont mis en pièces. S'ils continuent témérairement dans leur obstination & dans leur révolte, le roi a recours alors au dernier remède, qui est de laisser tomber l'île en plomb sur leurs têtes; ce qui écrase toutes les maisons & tous les habitans. Le prince néanmoins se porte rarement à cette terrible extrêmité, que les ministres n'osent lui conseiller; vu que ce procédé violent les rendroit odieux au peuple, & leur feroit tort à eux-mêmes, qui ont des biens dans le continent. Car l'île n'appartient qu'au roi, qui aussi n'a que l'île pour tout domaine.

Mais il y a encore une autre raison plus forte, pour laquelle les rois de ce pays ont été toujours éloignés d'exercer ce dernier châtiment, si ce n'est dans une nécessité absolue. C'est que si la ville qu'on veut détruire étoit située près de quelques hautes roches; (car il y en a en ce pays, ainsi qu'en Angleterre, auprès des grandes villes qui ont été exprès bâties près de ces roches, pour se préserver de la colere des rois) ou si elle avoit grand nombre de clochers & de pyramides de pierres, l'île royale par sa chûte pourroit se briser : ce sont principalement les clochers que le roi redoute, & le peuple le sait bien. Aussi quand sa majesté est le plus en couroux, il fait toujours descendre son île très-doucement, de peur, dit-il, d'accabler son peuple, mais dans le fond, c'est qu'il craint lui-même que les clochers ne brisent son île. En ce cas, les philosophes croient que l'aimant ne pourroit plus la soutenir désormais, & qu'elle tomberoit.

CHAPITRE IV.

L'auteur quitte l'île de Laputa, & est conduit aux Balnibarbes. Son arrivée à la capitale. Description de cette ville & des environs. Il est reçu avec bonté par un grand seigneur.

QUOIQUE je ne puisse pas dire que je fus maltraité dans cette île, il est vrai cependant que je m'y crus négligé, & tant soit peu méprisé. Le prince & le peuple n'y étoient curieux que de mathématiques & de musique : j'étois en ce genre fort au-dessous d'eux, & ils me rendoient justice en faisant peu de cas de moi.

D'un autre côté, après avoir vu toutes les

curiosités de l'île, j'avois une forte envie d'en sortir, étant très-las de ces insulaires, aëriens. Ils excelloient, il est vrai, dans des sciences que j'estime beaucoup, & dont j'ai même quelque teinture; mais ils étoient si absorbés dans leurs spéculations, que je ne m'étois jamais trouvé en si triste compagnie. Je ne m'entretenois qu'avec les femmes, (quel entretien pour un philosophe marin!) qu'avec les artisans, les moniteurs, les pages de cour, & autres gens de cette espèce; ce qui augmenta encore le mépris qu'on avoit pour moi. Mais en vérité pouvois-je faire autrement? Il n'y avoit que ceux-là avec qui je pusse lier commerce: les autres ne me parloient point.

Il y avoit à la cour un grand seigneur, favori du roi, & qui pour cette raison seule étoit traité avec respect, mais qui étoit pourtant regardé en général comme un homme très ignorant & assez stupide. Il passoit pour avoir de l'honneur & de la probité, mais il n'avoit point du tout d'oreille pour la musique, & battoit, dit-on, la mesure assez mal. On ajoute qu'il n'avoit jamais pu apprendre les propositions les plus aisées des mathématiques. Ce seigneur me donna mille marques de bonté. Il me faisoit souvent l'honneur de me venir voir, désirant s'informer des affaires de l'Europe,

Europe, & s'instruire des coutumes, des mœurs, des loix & des sciences des différentes nations, parmi lesquelles j'avois demeuré. Il m'écoutoit toujours avec une grande attention, & faisoit de très-justes observations sur tout ce que je lui disois. Deux moniteurs le suivoient pour la forme, mais il ne s'en servoit qu'à la cour, & dans les visites de cérémonie ; quand nous étions ensemble, il les faisoit toujours retirer.

Je priai ce seigneur d'intercéder pour moi auprès de sa majesté, pour obtenir mon congé : il m'accorda cette grace avec regret, comme il eut la bonté de me le dire, & il me fit plusieurs offres avantageuses que je refusai, en lui marquant ma vive reconnoissance.

Le 16 de février je pris congé de sa majesté, qui me fit un présent considérable; & mon protecteur me donna un diamant, avec une lettre de recommandation, pour un seigneur de ses amis, demeurant à Lagado, capitale des Balnibarbes. L'île étant alors suspendue au dessus d'une montagne, je descendis de la dernière terrasse de l'île, de la même façon que j'étois monté.

Le continent porte le nom de Balnibarbes, & la capitale, comme je l'ai dit, s'appelle Lagado. Ce fut d'abord une assez agréable satisfaction pour moi de n'être plus en l'air, & de me trouver en terre ferme. Je marchai vers la ville sans aucune peine, & sans aucun embarras, étant vêtu comme les habitans, & sachant assez bien la langue pour la parler. Je trouvai bientôt le logis de la personne à qui j'étois recommandé. Je lui présentai la lettre du grand seigneur, & j'en fus très-bien reçu. Cette personne qui étoit un seigneur Balnibarbes, & s'appelloit Munodi, me donna un bel appartement chez lui, où je logeai pendant mon séjour en ce pays, & où je fus très-bien traité.

Le lendemain matin après mon arrivée, Munodi me prit dans son carrosse pour me faire voir la ville, qui est grande comme la moitié de Londres; mais les maisons étoient étrangement bâties, & la plupart tomboient en ruine. Le peuple couvert de haillons, marchoit dans les rues d'un pas précipité, ayant un regard farouche. Nous passâmes par une des portes de la ville, & nous avançâmes environ trois mille pas dans la campagne, où je vis un grand nombre de laboureurs qui travailloient à la terre avec plusieurs sortes d'instrumens; mais je ne pus deviner ce qu'ils faisoient : je ne voyois nulle part aucune apparence d'herbes ni de grain. Je priai mon conducteur de vouloir bien m'expliquer ce que prétendoient toutes ces têtes & toutes ces mains occupées à la ville & à la campagne, n'en voyant aucun effet. Car en vérité je n'avois jamais trouvé, ni de terres si mal cultivées, ni de maisons en si mauvais état & si délabrées, ni un peuple si gueux, & si misérable.

Le seigneur Munodi avoit été plusieurs années gouverneur de Lagado: mais par la cabale des ministres, il avoit été déposé, au grand regret du peuple. Cependant le roi l'estimoit comme un homme qui avoit des intentions droites, mais qui n'avoit pas l'esprit de la Cour.

Lorsque j'eus ainsi critiqué librement le pays & ses habitans, il ne me répondit autre chose, sinon que je n'avois pas été assez long-tems parmi eux pour en juger, & que les différens peuples du monde avoient des usages différens: il me débita plusieurs autres lieux communs semblables. Mais quand nous fûmes de retour chez lui, il me demanda comment je trouvois son palais; quelles absurdités j'y remarquois; & ce que je trouvois à redire dans les habits & dans les manières de ses domestiques. Il pouvoit me faire aisément cette question; car chez lui tout étoit magnifique, régulier & poli. Je répondis que sa grandeur, sa prudence & ses richesses l'avoient exempté de tous les défauts qui avoient rendu les autres, foux & gueux. Il me dit que, si je voulois aller avec lui à sa maison de campagne, qui étoit à vingt milles, il auroit plus le loisir de m'entretenir sur tout cela. Je répondis à son excellence que je ferois tout ce qu'elle souhaiteroit : nous partîmes donc le lendemain au matin.

Durant notre voyage, il me fit observer les différentes méthodes des laboureurs pour ensemencer leurs terres. Cependant, excepté en quelques endroits, je n'avois découvert dans tout le pays aucune espérance de moisson, ni même aucune trace de culture. Mais ayant marché encore trois heures, la scene changea entièrement. Nous nous trouvâmes dans une très-belle campagne. Les maisons des laboureurs étoient un peu eloignées & très-bien bâties. Les champs étoient clos & renfermoient des vignes, des pièces de bled, des prairies, & je ne me souviens pas d'avoir rien vu de si agréable. Le seigneur, qui observoit ma contenance, me dit alors en soupirant, que là commençoit sa terre; que néanmoins les gens du pays le railloient & le méprisoient de ce qu'il n'avoit pas mieux fait ses affaires.

Nous arrivâmes enfin à son château, qui

étoit d'une très-noble structure, les fontaines, les jardins, les promenades, les avenues, les bosquets, étoient tous disposés avec jugement & avec goût. Je donnai à chaque chose des louanges, dont son excellence ne parut s'appercevoir qu'après le souper. Alors n'y ayant point de tiers, il me dit, d'un air fort triste, qu'il ne savoit s'il ne lui faudroit pas bientôt abattre ses maisons à la ville & à la campagne, pour les rebâtir à la mode; & détruire tout son palais, pour le rendre conforme au goût moderne; mais qu'il craignoit pourtant de passer pour ambitieux, pour singulier, pour ignorant & capricieux; & peut-être de déplaire par-là aux gens de bien. Que je cesserois d'être étonné, quand je saurois quelques particularités que j'ignorois.

Il me dit que, depuis environ quatre ans, certaines personnes étoient venues à Laputa, soit pour leurs affaires, soit pour leur plaisir, & qu'après cinq mois, elles s'en étoient retournées avec une très-légère teinture de mathématiques, mais pleines d'esprits volatils, recueillis dans cette région aérienne; que ces personnes, à leur retour, avoient commencé à désapprouver ce qui se passoit dans le pays d'en bas, & avoient formé le projet de mettre les arts & les sciences sur un nouveau pied. Que pour cela elles avoient obtenu des lettres-patentes, pour ériger une académie d'ingénieurs; c'est-à-dire, de gens à fyftêmes. Que le peuple étoit fi fantafque, qu'il y avoit une académie de ces gens-là dans toutes les grandes villes. Que dans ces académies ou collèges, les profeffeurs avoient trouvé de nouvelles méthodes pour l'agriculture & l'architecture, & de nouveaux inftrumens & outils pour tous les métiers & manufactures, par le moyen defquels un homme feul pourroit travailler autant que dix; & un palais pourroit être bâti en une femaine, de matières fi folides, qu'il dureroit éternellement, fans avoir befoin de réparation. Tous les fruits de la terre devoient naître dans toutes les faifons, plus gros cent fois qu'à préfent, avec une infinité d'autres projets admirables. C'eft dommage, continua-t-il, qu'aucun de ces projets n'ait été perfectionné jufqu'ici; qu'en peu de tems toute la campagne ait été miférablement ravagée; que la plupart des maifons foient tombées en ruine, & que le peuple tout nud, meure de froid, de foif & de faim. Avec tout cela, loin d'être découragées, elles en font plus animées à la pourfuite de leurs fyftêmes, pouffées tour-à-tour par l'efpérance & par le défefpoir. Il ajouta que pour tout ce qui étoit de lui, n'étant pas d'un efprit entreprenant, il s'étoit contenté d'agir selon l'ancienne méthode, de vivre dans les maisons bâties par ses ancêtres, & de faire ce qu'ils avoient fait, sans rien innover. Que quelque peu de gens de qualité avoient suivi son exemple, mais avoient été regardés avec mépris, & s'étoient même rendus odieux comme gens mal intentionnés, ennemis des arts, ignorans, mauvais républicains, préférant leurs commodités & leur molle fainéantise, au bien général du pays.

Son excellence ajouta qu'il ne vouloit pas prévenir, par un long détail, le plaisir que j'aurois, lorsque j'irois visiter l'académie des systêmes ; qu'il souhaitoit seulement que j'observasse un bâtiment ruiné du côté de la montagne ; que ce que je voyois, à la moitié d'un mille de son château, étoit un moulin que le courant d'une grande rivière faisoit aller, & qui suffisoit pour sa maison & pour un grand nombre de ses vassaux ; qu'il y avoit environ sept ans qu'une compagnie d'ingénieurs étoit venue lui proposer d'abattre ce moulin, & d'en bâtir un autre au pied de la montagne, sur le sommet de laquelle seroit construit un réservoir, où l'eau pourroit être conduite aisément par des tuyaux & par des machines, d'autant que le vent & l'air, sur le haut de la montagne, agiteroient l'eau & la rendroient plus fluide,

& que le poids de l'eau, en descendant, feroit par sa chûte tourner le moulin avec la moitié du courant de la rivière. Il me dit que n'étant pas bien à la cour, parce qu'il n'avoit donné jusqu'ici dans aucun des nouveaux systêmes, & étant pressé par plusieurs de ses amis, il avoit agréé le projet. Mais qu'après y avoir fait travailler pendant deux ans, l'ouvrage avoit mal réussi, & que les entrepreneurs avoient pris la fuite.

Peu de jours après, je souhaitai voir l'académie des systêmes, & son excellence voulut bien me donner une personne pour m'y accompagner. Il me prenoit peut-être pour un grand admirateur de nouveautés, pour un esprit curieux & crédule. Dans le fond, j'avois un peu été dans ma jeunesse homme à projets & à systêmes, & encore aujourd'hui tout ce qui est neuf & hardi, me plaît extrêmement.

CHAPITRE V.

L'auteur visite l'académie, & en fait ici la Description.

LE logement de cette académie n'est pas un seul & simple corps de logis, mais une suite de divers bâtimens des deux côtés d'une cour.

Je fus reçu très-honnêtement par le concierge, qui nous dit d'abord que dans ces bâtimens chaque chambre renfermoit un ingénieur, & quelquefois plusieurs; & qu'il y avoit environ cinq cens chambres dans l'académie. Aussi-tôt il nous fit monter & parcourir les appartemens.

Le premier académicien que je vis me parut un homme fort maigre; il avoit la face & les mains couvertes de crasse, la barbe & les cheveux longs, avec un habit & une chemise de même couleur que sa peau. Il avoit été huit ans sur un projet curieux, qui étoit, nous dit-il, de recueillir des rayons de soleil, afin de les enfermer dans des phioles bouchées hermétiquement, & qu'ils pussent servir à échauffer l'air, lorsque les étés seroient peu chauds. Il me dit que dans huit autres années il pourroit fournir aux jardins des financiers, de rayons de soleil à un prix raisonnable. Mais il se plaignoit que ses fonds étoient petits, & il m'engagea à lui donner quelque chose pour l'encourager.

Je passai dans une autre chambre, mais je tournai vite le dos, ne pouvant endurer la mauvaise odeur. Mon conducteur me poussa dedans, & me pria tout bas de prendre garde d'offenser un homme qui s'en ressentiroit; ainsi je n'osai pas même me boucher le nez. L'ingénieur qui logeoit dans cette chambre, étoit le plus ancien de l'académie; son visage & sa barbe étoient d'une couleur pâle & jaune, & ses mains avec ses habits étoient couverts d'une ordure infâme. Lorsque je lui fus présenté, il m'embrassa très-étroitement; politesse dont je me serois bien passé. Son occupation depuis son entrée à l'académie avoit été de tâcher de faire retourner les excrémens humains à la nature des alimens dont ils étoient tirés par la séparation des parties diverses, & par la dépuration de la teinture que l'excrément reçoit du fiel, & qui cause sa mauvaise odeur. On lui donnoit toutes les semaines, de la part de la compagnie, un plat rempli de matières, environ de la grandeur d'un baril de Bristol.

J'en vis un autre occupé à calciner la glace

pour en extraire, disoit-il, de fort bon salpêtre, & en faire de la poudre à canon. Il me montra un traité concernant la malléabilité du feu qu'il avoit envie de publier.

Je vis ensuite un très-ingénieux architecte qui avoit trouvé une méthode admirable pour bâtir les maisons en commençant par le faîte & en finissant par les fondemens; projet qu'il me justifia aisément par l'exemple de deux insectes, l'abeille & l'araignée.

Il y avoit un homme aveugle de naissance, qui avoit sous lui plusieurs apprentifs, aveugles comme lui. Leur occupation étoit de composer des couleurs pour les peintres. Ce maître leur enseignoit à les distinguer par le tact & par l'odorat. Je fus assez malheureux pour les trouver alors très-peu instruits; & le maître, lui même, comme on peut juger, n'étoit pas plus habile.

Je montai dans un appartement où étoit un grand homme qui avoit trouvé le secret de labourer la terre avec des cochons, & d'épargner les frais des chevaux, des bœufs, de la charrue & du laboureur. Voici sa méthode. Dans l'espace d'un acre de terre, on enfouissoit de six en six pouces une quantité de gland, de dattes, des châtaignes, & autres pareils fruits que les cochons aiment. Alors on lâchoit dans le champ six cens & plus de ces animaux, qui, par le moyen de leurs pieds & de leur museau, mettoient en très-peu de tems la terre en état d'être ensemencée, & l'engraissoient aussi, en lui rendant ce qu'ils y avoient pris. Par malheur on en avoit fait l'expérience, & outre qu'on avoit trouvé le système coûteux & embarrassant, le champ n'avoit presque rien produit. On ne doutoit pas néanmoins que cette invention ne pût être d'une très-grande conséquence & d'une vraie utilité.

Dans une chambre vis-à-vis, logeoit un homme qui avoit des idées contraires par rapport au même objet. Il prétendoit faire marcher une charrue sans bœufs & sans chevaux, mais avec le secours du vent; & pour cela il avoit construit une charrue avec un mât & des voiles. Il soutenoit que par le même moyen il feroit aller des charrettes & des carosses; & que dans la suite on pourroit courir la poste en chaise, en mettant à la voile sur terre comme sur mer; que puisque sur la mer on alloit à tous vents, il n'étoit pas difficile de faire la même chose sur la terre.

Je passai dans une autre chambre qui étoit toute tapissée de toiles d'araignées, & où il y avoit à peine un petit espace pour donner passage à l'ouvrier. Dès qu'il me vit, il cria: prenez garde de rompre mes toiles ! Je l'entretins, & il me dit que c'étoit une chose pitoyable que l'aveuglement où les hommes avoient été jusqu'ici par rapport aux vers à soie, tandis qu'ils avoient à leur disposition tant d'insectes domestiques, dont ils ne faisoient aucun usage, & qui étoient néanmoins préférables aux vers à soie qui ne savoient que filer, au lieu que l'araignée savoit tout ensemble filer & ourdir. Il ajouta que l'usage des toiles d'araignées épargneroit encore dans la suite les frais de la teinture ; ce que je concevrois aisément, lorsqu'il m'auroit fait voir un grand nombre de mouches de couleurs diverses & charmantes, dont il nourrissoit ses araignées ; qu'il étoit certain que leurs toiles prendroient infailliblement la couleur de ces mouches ; & que comme il en avoit de toute espèce, il espéroit aussi avoir bientôt des toiles capables de satisfaire par leurs couleurs tous les goûts différents des hommes, aussi-tôt qu'il auroit pu trouver une certaine nourriture suffisamment glutineuse pour ses mouches, afin que les fils de l'araignée en acquissent plus de solidité & de force.

Je vis ensuite un célebre astronome qui avoit entrepris de placer un cadran à la pointe du grand clocher de la maison de ville, ajustant de telle manière les mouvemens diurnes

& annuels du soleil avec le vent, qu'ils puissent s'accorder avec le mouvement de la girouette.

Je me sentois depuis quelques momens une légère douleur de colique, lorsque mon conducteur me fit entrer fort à propos dans la chambre d'un grand médecin qui étoit devenu très-célebre par le secret de guérir la colique d'une manière tout-à-fait merveilleuse. Il avoit un grand soufflet, dont le tuyau étoit d'yvoire: c'étoit en insinuant plusieurs fois ce tuyau dans l'anus qu'il prétendoit, par cette espèce de clystère de vent, attirer tous les vents intérieurs, & purger ainsi les entrailles attaquées de la colique: il fit son opération sur un chien qui par malheur en creva sur le champ; ce qui déconcerta fort notre docteur, & ne me fit pas naître l'envie d'avoir recours à son remède.

Après avoir visité le bâtiment des arts, je passai dans l'autre corps-de-logis, où étoient les faiseurs de systêmes par rapport aux sciences. Nous entrâmes d'abord dans l'école du langage, où nous trouvâmes trois académiciens qui raisonnoient ensemble sur les moyens d'embellir la langue.

L'un d'eux étoit d'avis, pour abréger le discours, de réduire tous les mots en simples monosyllabes, & de bannir tous les verbes & tous les participes.

L'autre alloit plus loin, & propofoit une manière d'abolir tous les mots, enforte qu'on raifonneroit fans parler. Ce qui feroit très-favorable à la poitrine, parce qu'il eft clair qu'à force de parler, les poumons s'ufent, & la fanté s'altère. L'expédient qu'il trouvoit, étoit de porter fur foi toutes les chofes dont on voudroit s'entretenir. Ce nouveau fyftême, dit-on, auroit été fuivi, fi les femmes ne s'y fuffent oppofées. Plufieurs efprits fupérieurs de cette académie ne laiffoient pas néanmoins de fe conformer à cette manière d'exprimer les chofes par les chofes même, ce qui n'étoit embarraffant pour eux, que lorfqu'ils avoient à parler de plufieurs fujets différens: alors il leur falloit apporter fur leur dos des fardeaux énormes, à moins qu'ils n'euffent un ou deux valets bien forts, pour s'épargner cette peine. Ils prétendoient que fi ce fyftême avoit lieu, toutes les nations pourroient facilement s'entendre, (ce qui feroit d'une grande commodité) & qu'on ne perdroit plus le tems à apprendre des langues étrangères.

De-là nous entrâmes dans l'école de mathématiques dont le maître enfeignoit à fes difciples une méthode que les Européens auront de la peine à s'imaginer. Chaque propofition, chaque démonftration étoit écrite fur du pain à chanter, avec une certaine encre de teinture céphalique. L'écolier à jeun étoit obligé, après avoir avalé ce pain à chanter, de s'abstenir de boire & de manger pendant trois jours, ensorte que le pain à chanter étant digéré, la teinture céphalique pût monter au cerveau, & y porter avec elle la proposition & la démonstration. Cette méthode, il est vrai, n'avoit pas eu beaucoup de succès jusqu'ici ; mais c'étoit, disoit-on, parce que l'on s'étoit trompé quelque peu dans le *q. s.* c'est-à-dire, dans la mesure de la dose ; ou parce que les écoliers malins & indociles faisoient seulement semblant d'avaler le bolus, ou bien parce qu'ils alloient trop tôt à la selle, ou qu'ils mangeoient en cachette pendant les trois jours.

CHAPITRE VI.

Suite de la description de l'académie.

JE ne fus pas fort satisfait de l'école de politique, que je visitai ensuite. Ces docteurs me parurent peu sensés ; & la vue de telles personnes a le don de me rendre toujours mélancolique. Ces hommes extravagants soutenoient que les grands devoient choisir pour leurs

leurs favoris, ceux en qui ils remarquoient plus de sagesse, plus de capacité, plus de vertu, & qu'ils devoient avoir toujours en vue le bien public, récompenser le mérite, le savoir, l'habileté & les services: ils disoient encore que les princes devoient toujours donner leur confiance aux personnes les plus capables & les plus expérimentées, & autres pareilles sottises & chimères, dont peu de princes se sont avisés jusqu'ici, ce qui me confirma la vérité de cette pensée admirable de Cicéron; qu'il n'y a rien de si absurde qui n'ait été avancé par quelque philosophe.

Mais tous les autres membres de l'académie ne ressembloient pas à ces originaux dont je viens de parler. Je vis un médecin d'un esprit sublime, qui possédoit à fond la science du gouvernement. Il avoit consacré ses veilles jusqu'ici, à découvrir les causes des maladies d'un état, & à trouver des remèdes pour guérir les mauvais tempéramens de ceux qui administrent les affaires publiques. On convient, disoit-il, que le corps naturel & le corps politique ont entre eux une parfaite analogie. Donc l'un & l'autre peuvent être traités avec les mêmes remèdes. Ceux qui sont à la tête des affaires ont souvent les maladies qui suivent. Ils sont pleins d'humeurs en mouvement, qui

P

leur affoiblissent la tête & le cœur, & leur causent quelquefois des convulsions & des contractions de nerfs à la main droite, une faim canine, des indigestions, des vapeurs, des délires, & autres sortes de maux. Pour les guérir, notre grand médecin proposoit, que lorsque ceux qui manient les affaires d'état seroient sur le point de s'assembler, on leur tâteroit le pouls, & que par-là on tâcheroit de connoître la nature de leur maladie ; qu'ensuite la première fois qu'ils s'assembleroient encore, on leur envoyeroit, avant la séance, des apothicaires avec des remèdes astringens, palliatifs, laxatifs, céphalalgiques, hystériques, apophlegmatiques, acoustiques, &c. selon la qualité du mal, & en réitérant toujours le même remède à chaque séance.

L'exécution de ce projet ne seroit pas d'une grande dépense, & seroit, selon mon idée, très-utile dans les pays où les états & les parlemens se mêlent des affaires d'état : elle procureroit l'unanimité, termineroit les différens, ouvriroit la bouche aux muets, la fermeroit aux déclamateurs, calmeroit l'impétuosité des jeunes sénateurs, échaufferoit la froideur des vieux, réveilleroit les stupides, rallentiroit les étourdis.

Et parce que l'on se plaint ordinairement que

les favoris des princes ont la mémoire courte & malheureuse, le même docteur vouloit que quiconque auroit affaire à eux, après avoir exposé le cas en très-peu de mots, eût la liberté de donner à M. le favori, une chiquenaude dans le nez, un coup de pied dans le ventre, de lui tirer les oreilles, ou de lui ficher une épingle dans les fesses, & tout cela pour l'empêcher d'oublier l'affaire dont on lui auroit parlé; enforte qu'on pourroit réitérer de tems en tems le même compliment, jusqu'à ce que la chose fût accordée ou refusée tout-à-fait.

Il vouloit aussi que chaque sénateur, dans l'assemblée générale de la nation, après avoir proposé son opinion, & avoir dit tout ce qu'il auroit à dire pour la soutenir, fût obligé de conclure à la proposition contradictoire, parce qu'infailliblement le résultat de ces assemblées seroit par-là très-favorable au bien public.

Je vis deux académiciens disputer avec chaleur sur le moyen de lever des impôts sans faire murmurer les peuples. L'un soutenoit que la meilleure méthode seroit d'imposer une taxe sur les vices, & sur les folies des hommes, & que chacun seroit taxé suivant le jugement & l'estimation de ses voisins. L'autre académicien étoit d'un sentiment entièrement opposé, &

P ij

prétendoit, au contraire, qu'il falloit taxer les belles qualités du corps & de l'esprit, dont chacun se piquoit, & les taxer plus ou moins selon leurs degrés, ensorte que chacun seroit son propre juge, & feroit lui-même sa déclaration. La plus forte taxe devoit être imposée sur les mignons de Vénus, sur les favoris du beau sexe, à proportion des faveurs qu'ils auroient reçues, & l'on s'en devoit rapporter encore sur cet article à leur propre déclaration. Il falloit aussi taxer fortement l'esprit & la valeur, selon l'aveu que chacun feroit de ces qualités. Mais à l'égard de l'honneur, de la probité, de la sagesse, de la modestie, on exemptoit ces vertus de toute taxe, vu qu'étant trop rares, elles ne rendroient presque rien; qu'on ne rencontreroit personne qui voulût avouer qu'elles se trouvassent dans son voisin, & que presque personne aussi n'auroit l'effronterie de se les attribuer à lui-même.

On devoit pareillement taxer les dames à proportion de leur beauté, de leurs agrémens, & de leur bonne grace, suivant leur propre estimation, comme on faisoit à l'égard des hommes. Mais pour la fidélité, la sincérité, le bon sens, & le bon naturel des femmes, comme elles ne s'en piquent point, cela ne devoit rien payer du tout; parce que tout ce qu'on en pourroit retirer ne suffiroit pas pour les frais du recouvrement.

Afin de retenir les sénateurs dans l'intérêt de la couronne, un autre académicien politique étoit d'avis, qu'il falloit que le prince fît jouer tous les grands emplois à la rafle, de façon cependant que chaque sénateur, avant que de jouer, fît serment & donnât caution qu'il opineroit ensuite selon les intentions de la cour, soit qu'il gagnât ou non; mais que les perdans auroient ensuite droit de jouer dès qu'il y auroit quelque emploi vacant. Ils seroient ainsi toujours pleins d'espérance; ils ne se plaindroient point des fausses promesses qu'on leur auroit données, & ne s'en prendroient qu'à la fortune, dont les épaules sont toujours plus fortes que celles du ministère.

Un autre académicien me fit voir un écrit contenant une méthode curieuse, pour découvrir les complots & les cabales; qui étoit d'examiner la nourriture des personnes suspectes, le tems auquel elles mangent, le côté sur lequel elles se couchent dans leur lit, & de quelle main elles se torchent le derrière; de considérer leurs excrémens, & de juger par leur odeur & leur couleur, des pensées & des projets d'un homme, d'autant que, selon lui, les pensées ne sont jamais plus sérieuses, & l'esprit n'est jamais si recueilli que lorsqu'on est à la selle ; ce qu'il avoit éprouvé lui-même. Il ajoutoit que, lorsque pour faire seulement des expériences, il avoit par fois songé à l'assassinat d'un homme, il avoit alors trouvé ses excrémens très-jaunes, & que lorsqu'il avoit pensé à se révolter & à brûler la capitale, il les avoit trouvés d'une couleur très-noire.

Je me hazardai d'ajouter quelque chose au systême de ce politique. Je lui dis qu'il seroit bon d'entretenir toujours une troupe d'espions & de délateurs qu'on protégeroit, & auxquels on donneroit toujours une somme d'argent proportionnée à l'importance de leur dénonciation, soit qu'elle fût fondée ou non ; que par ce moyen les sujets seroient retenus dans la crainte & dans le respect ; que ces délateurs & accusateurs seroient autorisés à donner quel sens il leur plairoit aux écrits qui leur tomberoient entre les mains ; qu'ils pourroient, par exemple, interpréter ainsi les termes suivants:

Un crible, = *une grande dame de la cour.*
Un chien boiteux, = *une descente, une invasion.*
La peste, = *une armée sur pied.*
Une buze, = *un favori.*
La goutte, = *un grand prêtre.*
Un pot de chambre, = *un comité.*

Un balai,	= une révolution.
Une fouricière,	= un emploi de finance.
Un égout,	= la cour.
Un chapeau & un ceinturon,	= une maîtresse.
Un roleau brifé,	= la cour de juftice.
Un tonneau vuide,	= un général.
Une plaie ouverte,	= l'état des affaires publiques.

On pourroit encore obferver l'anagramme de tous les noms cités dans un écrit ; mais il faudroit pour cela des hommes de la plus haute pénétration & du plus fublime génie, fur-tout quand il s'agiroit de découvrir le fens politique & myftérieux des lettres initiales. Ainfi, N, pourroit fignifier un complot, B, un régiment de cavalerie, L, une flotte. Outre cela, en tranfpofant les lettres, on pourroit appercevoir dans un écrit tous les defleins cachés d'un parti mécontent : par exemple, vous lifez dans une lettre écrite à un ami, votre frere Thomas a les hémorroïdes ; l'habile déchiffreur trouvera, dans l'aflemblage de ces mots indifférens, une phrafe qui fera entendre que tout eft prêt pour une fédition.

L'académicien me fit de grands remercimens de lui avoir communiqué ces petites obfervations, & me promit de faire de moi une mention honorable dans le traité qu'il alloit mettre au jour fur ce fujet.

Je ne vis rien dans ce pays qui pût m'engager à y faire un plus long séjour, ainsi je commençai à songer à mon retour en Angleterre.

CHAPITRE VII.

L'auteur quitte Lagado, & arrive à Maldonada. Il fait un petit voyage à Glubbdubdrib. Comment il est reçu par le gouverneur.

LE continent, dont ce royaume fait une partie, s'étend, autant que j'en puis juger, à l'est vers une contrée inconnue de l'Amérique, à l'ouest vers la Californie, & au nord vers la mer pacifique. Il n'est pas à plus de mille cinquante lieues de Lagado. Ce pays a un port célèbre, & un grand commerce avec l'île de Luggnagg, située au nord-ouest, environ à vingt degrés de latitude septentrionale, & à cent quarante de longitude. L'île de Luggnagg est au sud-ouest du Japon, & en est éloignée environ de cent lieues. Il y a une étroite alliance entre l'empereur du Japon & le roi de Luggnagg; ce qui fournit plusieurs occasions d'aller d'une île à l'autre. Je résolus, pour cette raison, de prendre ce chemin pour retourner en Europe. Je louai deux mules, avec un guide, pour porter mon bagage, & me montrer le chemin. Je pris congé de mon illustre protecteur, qui m'avoit témoigné tant de bonté, & à mon départ j'en reçus un magnifique présent.

Il ne m'arriva, pendant mon voyage, aucune aventure qui mérite d'être rapportée. Lorsque je fus arrivé au port de Maldonada, qui est une ville environ de la grandeur de Portsmouth, il n'y avoit point de vaisseau dans le port prêt à partir pour Luggnagg. Je fis bientôt quelques connoissances dans la ville : un gentilhomme de distinction me dit, que puisqu'il ne partiroit aucun navire pour Luggnagg que dans un mois, je ferois bien de me divertir à faire un petit voyage à l'île de Glubbdubdrib, qui n'étoit éloignée que de cinq lieues vers le sud-ouest. Il s'offrit lui-même d'être de la partie avec un de ses amis, & de me fournir une petite barque.

Glubbdubdrib, selon son étymologie, signifie l'île des sorciers ou magiciens. Elle est environ trois fois aussi large que l'île de Wight, & est très-fertile. Cette île est sous la puissance du chef d'une tribu toute composée de sorciers, qui ne s'allient qu'entr'eux, & dont le prince est toujours le plus ancien de la tribu. Ce prince ou gouverneur a un palais magnifique, & un parc d'environ trois mille acres, entouré d'un mur de pierre de taille de vingt pieds de haut.

Lui & toute sa famille sont servis par des domestiques d'une espèce assez extraordinaire. Par la connoissance qu'il a de la nécromancie, il a le pouvoir d'évoquer les esprits, & de les obliger à le servir pendant vingt-quatre heures.

Lorsque nous abordâmes à l'île, il étoit environ onze heures du matin. Un des deux gentilshommes qui m'accompagnoient, alla trouver le gouverneur, & lui dit qu'un étranger souhaitoit d'avoir l'honneur de saluer son altesse. Ce compliment fut bien reçu. Nous entrâmes dans la cour du palais, & passâmes au milieu d'une haie de gardes, dont les armes & les attitudes me firent une peur extrême : nous traversâmes les appartemens, & rencontrâmes une foule de domestiques avant de parvenir à la chambre du gouverneur. Après que nous lui eûmes fait trois révérences profondes, il nous fit asseoir sur de petits tabourets au pied de son trône. Comme il entendoit la langue des Balnibarbes, il me fit différentes questions au sujet de mes voyages, & pour me marquer qu'il vouloit en agir avec moi sans cérémonie, il fit signe avec le doigt à tous ses gens de se retirer; & en un instant (ce qui m'étonna beaucoup) ils disparurent comme une fumée. J'eus de la peine à me rassurer ; mais le gouverneur m'ayant dit que je n'avois rien à craindre, & voyant mes deux compagnons nullement embarrassés, parce qu'ils étoient faits à ces manières, je commençai à prendre courage, & racontai à son altesse les différentes aventures de mes voyages, non sans être troublé de tems en tems par ma sotte imagination, regardant souvent autour de moi à gauche & à droite, & jettant les yeux sur le lieu où j'avois vu les phantômes disparoître.

J'eus l'honneur de dîner avec le gouverneur qui nous fit servir par une nouvelle troupe de spectres. Nous fûmes à table jusqu'au coucher du soleil; & ayant prié son altesse de vouloir bien que je ne couchasse pas dans son palais, nous nous retirâmes mes deux amis & moi, & allâmes chercher un lit dans la ville capitale qui est proche. Le lendemain matin, nous revînmes rendre nos devoirs au gouverneur. Pendant les dix jours que nous restâmes dans cette île, je vins à me familiariser tellement avec les esprits, que je n'en eus plus de peur du tout, ou du moins, s'il m'en restoit encore un peu, elle cédoit à ma curiosité. J'eus bien-tôt une occasion de la satisfaire, & le lecteur pourra juger par-là que je suis encore plus curieux que poltron. Son altesse me dit un jour de lui nommer tels morts qu'il me plairoit, qu'il me les feroit venir, & les obligeroit de répondre à toutes les questions que je leur voudrois faire, à condition toutefois que je ne les interrogerois que sur ce qui s'étoit passé de leur tems, & que je pourrois être bien assuré qu'ils me diroient toujours vrai, étant inutile aux morts de mentir.

Je rendis de très-humbles actions de graces à son altesse, & pour profiter de ses offres, je me mis à me rappeller la mémoire de ce que j'avois autrefois lu dans l'histoire romaine. D'abord il me vint dans l'esprit de demander à voir cette fameuse Lucrece que Tarquin avoit violée, & qui ne pouvant survivre à cet affront, s'étoit tuée elle-même. Aussi-tôt je vis devant moi une dame très-belle, habillée à la romaine. Je pris la liberté de lui demander pourquoi elle avoit vengé sur elle-même le crime d'un autre. Elle baissa les yeux & me répondit, que les historiens, de peur de lui donner de la foiblesse, lui avoient donné de la folie : aussi-tôt elle disparut.

Le gouverneur fit signe à César & à Brutus de s'avancer. Je fus frappé d'admiration & de respect à la vue de Brutus ; & César m'avoua que toutes ses belles actions étoient au-dessous de celles de Brutus qui lui avoit ôté la vie, pour délivrer Rome de sa tyrannie.

Il me prit envie de voir Homere. Il m'apparut, je l'entretins, & lui demandai ce qu'il pensoit de son Illiade. Il m'avoua qu'il étoit surpris des louanges excessives qu'on lui donnoit depuis trois mille ans; que son poëme étoit médiocre & semé de sottises; qu'il n'avoit plu de son tems, qu'à cause de la beauté de sa diction & de l'harmonie de ses vers, & qu'il étoit fort surpris que puisque sa langue étoit morte, & que personne n'en pouvoit plus distinguer les beautés, les agrémens & les finesses, il se trouvât encore des gens assez vains ou assez stupides pour l'admirer. Sophocle & Euripide, qui l'accompagnoient, me tinrent à-peu-près le même langage, & se mocquèrent sur-tout de nos savans modernes qui, obligés de convenir des bévues des anciennes tragédies, lorsqu'elles étoient fidèlement traduites, soutenoient néanmoins qu'en grec c'étoient des beautés, & qu'il falloit savoir le grec pour en juger avec équité.

Je voulus voir Aristote & Descartes. Le premier m'avoua qu'il n'avoit rien entendu à la physique, non plus que tous les philosophes ses contemporains, & tous ceux même qui avoient vécu entre lui & Descartes. Il ajouta que celui-ci avoit pris un bon chemin, quoiqu'il se fût souvent trompé, sur-tout par rapport à son système extravagant touchant l'ame des bêtes. Descartes prit la parole, & dit qu'il avoit trouvé quelque chose, & avoit su établir d'assez bons principes; mais qu'il n'étoit pas allé fort loin, & que tous ceux qui désormais voudroient courir la même carrière, seroient toujours arrêtés par la foiblesse de leur esprit, & obligés de tâtonner; que c'étoit une grande folie de passer sa vie à chercher des systêmes, & que la vraie physique convenable & utile à l'homme étoit de faire un amas d'expériences, & de se borner là; qu'il avoit eu beaucoup d'insensés pour disciples, parmi lesquels on pouvoit compter un certain Spinosa.

J'eus la curiosité de voir plusieurs morts illustres de ces derniers tems, & sur-tout des morts de qualité; car j'ai toujours eu une grande vénération pour la noblesse. O que je vis de choses étonnantes, lorsque le gouverneur fit passer en revue devant moi toute la suite des aïeux de la plupart de nos ducs, de nos marquis, de nos comtes, & de nos gentilshommes modernes! que j'eus de plaisir à voir leur origine, & tous les personnages qui leur ont transmis leur sang. Je vis clairement pourquoi certaines familles ont le nez long, d'autres le menton pointu, d'autres ont le visage basané & les traits effroyables, d'autres ont les yeux beaux & le teint blond & délicat; pourquoi dans certaines familles il y a beaucoup de fous & d'étourdis; dans d'autres beaucoup de fourbes & de frippons: pourquoi le caractère de quelques-unes est la méchanceté, la brutalité, la bassesse, la lâcheté, ce qui les distingue comme leurs armes & leurs livrées. Je compris enfin la raison pour laquelle Polidore Virgile avoit dit au sujet de certaines maisons :

Nec vir fortis, nec fœmina casta.

Ce qui me parut le plus remarquable, fut de voir ceux qui, ayant originairement porté le mal immonde dans certaines familles, avoient fait ce triste présent à toute leur postérité. Que je fus encore surpris de voir dans la généalogie de certains seigneurs, des pages, des laquais, des maîtres à danser & à chanter, &c !

Je connus clairement pourquoi les historiens ont transformé des guerriers imbéciles & lâches, en grands capitaines ; des insensés & de petits génies, en grands politiques ; des flatteurs & des courtisans en gens de bien ; des athées, en hommes pleins de religion ; d'infâmes débauchés, en gens chastes, & des délateurs de profession, en hommes vrais & sincères. Je sus de quelle manière des personnes très-innocentes avoient été condamnées à la mort ou au bannissement, par l'intrigue des favoris qui avoient corrompu les juges : comment il étoit arrivé que des hommes de basse extraction & sans mérite, avoient été élevés aux plus grandes places : comment les P. & les M. avoient souvent donné le branle aux plus importantes affaires, & avoient occasionné dans l'univers les plus grands événemens. O que je conçus alors une basse idée de l'humanité ! que la sagesse & la probité des hommes me parut peu de chose, en voyant la source de toutes les révolutions, le motif honteux des entreprises les plus éclatantes, les ressorts, ou plutôt les accidens imprévus & les bagatelles qui les avoient fait réussir !

Je découvris l'ignorance & la témérité de nos historiens, qui ont fait mourir du poison certains rois, qui ont osé faire part au public des entretiens secrets d'un prince avec son premier ministre, & qui ont, si on les en croit, crocheté pour ainsi dire les cabinets des souverains, & les secretaireries des ambassadeurs, pour en tirer des anecdotes curieuses.

Ce fut là que j'appris les causes secretes de quelques évènemens qui ont étonné le monde: comment une P. avoit gouverné un confident; un confident, le conseil secret ; & le conseil secret tout un parlement.

Un général d'armée m'avoua qu'il avoit une fois remporté une victoire par sa poltronnerie & par son imprudence; & un amiral me dit qu'il avoit battu, malgré lui, une flotte ennemie, lorsqu'il avoit envie de laisser battre la sienne. Il y eut trois rois qui me dirent que,

sous

sous leur règne, ils n'avoient jamais récompensé ni élevé aucun homme de mérite, si ce n'est une fois que leur ministre les trompa, & se trompa lui-même sur cet article ; qu'en cela ils avoient eu raison, la vertu étant une chose très-incommode à la cour.

J'eus la curiosité de m'informer par quel moyen un grand nombre de personnes étoient parvenues à une très-haute fortune. Je me bornai à ces derniers tems, sans néanmoins toucher au tems présent, de peur d'offenser même les étrangers (car il n'est pas nécessaire que j'avertisse que tout ce que j'ai dit jusqu'ici ne regarde point mon cher pays). Parmi ces moyens, je vis le parjure, l'oppression, la subornation, la perfidie, le pandarisme (1) & autres pareilles bagatelles qui méritent peu d'attention. Mais ce qui en mérite davantage, c'est que plusieurs confessèrent qu'ils devoient leur élévation à la facilité qu'ils avoient eue; les uns, de se prêter aux plus horribles débauches; les autres, de livrer leurs femmes & leurs filles; d'autres, de trahir leur patrie & leur souverain; & quelques-uns de se servir du poison. Après ces découvertes, je crois qu'on me pardonnera d'a-

---

(1) En anglois *pandarism*, mot forgé, qu'on rend ici sans le traduire, & qui s'entend aisément.

voir désormais un peu moins d'estime & de vénération pour la grandeur que j'honore & respecte naturellement, comme tous les inférieurs doivent faire à l'égard de ceux que la nature ou la fortune ont placés dans un rang supérieur.

J'avois lu dans quelques livres que des sujets avoient rendu de grands services à leur prince & à leur patrie. J'eus envie de les voir; mais on me dit qu'on avoit oublié leurs noms, & qu'on se souvenoit seulement de quelques-uns, dont les historiens avoient fait mention, en les faisant passer pour des traîtres & des frippons. Ces gens de bien, dont on avoit oublié les noms, parurent cependant devant moi, mais avec un air humilié & en mauvais équipage: ils me dirent qu'ils étoient tous morts dans la pauvreté & dans la disgrace, & quelques-uns même sur un échafaud.

Parmi ceux-ci je vis un homme, dont le cas me parut extraordinaire, qui avoit à côté de lui un jeune homme de dix-huit ans. Il me dit qu'il avoit été capitaine de vaisseau pendant plusieurs années; & que dans le combat naval d'Actium, il avoit enfoncé la première ligne, coulé à fond trois vaisseaux du premier rang, & en avoit pris un de la même grandeur, ce qui avoit été la seule cause de la fuite d'Antoine & de l'entière défaite de sa flotte; que le jeune homme qui étoit auprès de lui, étoit son fils unique qui avoit été tué dans le combat. Il m'ajouta que la guerre ayant été terminée, il vint à Rome pour solliciter une récompense, & demander le commandement d'un plus gros vaisseau dont le capitaine avoit péri dans le combat. Mais que, sans avoir égard à sa demande, cette place avoit été donnée à un jeune homme qui n'avoit encore jamais vu la mer, fils d'un certain affranchi qui avoit servi une des maîtresses de l'empereur; qu'étant retourné à son département, on l'avoit accusé d'avoir manqué à son devoir, & que le commandement de son vaisseau avoit été donné à un page, favori du vice-amiral Publicola : qu'il avoit été alors obligé de se retirer chez lui à une petite terre, loin de Rome, & qu'il y avoit fini ses jours. Desirant savoir si cette histoire étoit véritable, je demandai à voir Agrippa, qui dans ce combat avoit été l'amiral de la flotte victorieuse. Il parut, & me confirmant la vérité de ce récit, il y ajouta des circonstances, que la modestie du capitaine avoit omises.

Comme chacun des personnages qu'on évoquoit, paroissoit tel qu'il avoit été dans le monde, je vis, avec douleur combien depuis cent ans, le genre humain avoit dégénéré, combien la débauche avec toutes ses conséquences, avoit altéré les traits du visage, rappetissé les corps, retiré les nerfs, relâché les muscles, effacé les couleurs, & corrompu la chair des Anglois.

Je voulus voir enfin quelques-uns de nos anciens paysans, dont on vante tant la simplicité, la sobriété, la justice, l'esprit de liberté, la valeur & l'amour pour la patrie. Je le vis, & ne pus m'empêcher de les comparer avec ceux d'aujourd'hui, qui vendent, à prix d'argent, leurs suffrages dans l'élection des députés au parlement, & qui sur ce point ont toute la finesse & tout le manège des gens de cour.

CHAPITRE VIII.

Retour de l'auteur à Maldonada. Il fait voile pour le royaume de Lúggnagg. A son arrivée, il est arrêté & conduit à la cour. Comment il y est reçu.

LE jour de notre départ étant arrivé, je pris congé de son altesse le gouverneur de Glubbdubdrib, & retournai avec mes deux compagnons à Maldonada, où après avoir attendu

[...q]uinze jours, je m'embarquai enfin dans un na[vi]re qui partoit pour Luggnagg. Les deux gen[til]shommes, & quelques autres personnes en[co]re eurent l'honnêteté de me fournir les pro[vi]sions nécessaires pour ce voyage, & de me [co]nduire jusqu'à bord. Nous essuyâmes une [vi]olente tempête & fûmes contraints de gou[ver]ner au nord, pour pouvoir jouir d'un cer[ta]in vent marchand, qui souffle en cet endroit [da]ns l'espace de soixante lieues. Le 21 avril [1]709, nous entrâmes dans la rivière de Clu[m]egnig, qui est une ville port de mer, au sud-[es]t de Luggnagg. Nous jettâmes l'ancre à une [li]eue de la ville, & donnâmes le signal pour [fa]ire venir un pilote. En moins d'une demi-[he]ure, il en vint deux à bord qui nous gui[dè]rent au milieu des écueils & des rochers qui [so]nt très-dangereux dans cette rade & dans le [pa]ssage qui conduit à un bassin où les vaisseaux [so]nt en sûreté, & qui est éloigné des murs de [la] ville de la longueur d'un cable.

Quelques-uns de nos matelots, soit par tra[hi]son, soit par imprudence, dirent aux pilotes [qu]e j'étois un étranger & un grand voyageur. [C]eux-ci en avertirent le commis de la douane, [qu]i me fit diverses questions dans la langue Bal[n]ibarbienne, qui est entendue en cette ville, à [ca]use du commerce, & sur-tout par les gens de mer & les douaniers. Je lui répondis en peu de mots, & lui fis une histoire aussi vraisemblable & aussi suivie qu'il me fut possible. Mais je crus qu'il étoit nécessaire de déguiser mon pays, & de me dire Hollandois, ayant dessein d'aller au Japon, où je savois que les Hollandois seuls étoient reçus. Je dis donc au commis qu'ayant fait naufrage à la côte des Balnibarbes, & ayant échoué sur un rocher, j'avois été dans l'île volante de Laputa, dont j'avois souvent oui parler, & que maintenant je songeois à me rendre au Japon, afin de pouvoir retourner de-là dans mon pays. Le commis me dit qu'il étoit obligé de m'arrêter, jusqu'à ce qu'il eût reçu des ordres de la cour, où il alloit écrire immédiatement, & d'où il espéroit recevoir réponse dans quinze jours. On me donna un logement convenable, & on mit un sentinelle à ma porte. J'avois un grand jardin pour me promener, & je fus traité assez bien aux dépens du roi. Plusieurs personnes me rendirent visite, excitées par la curiosité de voir un homme qui venoit d'un pays très-éloigné, dont ils n'avoient jamais entendu parler.

Je fis marché avec un jeune homme de notre vaisseau, pour me servir d'interprète. Il étoit natif de Luggnagg; mais ayant passé plusieurs années à Maldonada, il savoit parfaitement les deux langues. Avec son secours, je fus en état d'entretenir tous ceux qui me faisoient l'honneur de me venir voir, c'est-à-dire, d'entendre leurs questions, & de leur faire entendre mes réponses.

Celle de la cour vint au bout de quinze jours, comme on l'attendoit; elle portoit un ordre de me faire conduire avec ma suite, par un détachement de chevaux à Traldragenbb ou Trildragdrib, car autant que je m'en puis souvenir, on prononce des deux manières. Toute ma suite consistoit en ce pauvre garçon qui me servoit d'interprète, & que j'avois pris à mon service. On fit partir un courrier devant nous, qui nous devança d'une demi-journée, pour donner avis au roi de mon arrivée prochaine, & pour demander à sa majesté le jour & l'heure que je pourrois avoir l'honneur & le plaisir de lécher la poussière du pied de son trône.

Deux jours après mon arrivée, j'eus audience; & d'abord on me fit coucher & ramper sur le ventre, & balayer le plancher avec ma langue, à mesure que j'avançois vers le trône du roi. Mais parce que j'étois étranger, on avoit eu l'honnêteté de nettoyer le plancher, de manière que la poussière ne me pût faire de peine. C'étoit une grace particulière, qui ne s'accordoit pas même aux personnes du premier rang, lorfqu'ils avoient l'honneur d'être reçus à l'audience de fa majefté. Quelquefois même on laiffoit exprès le plancher très-fale & très-couvert de pouffière, lorfque ceux qui venoient à l'audience avoient des ennemis à la cour. J'ai une fois vu un feigneur avoir la bouche fi pleine de pouffière, & fi fouillée de l'ordure qu'il avoit recueillie avec fa langue, que quand il fut parvenu au trône, il lui fut impoffible d'articuler un feul mot. A ce malheur il n'y a point de remède; car il eft défendu, fous des peines très-grièves, de cracher ou de s'effuyer la bouche en préfence du roi. Il y a même en cette cour un autre ufage que je ne puis du tout approuver. Lorfque le roi veut faire mourir quelque feigneur ou quelque courtifan d'une manière qui ne le deshonore point, il fait jetter fur le plancher une certaine poudre brune qui eft empoifonnée, & qui ne manque point de le faire crever doucement & fans éclat au bout de vingt-quatre heures. Mais pour rendre juftice à ce prince, à fa grande douceur, & à la bonté qu'il a de ménager la vie de fes fujets, il faut dire à fon honneur, qu'après de femblables exécutions, il a coutume d'ordonner très-expreffément de bien balayer le plancher, en forte que fi fes domeftiques l'oublioient, ils courroient rifque de tomber dans fa difgrace. Je le vis un jour condamner un petit page à être bien fouetté, pour avoir malicieufement négligé d'avertir de balayer dans le cas dont il s'agit ; ce qui avoit été caufe qu'un jeune feigneur de grande efpérance avoit été empoifonné. Mais le prince plein de bonté voulut bien encore pardonner au petit page, & lui épargner le fouet.

Pour revenir à moi, lorfque je fus à quatre pas du trône de fa majefté, je me levai fur mes genoux, & après avoir frappé fept fois la terre de mon front, je prononçai les paroles fuivantes que la veille on m'avoit fait apprendre par cœur : *Ickpling Glofftrobb fgnutferumm blhiopm lashnalt, zwin tnodbalkguffh flhiophad gurdlubo asht.* C'eft un formulaire établi par les loix de ce royaume, pour tous ceux qui font admis à l'audience, & qu'on peut traduire ainfi. Puiffe votre célefte majefté furvivre au foleil. Le roi me fit une réponfe que je ne compris point, & à laquelle je fis cette réplique, comme on me l'avoit apprife : *Fluft drin Valerick dwuldom praftrod mirpush* ; c'eft-à-dire : Ma langue eft dans la bouche de mon ami. Je fis entendre par-là que je defirois me fervir de mon interprète : alors on fit entrer ce jeune garçon dont j'ai parlé, & avec fon fecours je répondis à toutes les queftions que sa majesté me fit pendant une demi-heure. Je parlois Balnibarbien, & mon interprète rendoit mes paroles en Luggnaggien.

Le roi prit beaucoup de plaisir à mon entretien, & ordonna à son Bliffmarklub ou chambelan de faire préparer un logement dans son palais pour moi & pour mon interprète, & de me donner une somme par jour pour ma table, avec une bourse pleine d'or pour mes menus plaisirs.

Je demeurai trois mois en cette cour, pour obéir à sa majesté, qui me combla de ses bontés, & me fit des offres très gracieuses, pour m'engager à m'établir dans ses états; mais je crus devoir le remercier, & songer plutôt à retourner dans mon pays, pour y finir mes jours auprès de ma chère femme privée depuis longtems des douceurs de ma présence.

CHAPITRE IX.

Des Struldbruggs ou Immortels.

Les Luggnaggiens sont un peuple très-poli & très-brave; & quoiqu'ils ayent un peu de cet orgueil qui est commun à toutes les nations de l'Orient, ils sont néanmoins honnêtes & civils à l'égard des étrangers, & sur-tout de ceux qui ont été bien reçus à la cour. Je fis connoissance & je me liai avec des personnes du grand monde & du bel air ; & par le moyen de mon interprète, j'eus souvent avec eux des entretiens agréables & instructifs.

Un d'eux me demanda un jour si j'avois vu quelques-uns de leurs Struldbruggs ou immortels. Je lui répondis que non, & que j'étois fort curieux de savoir comment on avoit pu donner ce nom à des humains. Il me dit que quelquefois (quoique rarement) il naissoit dans une famille un enfant avec une tache rouge & ronde, placée directement sur le sourcil gauche, & que cette heureuse marque le préservoit de la mort : que cette tache étoit d'abord de la largeur d'une petite pièce d'argent, (que nous appellons en Angleterre un Treepense,) & qu'ensuite elle croissoit & changeoit même de couleur ; qu'à l'âge de douze ans elle étoit verte jusqu'à vingt, qu'elle devenoit bleue ; qu'à quarante-cinq ans, elle devenoit tout-à-fait noire & aussi grande qu'un schelling, & ensuite ne changeoit plus. Il m'ajouta qu'il naissoit si peu de ces enfans marqués au front, qu'on comptoit à peine onze cens immortels de l'un & l'autre sexe dans tout le royaume ; qu'il y en avoit environ cinquante dans la capitale ; &

que depuis trois ans il n'étoit né qu'un enfant de cette espèce, qui étoit fille ; que la naissance d'un immortel n'étoit point attachée à une famille préférablement à une autre ; que c'étoit un présent de la nature ou du hazard, & que les enfans même des Struldbruggs naissoient mortels comme les enfans des autres hommes, sans avoir aucun privilège.

Ce récit me réjouit extrêmement, & la personne qui me le faisoit, entendant la langue des Balnibarbes, que je parlois aisément, je lui témoignai mon admiration & ma joie, avec les termes les plus expressifs, & même les plus outrés. Je m'écriai, comme dans une espèce de ravissement & d'enthousiasme : heureuse nation dont tous les enfans à naître peuvent prétendre à l'immortalité ! heureuse contrée où les exemples de l'ancien tems subsistent toujours, où la vertu des premiers siècles n'a point péri, & où les premiers hommes vivent encore & vivront éternellement, pour donner des leçons de sagesse à tous leurs descendans ! heureux ces sublimes Struldbruggs qui ont le privilège de ne point mourir, & que par conséquent l'idée de la mort n'intimide point, n'affoiblit point, n'abat point !

Je témoignai ensuite que j'étois surpris de n'avoir encore vu aucun de ces immortels à la cour; que s'il y en avoit, la marque glorieuse empreinte sur leur front m'auroit sans doute frappé les yeux. Comment, ajoutai je, le roi, qui est un prince si judicieux, ne les employe-t-il point dans le ministère, & ne leur donne-t-il point sa confiance? Mais peut-être que la vertu rigide de ces vieillards l'importuneroit & blesseroit les yeux de sa cour. Quoi qu'il en soit, je suis résolu d'en parler à sa majesté, à la première occasion qui s'offrira; & soit qu'il défère à mes avis ou non, j'accepterai en tout cas l'établissement qu'il a eu la bonté de m'offrir dans ses états, afin de pouvoir passer le reste de mes jours dans la compagnie illustre de ces hommes immortels, pourvu qu'ils daignent souffrir la mienne.

Celui à qui j'adressois la parole me regardant alors avec un souris qui marquoit que mon ignorance lui faisoit pitié, me répondit qu'il étoit ravi que je voulusse bien rester dans le pays, & me demanda la permission d'expliquer à la compagnie ce que je venois de lui dire: il le fit; & pendant quelque tems ils s'entretinrent ensemble dans leur langage que je n'entendois point. Je ne pus même lire ni dans leurs gestes ni dans leurs yeux l'impression que mon discours avoit fait sur leurs esprits. Enfin la même personne qui m'avoit parlé jusques-là, me dit poliment que ses amis étoient charmés de mes réflexions judicieuses sur le bonheur & les avantages de l'immortalité; mais qu'ils souhaitoient savoir quel système de vie je me ferois, & quelles seroient mes occupations & mes vues, si la nature m'avoit fait naître Struldbrugg.

A cette question intéressante, je répartis que j'allois les satisfaire sur le champ avec plaisir; que les suppositions & les idées me coûtoient peu, & que j'étois accoutumé à m'imaginer ce que j'aurois fait, si j'eusse été roi, général d'armée, ou ministre d'état; que par rapport à l'immortalité, j'avois aussi quelque fois médité sur la conduite que je tiendrois, si j'avois à vivre éternellement; & que puisqu'on le vouloit, j'allois sur cela donner l'essor à mon imagination.

Je dis donc, que si j'avois eu l'avantage de naître Struldbrugg, aussi-tôt que j'aurois pu connoître mon bonheur, & savoir la différence qu'il y a entre la vie & la mort, j'aurois d'abord mis tout en œuvre pour devenir riche; & qu'à force d'être intriguant, souple & rampant, j'aurois pu espérer de me voir un peu à mon aise au bout de deux cents ans; qu'en second lieu, je me fusse appliqué si sérieusement à l'étude dès mes premières années, que j'aurois pu me flatter de devenir un jour le plus savant homme de l'univers ; que j'aurois remarqué avec soin tous les grands événemens ; que j'aurois observé avec attention tous les princes & tous les ministres d'état qui se succèdent les uns aux autres, & aurois eu le plaisir de comparer tous leurs caractères, & de faire sur ce sujet les plus belles réflexions du monde ; que j'aurois tracé un mémoire fidéle & exact de toutes les révolutions de la mode & du langage, & des changemens arrivés aux coutumes, aux loix, aux mœurs, aux plaisirs mêmes ; que par cette étude & ces observations, je serois devenu à la fin un magasin d'antiquités, un registre vivant, un trésor de connoissances, un dictionnaire parlant, l'oracle perpétuel de mes compatriotes & de tous mes contemporains.

Dans cet état, je ne me marierois point, ajoutai-je, & je ménerois une vie de garçon gaiement, librement, mais avec économie, afin qu'en vivant toujours, j'eusse toujours de quoi vivre. Je m'occuperois à former l'esprit de quelques jeunes gens, en leur faisant part de mes lumières & de ma longue expérience. Mes vrais amis, mes compagnons, mes confidens seroient mes illustres confrères les *struldbruggs*, dont je choisirois une douzaine parmi les plus anciens, pour me lier plus étroitement avec eux. Je ne laisserois pas de fréquenter aussi quelques mortels de mérite, que je m'accoutumerois à voir mourir sans chagrin & sans regret, leur postérité me consolant de leur mort. Ce pourroit même être pour moi un spectacle assez agréable, de même qu'un fleuriste prend plaisir à voir les tulipes & les œillets de son jardin naître, mourir, & renaître.

Nous nous communiquerions mutuellement, entre nous autres Struldbruggs, toutes les marques & observations que nous aurions faites sur la cause & le progrès de la corruption du genre humain. Nous en composerions un beau traité de morale plein de leçons utiles, & capable d'empêcher la nature humaine de dégénérer, comme elle fait de jour en jour, & comme on le lui reproche depuis deux mille ans.

Quel spectacle noble & ravissant que de voir de ses propres yeux les décadences & les révolutions des empires, la face de la terre renouvellée, les villes superbes transformées en viles bourgades, ou tristement ensevelies sous leurs ruines honteuses ; les villages obscurs devenus le séjour des rois & de leurs courtisans ; les fleuves célèbres changés en petits ruisseaux, l'océan baignant d'autres rivages ; de nouvelles contrées découvertes ; un monde inconnu sortant, pour ainsi dire, du cahos ; la barbarie &

l'ignorance

l'ignorance répandue sur les nations les plus polies & les plus éclairées; l'imagination éteignant le jugement, le jugement glaçant l'imagination; le goût des systêmes, des paradoxes, de l'enflure, des pointes, & des antithèses étouffant la raison & le bon goût; la vérité opprimée dans un tems, & triomphant dans l'autre; les persécutés devenus persécuteurs, & les persécuteurs persécutés à leur tour; les superbes abaissés & les humbles élevés; des esclaves, des affranchis, des mercénaires parvenus à une fortune immense & à une richesse énorme par le maniement des deniers publics, par les malheurs, par la faim, par la soif, par la nudité, par le sang des peuples; enfin la postérité de ces brigands publics, rentrée dans le néant, d'où l'injustice & la rapine l'avoient tirée!

Comme dans cet état d'immortalité l'idée de la mort ne seroit jamais présente à mon esprit pour me troubler, ou pour rallentir mes desirs, je m'abandonnerois à tous les plaisirs sensibles, dont la nature & la raison me permettroient l'usage. Les sciences seroient néanmoins toujours mon premier & mon plus cher objet; & je m'imagine qu'à force de méditer, je trouverois à la fin les longitudes, la quadrature du cercle, le mouvement perpétuel, la pierre philosophale, & le remède universel, qu'en un mot, je porterois toutes les sciences & tous les arts à leur dernière perfection.

Lorsque j'eus fini mon discours, celui qui seul l'avoit entendu, se tourna vers la compagnie, & leur en fit le précis dans le langage du pays; après quoi ils se mirent à raisonner ensemble un peu de tems, sans pourtant témoigner, au moins par leurs gestes & leurs attitudes, aucun mépris pour ce que je venois de dire. A la fin cette même personne qui avoit résumé mon discours, fut priée par la compagnie d'avoir la charité de me défiller les yeux, & de me découvrir mes erreurs.

Il me dit d'abord que je n'étois pas le seul étranger qui regardât avec étonnement & avec envie l'état des Struldbruggs, qu'il avoit trouvé chez les Balnibarbes & chez les Japonois à peu-près les mêmes dispositions; que le désir de vivre étoit naturel à l'homme; que celui qui avoit un pied dans le tombeau s'efforçoit de se tenir ferme sur l'autre; que le vieillard le plus courbé se représentoit toujours un lendemain & un avenir, & n'envisageoit la mort que comme un mal éloigné & à fuir; mais que dans l'île de *Luggnagg* on pensoit bien autrement, & que l'exemple familier & la vue continuelle des Struldbruggs avoit préservé les habitans de cet amour insensé de la vie.

Le système de conduite, continua-t-il, que vous vous proposez dans la supposition de votre être immortel, & que vous nous avez tracé tout-à-l'heure, est ridicule & tout-à-fait contraire à la raison. Vous avez supposé sans doute que dans cet état vous jouiriez d'une jeunesse perpétuelle, d'une vigueur & d'une santé sans aucune altération. Mais est-ce là dequoi il s'agissoit, lorsque nous vous avons demandé ce que vous feriez, si vous deviez toujours vivre ? avons-nous supposé que vous ne vieilliriez point, & que votre prétendue immortalité seroit un printems éternel ?

Après cela, il me fit le portrait des Struldbruggs, & me dit qu'ils ressembloient aux mortels, & vivoient comme eux, jusqu'à l'âge de trente ans; qu'après cet âge, ils tomboient peu à peu dans une mélancholie noire qui augmentoit toujours jusqu'à ce qu'ils eussent atteint l'âge de quatre-vingt ans; qu'alors ils n'étoient pas seulement sujets à toutes les infirmités, à toutes les misères, & à toutes les foiblesses des vieillards de cet âge; mais que l'idée affligeante de l'éternelle durée de leur misérable caducité les tourmentoit à un point que rien ne pouvoit les consoler; qu'ils n'étoient pas seulement, comme tous les autres vieillards, entêtés, bourrus, avares, chagrins, babillards, mais qu'ils n'aimoient qu'eux-mêmes; qu'ils renonçoient aux douceurs de l'amitié; qu'ils n'avoient plus même de tendresse pour leur enfans; & qu'au-delà de la troisième génération, ils ne reconnoissoient plus leur postérité, que l'envie & la jalousie les dévoroit sans cesse; que la vue des plaisirs sensibles, dont jouissent les jeunes mortels, leurs amusemens, leurs amours, leurs exercices, les faisoient en quelque sorte mourir à chaque instant: que tout, jusqu'à la mort même des vieillards qui payoient le tribut à la nature, excitoit leur envie, & les plongeoit dans le désespoir; que pour cette raison, toutes les fois qu'ils voyoient faire des funérailles, ils maudissoient leur sort, & se plaignoient amérement de la nature qui leur avoit refusé la douceur de mourir, de finir leur course ennuyeuse, & d'entrer dans un repos éternel; qu'ils n'étoient plus alors en état de cultiver leur esprit & d'orner leur mémoire; qu'ils se ressouvenoient tout au plus de ce qu'ils avoient vu & appris dans leur jeunesse & dans leur moyen âge; que les moins misérables & les moins à plaindre étoient ceux qui radotoient, qui avoient tout-à-fait perdu la mémoire, & étoient réduits à l'état de l'enfance, qu'au moins on prenoit alors pitié de leur triste situation, & qu'on leur donnoit tous les secours dont ils avoient besoin dans leur imbécillité.

Lorsqu'un Struldbrugg (ajouta-t-il) s'est marié à une Struldbrugge, le mariage, selon les loix de l'état, est dissous, dès que le plus jeune des deux est parvenu à l'âge de quatre-vingt ans. Il est juste que de malheureux humains condamnés, malgré eux, & sans l'avoir mérité, à vivre éternellement, ne soient pas encore, pour surcroît de disgrace, obligés de vivre avec une femme éternelle. Ce qu'il y a de plus triste, est qu'après avoir atteint cet âge fatal, ils sont regardés comme morts civilement : leurs héritiers s'emparent de leurs biens; ils sont mis en tutelle, ou plutôt ils sont dépouillés de tout, & réduits à une simple pension alimentaire, (loi très-juste, à cause de la sordide avarice ordinaire aux vieillards.) Les pauvres sont entretenus aux dépens du public, dans une maison appellée l'hôpital des pauvres immortels. Un immortel de quatre-vingt ans ne peut plus exercer de charge ni d'emploi, ne peut négocier, ne peut contracter, ne peut acheter ni vendre, & son témoignage même n'est point reçu en justice.

Mais lorsqu'ils sont parvenus à quatre-vingt-dix ans, c'est encore bien pis. Toutes leurs dents & tous leurs cheveux tombent, ils perdent le goût des alimens, & ils boivent & mangent sans aucun plaisir. Ils perdent la mémoire des choses les plus aisées à retenir, & oublient le nom de leurs amis, & quelquefois leur propre nom. Il leur est pour cette raison inutile de s'amuser à lire, puisque lorsqu'ils veulent lire une phrase de quatre mots, ils oublient les deux premiers, tandis qu'ils lisent les deux derniers. Par la même raison, il leur est impossible de s'entretenir avec personne. D'ailleurs, comme la langue de ce pays est sujette à de fréquents changements, les Struldbruggs nés dans un siècle, ont beaucoup de peine à entendre le langage des hommes nés dans un autre siècle, & ils sont toujours comme étrangers dans leur patrie.

Tel fut le détail qu'on me fit au sujet des immortels de ce pays, détail qui me surprit extrêmement. On m'en montra dans la suite cinq ou six, & j'avoue que je n'ai jamais rien vu de si laid, & de si dégoûtant; les femmes surtout étoient affreuses; je m'imaginai voir des spectres.

Le lecteur peut bien croire que je perdis alors tout-à-fait l'envie de devenir immortel à ce prix. J'eus bien de la honte de toutes les folles imaginations auxquelles je m'étois abandonné, sur le système d'une vie éternelle en ce bas monde.

Le roi ayant appris ce qui s'étoit passé dans

l'entretien que j'avois eu avec ceux dont j'ai parlé, rit beaucoup de mes idées fur l'immortalité, & de l'envie que j'avois portée aux Struldbruggs. Il me demanda enfuite férieufement fi je ne voudrois pas en mener deux ou trois dans mon pays, pour guérir mes compatriotes du defir de vivre & de la peur de mourir. Dans le fond j'aurois été fort aife qu'il m'eût fait ce préfent ; mais par une loi fondamentale du royaume il eft défendu aux immortels d'en fortir.

CHAPITRE X.

L'auteur part de l'île de Luggnagg, pour fe rendre au Japon, où il s'embarque fur un vaiffeau hollandois. Il arrive à Amfterdam, & delà paffa en Angleterre.

JE m'imagine que tout ce que je viens de raconter des Struldbruggs, n'aura point ennuyé le lecteur. Ce ne font point-là, je crois, de ces chofes communes, ufées & rebattues, qu'on trouve dans toutes les relations des voyageurs, au moins je puis affurer que je n'ai rien trouvé de pareil dans celles que j'ai lues. Et tout cas, fi ce font des redites & des chofes déja connues, je prie de considérer que des voyageurs, sans se copier les uns les autres, peuvent fort bien raconter le mêmes choses, lorsqu'ils ont été dans les mêmes pays.

Comme il y a un très-grand commerce entre le royaume de Luggnagg, & l'empire du Japon, il est à croire que les auteurs Japonois, n'ont pas oublié, dans leurs livres, de faire mention de ces Struldbruggs. Mais le séjour que j'ai fait au Japon ayant été très-court, & n'ayant d'ailleurs aucune teinture de la langue Japonoise, je n'ai pu savoir sûrement si cette matière a été traitée dans leurs livres. Quelque Hollandois pourra un jour nous apprendre ce qui en est.

Le roi de Luggnagg m'ayant souvent pressé, mais inutilement, de rester dans ses états, eut enfin la bonté de m'accorder mon congé, & me fit même l'honneur de me donner une lettre de recommandation écrite de sa propre main, pour sa majesté l'empereur du Japon. En même-tems il me fit présent de quatre cens quarante-quatre pièces d'or, de cinq mille cinq cens cinquante-cinq petites perles, & de huit cens quatre-vingt-huit mille huit cens quatre-vingt-huit grains d'une espèce de riz très-rare. Ces sortes de nombres qui se multiplient par dix, plaisent beaucoup en ce pays-là.

Le six de juillet mil sept cent neuf, je pris congé en cérémonie de sa majesté, & dis adieu à tous les amis que j'avois à sa cour. Ce prince me fit conduire par un détachement de ses gardes jusqu'au port de Glanguenstald, situé au sud-ouest de l'île. Au bout de six jours, je trouvai un vaisseau prêt à me transporter au Japon : je montai sur ce vaisseau ; & notre voyage ayant duré cinquante jours, nous débarquâmes enfin à un petit port nommé Xamoszi, au sud-ouest du Japon.

Je fis voir d'abord aux officiers de la douane, la lettre dont j'avois l'honneur d'être chargé de la part du roi de Luggnagg pour sa majesté Japonoise. Ils connurent tout d'un coup le sceau de sa majesté Luggnaggienne dont l'empreinte représentoit un roi soutenant un pauvre estropié, & l'aidant à marcher.

Les magistrats de la ville, sachant que j'étois porteur de cette auguste lettre, me traitèrent en ministre, & me fournirent une voiture pour me transporter à Yedo, qui est la capitale de l'empire. Là j'eus audience de sa majesté impériale, & l'honneur de lui présenter ma lettre, qu'on ouvrit publiquement avec de grandes cérémonies, & que l'empereur se fit aussi-tôt expliquer par son interprète. Alors sa majesté me fit dire, par ce même interprète, que j'eusse à lui demander quelque grace ; & qu'en considération de son très-cher frère le roi de Luggnagg, il me l'accorderoit aussi-tôt.

Cet interprète, qui étoit ordinairement employé dans les affaires du commerce avec les Hollandois, connut aisément à mon air que j'étois Européen, & pour cette raison me rendit en langue Hollandoise les paroles de sa majesté. Je répondis que j'étois un marchand de Hollande, qui avois fait naufrage dans une mer éloignée ; que depuis j'avois fait beaucoup de chemin par terre & par mer, pour me rendre à Luggnagg, & delà dans l'empire du Japon, où je savois que mes compatriotes les Hollandois faisoient commerce ; ce qui me pourroit procurer l'occasion de retourner en Europe ; que je supplios donc sa majesté de me faire conduire en sûreté à Nangasaki. Je pris en même-tems la liberté de lui demander encore une autre grace. Ce fut qu'en considération du roi du Luggnagg, qui me faisoit l'honneur de me protéger on voulût bien me dispenser de la cérémonie qu'on faisoit pratiquer à ceux de mon pays & ne point me contraindre à fouler aux pieds le crucifix, n'étant venu au Japon que pour passer en Europe, & non pour y trafiquer.

Lorsque l'interprète eut exposé à sa majesté

Japonoife cette dernière grace que je demandois, elle parut furprife de ma propofition, & répondit que j'étois le premier homme de mon pays, à qui un pareil fcrupule fût venu à l'efprit ; ce qui le faifoit un peu douter que je fuffe véritablement Hollandois, comme je l'avois affuré, & le faifoit plutôt foupconner que j'étois chrétien. Cependant l'empereur goûtant la raifon que je lui avois alléguée, & ayant principalement égard à la recommandation du roi de Luggnagg, voulut bien par bonté compatir à ma foibleffe & à ma fingularité, pourvu que je gardaffe des mefures pour fauver les apparences. Il me dit qu'il donneroit ordre aux officiers prépofés pour faire obferver cet ufage, de me laiffer paffer & de faire femblant de m'avoir oublié. Il ajouta qu'il étoit de mon intérêt de tenir la chofe fecrete, parce qu'infailliblement les Hollandois mes compatriotes me poignarderoient dans le voyage, s'ils venoient à favoir la difpenfe que j'avois obtenue, & le fcrupule injurieux que j'avois eu de les imiter.

Je rendis de très-humbles actions de graces à fa majefté de cette faveur fingulière ; & quelques troupes étant alors en marche pour fe rendre à Nangafaki, l'officier commandant eut ordre de me conduire en cette ville, avec une inftruction fecrete fur l'affaire du crucifix.

Le neuvième jour d'août mil sept cent neuf, après un voyage long & pénible, j'arrivai à Nangasaki, où je rencontrai une compagnie de Hollandois qui étoient partis d'Amsterdam pour négocier à Amboine, & qui étoient prets à s'embarquer pour leur retour sur un gros vaisseau de quatre cens cinquante tonneaux. J'avois passé un tems considérable en Hollande ayant fait mes études à Leyde, & je parlois fort bien la langue de ce pays. On me fit plusieurs questions sur mes voyages, auxquels je répondis comme il me plut : je soutins parfaitement au milieu d'eux le personnage de Hollandois ; je me donnai des amis & des parens dans les provinces unies, & je me dis natif de Gelderland.

J'étois disposé à donner au capitaine du vaisseau, qui étoit un certain Theodore Vangrult, tout ce qu'il lui auroit plû de me demander pour mon passage. Mais ayant sû que j'étois chirurgien, il se contenta de la moitié du prix ordinaire, à condition que j'exercerois ma profession dans le vaisseau.

Avant que de nous embarquer, quelques-uns de la troupe m'avoient souvent demandé si j'avois pratiqué la cérémonie, & j'avois toujours répondu en général que j'avois fait tout ce qui étoit nécessaire. Cependant un d'eux, qui étoit un coquin étourdi, s'avisa de me montrer mafignement à l'officier Japonois, & de dire: Il n'a point foulé aux pieds le crucifix. L'officier, qui avoit un ordre fecret de ne le point exiger de moi, lui répliqua par vingt-coups de canne qu'il déchargea fur fes épaules, enforte que perfonne ne fut d'humeur après cela de me faire des queftions fur la cérémonie.

Il ne fe paffa rien dans notre voyage qui mérite d'être rapporté. Nous fîmes voile avec un vent favorable, & mouillâmes au Cap de Bonne-Efpérance, pour y faire aiguade. Le feize d'avril mil fept cent dix, nous débarquâmes à Amfterdam, où je reftai peu de tems, & où je m'embarquai bientôt pour l'Angleterre. Quel plaifir ce fut pour moi de revoir ma chère patrie, après cinq ans & demi d'abfence! je me rendis directement à Redriff, où je trouvai ma femme & mes enfans en bonne fanté.

QUATRIEME PARTIE.
VOYAGE
AU PAYS DES HOUYHNHNMS.

CHAPITRE PREMIER.

L'auteur entreprend encore un voyage en qualité de capitaine de vaisseau. Son équipage se révolte, l'enferme, l'enchaîne, & puis le met à terre sur un rivage inconnu. Description des Yahous. Deux Houyhnhnms viennent au-devant de lui.

JE passai cinq mois fort doucement avec ma femme & mes enfans, & je puis dire qu'alors j'étois heureux, si j'avois pu connoître que je l'étois. Mais je fus malheureusement tenté de faire encore un voyage, sur-tout lorsqu'on m'eut offert le titre flatteur de capitaine sur l'Aventure, vaisseau marchand de trois cents cinquante tonneaux. J'entendois parfaitement la navigation; & d'ailleurs j'étois las du titre subalterne de chirurgien de vaisseau. Je ne renonçai pourtant pas à la profession, & je fus l'exercer dans la suite, quand l'occasion s'en présenta. Aussi me contentai-je de mener avec moi dans ce voyage, un jeune garçon chirurgien. Je dis adieu à ma pauvre femme qui étoit grosse, m'étant embarqué à Portsmouth, je mis à la voile le 2 novembre 1710.

Les maladies m'enlevèrent pendant la route une partie de mon équipage, en sorte que je fus obligé de faire une recrue aux Barbades & aux isles de Leeward, où les négocians dont je tenois ma commission, m'avoient donné ordre de mouiller. Mais j'eus bientôt lieu de me repentir d'avoir fait cette maudite recrue, dont la plus grande partie étoit composée de bandits qui avoient été boucaniers. Ces coquins débauchèrent le reste de mon équipage, & tous ensemble complotèrent de se saisir de ma personne & de mon vaisseau. Un matin donc ils entrèrent dans ma chambre, se jettèrent sur moi, me lièrent & me menacèrent de me jetter dans la mer, si j'osois faire la moindre résistance. Je leur dis que mon sort étoit entre leurs mains, & que je consentois d'avance à tout ce qu'ils voudroient. Ils m'obligèrent d'en faire serment, & puis me délièrent, se contentant de m'enchaîner un pied au bois de mon lit, & de poster un sentinelle à la porte de ma chambre, qui avoit ordre de me casser la tête si j'eusse fait quelque tentative pour me mettre en liberté. Leur projet étoit d'exercer la piraterie avec mon vaisseau, & de donner la chasse aux Espagnols; mais pour cela ils n'étoient pas assez forts d'équipage, ils résolurent de vendre d'abord la cargaison du vaisseau, & d'aller à Madagascar pour augmenter leur troupe. Cependant j'étois prisonnier dans ma chambre, fort inquiet du fort qu'on me préparoit.

Le neuf de Mai mil sept cent onze, un certain Jacques Welch entra, & me dit qu'il avoit reçu ordre de monsieur le capitaine de me mettre à terre. Je voulus, mais inutilement, avoir quelqu'entretien avec lui, & lui faire quelques questions; il refusa même de me dire le nom de celui qu'il appelloit monsieur le capitaine. On me fit descendre dans la chaloupe, après m'avoir permis de faire mon paquet & d'emporter mes hardes. On me laissa mon sabre, & on eut la politesse de ne point visiter mes poches où il y avoit quelque argent. Après avoir fait environ une lieue dans la chaloupe, on me mit sur le rivage. Je demandai à ceux qui m'accompagnoient, quel pays c'étoit. Ma foi, me répondirent-ils, nous ne le savons pas plus que vous; mais prenez garde que la marée ne vous surprenne, adieu. Aussitôt la chaloupe s'éloigna.

Je

Je quittai les sables & montai sur une hauteur pour m'asseoir & délibérer sur le parti que j'avois à prendre. Quand je me fus un peu reposé, j'avançai dans les terres, résolu de me livrer au premier sauvage que je rencontrerois, & de racheter ma vie, si je pouvois, par quelques petites bagues, par quelques bracelets & autres bagatelles, dont les voyageurs ne manquent jamais de se pourvoir, & dont j'avois une certaine quantité dans mes poches.

Je découvris de grands arbres, de vastes herbages & des champs où l'avoine croissoit de tous côtés. Je marchois avec précaution, de peur d'être surpris ou de recevoir quelque coup de flèche. Après avoir marché quelque tems je tombai dans un grand chemin où je remarquai plusieurs pas d'hommes & de chevaux, & quelques-uns de vaches. Je vis en même-tems un grand nombre d'animaux dans un champ, & un ou deux de la même espèce perchés sur un arbre. Leur figure me parut surprénante, & quelques-uns s'étant un approchés, je me cachai derrière un buisson pour les mieux considérer.

De longs cheveux leur tomboient sur le visage; leur poitrine, leur dos & leurs pattes de devant étoient couverts d'un poil épais;

ils avoient de la barbe au menton comme des boucs, mais le reste de leurs corps étoit sans poil, & laissoit voir une peau très-brune. Ils n'avoient point de queue : ils se tenoient tantôt assis sur l'herbe, tantôt couchés & tantôt debout sur leurs pattes de derrière. Ils sautoient, bondissoient & grimpoient aux arbres avec l'agilité des écureuils, ayant des griffes aux pattes de devant & de derrière ; les femelles étoient un peu plus petites que les mâles ; elles avoient de forts longs cheveux, & seulement un peu de duvet en plusieurs endroits de leurs corps. Leurs mamelles pendoient entre leurs deux pattes de devant, & quelquefois touchoient la terre, lorsqu'elles marchoient. Le poil des uns & des autres, étoit de diverses couleurs, brun, rouge, noir & blond. Enfin dans tous mes voyages, je n'avois jamais vu d'animal si difforme & si dégoûtant.

Après les avoir suffisamment considérés, je suivis le grand chemin dans l'espérance qu'il me conduiroit à quelque hutte d'Indien. Ayant un peu marché, je rencontrai au milieu du chemin un de ces animaux qui venoit directement à moi. A mon aspect il s'arrêta, fit une infinité de grimaces, & parût me regarder comme une espèce d'animal qui lui étoit inconnue : ensuite il s'approcha & leva sur moi sa patte de devant. Je tirai mon sabre & le frappai du plat, ne voulant pas le blesser, de peur d'offenser ceux à qui ces animaux pouvoient appartenir. L'animal se sentant frappé, se mit à fuir & à crier si haut, qu'il attira une quarantaine d'animaux de sa sorte, qui accoururent vers moi, en me faisant des grimaces horribles. Je courus vers un arbre & me mis le dos contre, tenant mon sabre devant moi : aussi-tôt ils sautèrent aux branches de l'arbre, & commencèrent à décharger sur moi leur ordure. Mais tout-à-coup ils se mirent tous à fuir.

Alors je quittai l'arbre & poursuivis mon chemin, étant assez surpris qu'une terreur soudaine leur eût ainsi fait prendre la fuite. Mais regardant à gauche, je vis un cheval marchant gravement au milieu d'un champ : c'étoit la vue de ce cheval qui avoit fait décamper si vîte la troupe qui m'assiégeoit. Le cheval s'étant approché de moi, s'arrêta, recula : & ensuite me regarda fixement, paroissant un peu étonné. Il me considéra de tous côtés, tournant plusieurs fois autour de moi. Je voulus avancer, mais il se mit vis-à-vis de moi dans le chemin, me regardant d'un œil doux, & sans me faire aucune violence. Nous nous considérâmes l'un l'autre pendant un peu de tems;

enfin je pris la hardieſſe de lui mettre la main ſur le cou, pour le flatter, ſifflant & parlant à la façon des palfreniers, lorſqu'ils veulent carreſſer un cheval. Mais l'animal ſuperbe dédaignant mon honnêteté & ma politeſſe, fronça ſes ſourcils & leva fièrement un de ſes pieds de devant, pour m'obliger à retirer ma main trop familière. En même-tems il ſe mit à hennir trois ou quatre fois, mais avec des accents ſi variés, que je commençai à croire qu'il parloit un langage qui lui étoit propre, & qu'il y avoit une eſpèce de ſens attaché à ſes divers henniſſemens.

Sur ces entrefaites arriva un autre cheval qui ſalua le premier très-poliment ; l'un & l'autre ſe firent des honnêtetés réciproques, & ſe mirent à hennir en cent façons différentes, qui ſembloient former des ſons articulés. Ils firent enſuite quelques pas enſemble, comme s'ils euſſent voulu conférer ſur quelque choſe : ils alloient & venoient, en marchant gravement côte à côte, ſemblables à des perſonnes qui tiennent conſeil ſur des affaires importantes ; mais ils avoient toujours l'œil ſur moi, comme s'ils euſſent pris garde que je ne m'enfuye.

Surpris de voir des bêtes ſe comporter ainſi, je me dis à moi-même : puiſqu'en ce pays-ci les bêtes ont tant de raison, il faut que les hommes y soient raisonnables au suprême dégré. Cette réflexion me donna tant de courage, que je résolus d'avancer dans le pays, jusqu'à ce que j'eusse découvert quelque village ou quelque maison, & que j'eusse rencontré quelqu'habitant, & de laisser là les deux chevaux discourir ensemble, tant qu'il leur plairoit. Mais l'un des deux qui étoit gris-pommelé, voyant que je m'en allois, se mit à hennir après moi d'une façon si expressive, que je crus entendre ce qu'il vouloit; je me retournai & m'approchai de lui, dissimulant mon embarras & mon trouble, autant qu'il m'étoit possible; car, dans le fond, je ne savois ce que tout cela deviendroit; & c'est ce que le lecteur peut aisément s'imaginer.

Les deux chevaux me ferrèrent de près, & se mirent à considérer mon visage & mes mains. Mon chapeau paroissoit les surprendre, aussi bien que les pans de mon juste-au-corps. Le gris-pommelé se mit à flatter ma main droite, paroissant charmé & de la douceur & de la couleur de ma peau; mais il la serra si fort entre son sabot & son pâturon, que je ne pus m'empêcher de crier de toute ma force, ce qui m'attira mille autres caresses pleines d'amitié. Mes souliers & mes bas leur donnoient de grandes inquiétudes; ils les flairèrent & les tâtèrent plusieurs fois, & firent à ce sujet plusieurs gestes semblables à ceux d'un philosophe qui veut entreprendre d'expliquer un phénomène.

Enfin la contenance & les manières de ces deux animaux me parurent si raisonnables, si sages, si judicieuses, que je conclus en moi-même qu'il falloit que ce fussent des enchanteurs qui s'étoient ainsi transformés en chevaux avec quelque dessein, & qui, trouvant un étranger sur leur chemin, avoient voulu se divertir un peu à ses dépens, ou avoient peut-être été frappés de sa figure, de ses habits & de ses manières. C'est ce qui me fit prendre la liberté de leur parler en ces termes : Messieurs les chevaux, si vous êtes des enchanteurs, comme j'ai lieu de le croire, vous entendez toutes les langues, ainsi j'ai l'honneur de vous dire en la mienne, que je suis un pauvre Anglois, qui, par malheur, ai échoué sur ces côtes, & qui vous prie l'un ou l'autre, si pourtant vous êtes de vrais chevaux, de vouloir souffrir que je monte sur vous pour chercher quelque village ou quelque maison où je me puisse retirer. En reconnoissance je vous offre ce petit couteau & ce bracelet

Les deux animaux parurent écouter mon discours avec attention ; & , quand j'eus fini, ils se mirent à hennir tour-à-tour, tournés l'un vers l'autre. Je compris alors clairement que leurs hennissemens étoient significatifs, & renfermoient des mots dont on pourroit, peut-être, dresser un alphabet aussi aisé que celui des Chinois.

Je les entendis souvent répéter le mot Yahou, dont je distinguai le son, sans en distinguer le sens ; quoique, tandis que les chevaux s'entretenoient, j'eusse essayé plusieurs fois d'en chercher la signification. Lorsqu'ils eurent cessé de parler, je me mis à crier de toute ma force, Yahou, Yahou, tâchant de les imiter. Cela parut les surprendre extrêmement ; & alors le gris-pommelé répétant deux fois le même mot, sembla vouloir m'apprendre comment il le falloit prononcer ; je répétai après lui le mieux qu'il me fut possible, & il me parut que, quoique je fusse très-éloigné de la perfection de l'accent & de la prononciation, j'avois pourtant fait quelque progrès. L'autre cheval, qui étoit bai, sembla vouloir m'apprendre un autre mot beaucoup plus difficile à prononcer, & qui étant réduit à l'orthographe angloise, peut ainsi s'écrire houyhnhnm. Je ne réussis pas si bien d'abord dans la prononciation de ce mot, que dans celle du premier; mais après quelques essais, cela alla mieux, & les deux chevaux me trouvèrent de l'intelligence.

Lorsqu'ils se furent encore un peu entretenus (sans doute à mon sujet), ils prirent congé l'un de l'autre avec la même cérémonie qu'ils s'étoient abordés. Le bai me fit signe de marcher devant lui, ce que je jugeai à propos de faire, jusqu'à ce que j'eusse trouvé un autre conducteur. Comme je marchois fort lentement, il se mit à hennir, hhuum hhuum. Je compris sa pensée, & lui donnai à entendre, comme je le pus, que j'étois bien las & avois de la peine à marcher; sur quoi il s'arrêta charitablement, pour me laisser reposer.

CHAPITRE II.

L'auteur est conduit au logis d'un Houyhnhnm: comment il y est reçu. Quelle étoit la nourriture des Houyhnhnms. Embarras de l'auteur pour trouver de quoi se nourrir.

APRÈS avoir marché environ trois milles, nous arrivâmes à un endroit où il y avoit une grande maison de bois fort basse & couverte de paille. Je commençai aussi-tôt à tirer de ma poche les petits présens que je destinois aux hôtes de cette maison, pour en être reçu plus honnêtement. Le cheval me fit poliment entrer le premier dans une grande salle très-propre, où pour tout meuble il y avoit un ratelier & une auge. J'y vis trois chevaux entiers avec deux cavales qui ne mangeoient point, & qui étoient assis sur leurs jarrets. Sur ces entrefaites le gris-pommelé arriva, & en entrant se mit à hennir d'un ton de maître. Je traversai avec lui deux autres salles de plain-pied, & dans la dernière mon conducteur me fit signe d'attendre, & passa dans une chambre qui étoit proche. Je m'imaginai alors qu'il falloit que le maître de cette maison fût une personne de qualité, puisqu'on me faisoit ainsi attendre en cérémonie dans l'anti-chambre. Mais en même-tems je ne pouvois concevoir qu'un homme de qualité eût des chevaux pour valets-de-chambre. Je craignis alors d'être devenu fou, & que mes malheurs ne m'eussent fait entièrement perdre l'esprit. Je regardai attentivement autour de moi, & me mis à considérer l'anti-chambre, qui étoit à-peu-près meublée comme la première salle. J'ouvrois de grands yeux, je regardois fixement tout ce qui m'environnoit, & je voyois toujours la même chose. Je me pinçai les bras, je me mordis les lèvres, je me battis les flancs, pour m'éveiller en cas que je fuffe endormi ; & comme c'étoient toujours les mêmes objets qui me frappoient les yeux, je conclus qu'il y avoit là de la diablerie & de la plus haute magie.

Tandis que je faifois ces réflexions, le gris-pommelé revint à moi dans le lieu où il m'avoit laiffé, & me fit figne d'entrer avec lui dans la chambre, où je vis fur une natte très-propre & très-fine une belle cavale, avec un beau poulain & une belle petite jument, tous appuyés modeftement fur leurs hanches. La cavale fe leva à mon arrivée, & s'approcha de moi ; & après avoir confidéré attentivement mon vifage & mes mains, me tourna le derrière d'un air dédaigneux, & fe mit à hennir, en prononçant fouvent le mot yahou. Je compris bientôt, malgré moi, le fens funefte de ce mot; car le cheval qui m'avoit introduit me faifant figne de la tête, & me répétant fouvent le mot hhuum, hhuum, me conduifit dans une efpèce de baffe-cour, où il y avoit un autre bâtiment à quelque diftance de la maifon. La première chofe qui me frappa les yeux, ce furent trois de ces maudits animaux que j'avois vus d'abord dans un champ, & dont j'ai fait plus haut la defcription : ils étoient attachés par le cou, & mangeoient des racines & de la chair d'âne, de chien & de vache morte (comme je l'ai appris depuis), qu'ils tenoient entre leurs griffes, & qu'ils déchiroient avec leurs dents.

Le maître cheval commanda alors à un petit bidet alezan, qui étoit un de ses laquais, de délier le plus grand de ces animaux & de l'amener. On nous mit tous deux côte à côte, pour mieux faire la comparaison de lui à moi, & ce fut alors que le mot de yahou fut répété plusieurs fois, ce qui me donna à entendre que ces animaux s'appelloient yahous. Je ne puis exprimer ma surprise & mon horreur, lorsqu'ayant considéré de près cet animal, je remarquai en lui tous les traits & toute la figure d'un homme, excepté qu'il avoit le visage large & plat, le nez écrasé, les lèvres épaisses, & la bouche très-grande. Mais cela est ordinaire à toutes les nations sauvages, parce que les mères couchent leurs enfans, le visage tourné contre terre, les portent sur leur dos, & leur battent le nez avec leurs épaules. Ce yahou avoit les pattes de devant semblables à mes mains, si ce n'est qu'elles étoient armées d'ongles fort grands, & que la peau en étoit brune, rude & couverte de poil. Ses jambes ressembloient aussi aux miennes, avec les mêmes différences. Cependant mes bas & mes souliers avoient fait croire à messieurs les chevaux, que la différence étoit beaucoup plus grande. A l'égard du reste du corps, c'étoit en vérité la même chose, excepté par rapport à la couleur & au poil.

Quoi qu'il en soit, ces messieurs n'en jugeoient pas de même, parce que mon corps étoit vêtu, & qu'ils croyoient que mes habits étoient ma peau même, & une partie de ma substance, en sorte qu'ils trouvoient que j'étois, par cet endroit, fort différent de leurs Yahous. Le petit laquais bidet, tenant une racine entre son sabot & son paturon, me la présenta. Je la pris, & en ayant goûté, je la lui rendis sur le champ, avec le plus de politesse qu'il me fut possible. Aussi-tôt il alla chercher, dans la loge des Yahous, un morceau de chair d'âne, & me l'offrit. Ce mets me parut si détestable & si dégoûtant, que je n'y voulus point toucher, & témoignai même qu'il me faisoit mal au cœur. Le bidet jetta le morceau au Yahou, qui sur le champ le dévora avec un grand plaisir. Voyant que la nourriture des Yahous ne me convenoit point, il s'avisa de me présenter de la sienne, c'est-à-dire, du foin & de l'avoine. Mais je secouai la tête, & lui fis entendre que ce n'étoit pas là un mets pour moi. Alors portant un de ses pieds de devant à sa bouche, d'une façon très-surprenante & pourtant très-naturelle, il me fit des signes pour me faire comprendre qu'il ne savoit comment me nourrir, & pour me demander ce que je voulois donc manger. Mais je ne pus lui faire entendre ma pensée par mes signes ; & quand je l'aurois pu, je ne voyois pas qu'il eût été en état de me satisfaire.

Sur ces entrefaites une vache passa ; je la montrai du doigt, & fis entendre, par un signe expressif, que j'avois envie de l'aller traire. On me comprit, & aussi-tôt on me fit entrer dans la maison, où l'on ordonna à une servante, c'est-à-dire, à une jument, de m'ouvrir une salle, où je trouvai une grande quantité de terrines pleines de lait, rangées très-proprement. J'en bus abondamment, & pris ma réfection fort à mon aise & de grand courage.

Sur l'heure de midi, je vis arriver vers la maison une espèce de chariot ou de carrosse tiré par quatre Yahous. Il y avoit dans ce carrosse un vieux cheval qui paroissoit un personnage de distinction ; il venoit rendre visite à mes hôtes, & dîner avec eux. Ils le reçurent fort civilement, & avec de grands égards. Ils dînèrent ensemble dans la plus belle salle ; & outre du foin & de la paille qu'on leur servit d'abord, on leur servit encore de l'avoine bouillie dans du lait. Leur auge, placée au milieu de la salle, étoit disposée circulairement, à-peu-près comme le tour d'un pressoir de Normandie, & divisée en plusieurs compartimens, autour desquels ils étoient rangés, assis sur leurs hanches, & appuyés sur des bottes de paille. Chaque compartiment avoit un râtelier qui lui répondoit, ensorte que chaque cheval & chaque cavale mangeoit sa portion avec beaucoup de décence & de propreté. Le poulain & la petite jument, enfans du maître & de la maîtresse du logis, étoient à ce repas, & il paroissoit que leur père & leur mère étoient fort attentifs à les faire manger. Le gris-pommelé m'ordonna de venir auprès de lui, & il me sembla s'entretenir long-tems à mon sujet avec son ami, qui me regardoit de tems en tems, & répétoit souvent le mot de Yahou.

Depuis quelques momens j'avois mis mes gants : le maître gris-pommelé s'en étant apperçu, & ne voyant plus mes mains telles qu'il les avoit vues d'abord, fit plusieurs signes qui marquoient son étonnement & son embarras. Il me les toucha deux ou trois fois avec son pied, & me fit entendre qu'il souhaitoit qu'elles reprissent leur première figure. Aussitôt je me dégantai : ce qui fit beaucoup parler toute la compagnie, & leur inspira de l'affection pour moi. J'en ressentis bientôt les effets. On s'appliqua à me faire prononcer certains mots que j'entendois, & on m'apprit les noms de l'avoine, du lait, du feu, de l'eau, & de plusieurs autres choses. Je retins tous ces noms, & ce fut alors plus que jamais, que je fis usage de cette prodigieuse facilité que la nature m'a donnée pour apprendre les langues.

Lorsque le dîner fut fini, le maître cheval me prit en particulier ; & , par des signes joints à quelques mots, me fit entendre la peine qu'il ressentoit de voir que je ne mangeois point, & que je ne trouvois rien qui fût de mon goût. *Hlunnh* dans leur langue, signifie de l'avoine. Je prononçai ce mot deux ou trois fois ; car, quoique j'eusse d'abord refusé l'avoine qui m'avoit été offerte, cependant, après y avoir réfléchi, je jugeai que je pouvois m'en faire une sorte de nourriture, en la mêlant avec du lait, & que cela me sustenteroit jusqu'à ce que je trouvasse l'occasion de m'échapper, & que je rencontrasse des créatures de mon espèce. Aussi-tôt le cheval donna ordre à une servante, qui étoit une jolie jument blanche, de m'apporter une bonne quantité d'avoine dans un plat de bois. Je fis rôtir cette avoine comme je pus, ensuite je la frottai jusqu'à ce que je lui eusse fait perdre son écorce ; puis je tâchai de la vanner : je me mis après cela à l'écraser entre deux pierres ; je pris de l'eau, & j'en fis une espèce de gâteau, que je fis cuire, & que je mangeai tout chaud, en le trempant dans du lait.

Ce fut d'abord pour moi un mets très-insipide, (quoique ce soit une nourriture ordinaire en plusieurs endroits de l'Europe), mais je m'y accoutumai avec le tems; &, m'étant trouvé souvent dans ma vie réduit à des états fâcheux, ce n'étoit pas la première fois que j'avois éprouvé qu'il faut peu de chose pour contenter les besoins de la nature, & que le corps se fait à tout. J'observerai ici que, tant que je fus dans ce pays des chevaux, je n'eus pas la moindre indisposition. Quelquefois, il est vrai, j'allois à la chasse des lapins & des oiseaux, que je prenois avec des filets de cheveux d'Yahou: quelquefois je cueillois des herbes, que je faisois bouillir ou que je mangeois en salade, & de tems en tems je faisois du beurre. Ce qui me causa beaucoup de peine d'abord, fut de manquer de sel; mais je m'accoutumai à m'en passer; d'où je conclus que l'usage du sel est l'effet de notre intempérance, & n'a été introduit que pour exciter à boire; car il est à remarquer que l'homme est le seul animal qui mêle du sel dans ce qu'il mange. Pour moi, quand j'eus quitté ce pays, j'eus beaucoup de peine à en reprendre le goût.

C'est assez parler, je crois, de ma nourriture.

ture. Si je m'étendois pourtant plus au long fur ce fujet, je ne ferois, ce me femble, que ce que font dans leurs relations la plupart des voyageurs, qui s'imaginent qu'il importe fort au lecteur de favoir s'ils ont fait bonne chère ou non. Quoiqu'il en foit, j'ai cru que ce détail fuccinct de ma nourriture étoit néceffaire pour empêcher le monde de s'imaginer qu'il m'a été impoffible de fubfifter pendant trois ans dans un tel pays, & parmi de tels habitans.

Sur le foir, le maître cheval me fit donner une chambre à fix pas de la maifon, & féparée du quartier des Yahous. J'y étendis quelques bottes de paille, & me couvris de mes habits, enforte que j'y paffai la nuit fort bien, & y dormis tranquillement. Mais je fus bien mieux dans la fuite, comme le lecteur verra ci-après, lorfque je parlerai de ma manière de vivre en ce pays-là.

CHAPITRE III.

L'auteur s'applique à apprendre bien la langue, & le Houyhnhnm son maître s'applique à la lui enseigner. Plusieurs Houyhnhnms viennent voir l'auteur par curiosité. Il fait à son maître un récit succinct de ses voyages.

JE m'appliquai extrêmement à apprendre la langue que le Houyhnhnm mon maître, (c'est ainsi que je l'appellerai désormais), ses enfans & tous ses domestiques avoient beaucoup d'envie de m'enseigner. Ils me regardoient comme un prodige, & étoient surpris qu'un animal brute eût toutes les manières, & donnât tous les signes naturels d'un animal raisonnable. Je montrois du doigt chaque chose, & en demandois le nom, que je retenois dans ma mémoire, & que je ne manquois pas d'écrire sur mon petit registre de voyage, lorsque j'étois seul. A l'égard de l'accent, je tâchois de le prendre, en écoutant attentivement. Mais le bidet Alezan m'aida beaucoup.

Il faut avouer que la prononciation de cette langue me parut très-difficile. Les Houyhnhnms parlent en même tems du nez & de la gorge;

& leur langue, également nazale & gutturale, approche beaucoup de celle des Allemands, mais est beaucoup plus gracieuse & bien plus expressive. L'empereur Charles-Quint avoit fait cette curieuse observation; aussi disoit-il que s'il avoit à parler à son cheval, il lui parleroit allemand.

Mon maître avoit tant d'impatience de me voir parler sa langue, pour pouvoir s'entretenir avec moi, & satisfaire sa curiosité, qu'il employoit toutes ses heures de loisir à me donner des leçons, & à m'apprendre tous les termes, tous les tours, & toutes les finesses de cette langue. Il étoit convaincu, comme il me l'a avoué depuis, que j'étois un Yahou. Mais ma propreté, ma politesse, ma docilité, ma disposition à apprendre l'étonnoient. Il ne pouvoit allier ces qualités avec celles d'un Yahou, animal grossier, mal-propre & indocile. Mes habits lui causoient aussi beaucoup d'embarras, s'imaginant qu'ils étoient une partie de mon corps; car je ne me déshabillois le soir pour me coucher, que lorsque toute la maison étoit endormie; & je me levois le matin, & m'habillois avant qu'aucun fût éveillé. Mon maître avoit envie de connoître de quel pays je venois, où & comment j'avois acquis cette espèce de raison qui paroissoit dans toutes mes manières, & de savoir enfin mon histoire. Il se flattoit d'apprendre bientôt tout cela, vu le progrès que je faisois de jour en jour dans l'intelligence & dans la prononciation de la langue. Pour aider un peu ma mémoire, je formai un alphabet de tous les mots que j'avois appris, & j'écrivis tous ces termes avec l'anglois au-dessous. Dans la suite, je ne fis point difficulté d'écrire, en présence de mon maître, les mots & les phrases qu'il m'apprennoit. Mais il ne pouvoit comprendre ce que je faisois, parce que les Houyhnhnms n'ont aucune idée de l'écriture.

Enfin, au bout de dix semaines, je me vis en état d'entendre plusieurs de ses questions; &, trois mois après, je fus assez habile pour lui répondre passablement. Une des premières questions qu'il me fit, lorsqu'il me crut en état de lui répondre, fut de me demander de quel pays je venois, & comment j'avois appris à contrefaire l'animal raisonnable, n'étant qu'un Yahou. Car ces Yahous, auxquels il trouvoit que je ressemblois par le visage & par les pattes de devant, avoient bien, disoit-il, une espèce de connoissance, avec des ruses & de la malice; mais ils n'avoient point cette conception & cette docilité qu'il remarquoit en moi. Je lui répondis que je venois de fort loin, & que j'avois traversé les mers avec plusieurs autres de mon espèce, porté dans un grand bâtiment de bois ; que mes compagnons m'avoient mis à terre sur cette côte, & m'avoient abandonné. Il me fallut alors joindre au langage plusieurs signes pour me faire entendre. Mon maître me répliqua, qu'il falloit que je me trompasse, & que *j'avois dit la chose qui n'étoit pas*, c'est-à-dire, que je mentois. (Les Houyhnhnms, dans leur langue, n'ont point de mot pour exprimer le mensonge ou la fausseté). Il ne pouvoit comprendre qu'il y eût des terres au-delà des eaux de la mer, & qu'un vil troupeau d'animaux pût faire flotter sur cet élément un grand bâtiment de bois, & le conduire à leur gré. A peine, disoit-il, un Houyhnhnm en pourroit-il faire autant, & sûrement il n'en confieroit pas la conduite à des Yahous.

Ce mot Houyhnhnm, dans leur langue, signifie cheval, & veut dire, selon son étimologie, la perfection de la nature. Je répondis à mon maître, que les expressions me manquoient ; mais que, dans quelque tems, je serois en état de lui dire des choses qui le surprendroient beaucoup. Il exhorta madame la cavalle son épouse, messieurs ses enfans le poulain & la jument, & tous ses domestiques, à concourir tous avec zèle à me perfectionner dans la langue, & tous les jours il y consacroit lui-même deux ou trois heures.

Plusieurs chevaux & cavales de distinction vinrent alors rendre visite à mon maître, excités par la curiosité de voir un Yahou surprenant, qui, à ce qu'on leur avoit dit, parloit comme un Houyhnhnm, & faisoit reluire dans ses paroles & dans ses manières des étincelles de raison. Ils prenoient plaisir à me parler & à me faire des questions à ma portée, auxquelles je répondois comme je pouvois. Tout cela contribuoit à me fortifier dans l'usage de la langue; ensorte qu'au bout ce cinq mois, j'entendois tout ce qu'on me disoit; & m'exprimois assez bien sur la plupart des choses.

Quelques Houyhnhnms qui venoient à la maison pour me voir & me parler, avoient de la peine à croire que je fusse un vrai Yahou, parce que, disoient-ils, j'avois une peau différente de ces animaux: ils ne me voyoient, ajoutoient-ils, une peau à-peu-près semblable à celle des Yahous, que sur le visage & sur les pattes de devant, mais sans poil. Mon maître savoit bien ce qui en étoit; car une chose qui étoit arrivée environ quinze jours auparavant, m'avoit obligé de lui découvrir ce mystère que je lui avois toujours caché jusqu'alors, de peur qu'il ne me prît pour un vrai Yahou, & qu'il ne me mît dans leur compagnie.

J'ai déja dit au lecteur, que tous les soirs, quand toute la maison étoit couchée, ma coutume étoit de me déshabiller, & de me couvrir de mes habits. Un jour mon maître m'envoya, de grand matin, son laquais le bidet Alezan. Lorsqu'il entra dans ma chambre, je dormois profondément ; mes habits étoient tombés, & ma chemise étoit retroussée ; je me réveillai au bruit qu'il fit, & je remarquai qu'il s'acquittoit de sa commission d'un air inquiet & embarrassé. Il s'en retourna aussitôt vers son maître, & lui raconta confusément ce qu'il avoit vu. Lorsque je fus levé, j'allai souhaiter le bon jour à son *honneur* (c'est le terme dont on se sert parmi les Houyhnhnms, comme nous nous servons de ceux d'altesse, de grandeur & de révérence) ; il me demanda d'abord ce que c'étoit que son laquais lui avoit raconté ce matin : qu'il lui avoit dit que je n'étois pas le même endormi qu'éveillé ; & que, lorsque j'étois couché, j'avois une autre peau que debout.

J'avois jusques-là caché ce secret, comme j'ai dit, pour n'être point confondu avec la maudite & infâme race des Yahous. Mais, hélas ! il fallut alors me découvrir malgré moi. D'ailleurs, mes habits & mes souliers commençoient à s'user ; &, comme il m'auroit fallu bientôt les remplacer par la peau d'un Yahou, ou de quelque autre animal, je prévoyois que mon secret ne seroit pas encore long-tems caché. Je dis donc à mon maître, que, dans le pays d'où je venois, ceux de mon espèce avoient coutume de se couvrir le corps du poil de certains animaux, préparé avec art, soit pour l'honnêteté & la bienséance, soit pour se défendre contre la rigueur des saisons. Que, pour ce qui me regardoit, j'étois prêt à lui faire voir clairement ce que je venois de lui dire; que je m'allois dépouiller, & ne lui cacherois seulement que ce que la nature nous défend de faire voir. Mon discours parut l'étonner: il ne pouvoit, sur-tout, concevoir que la nature nous obligeât à cacher ce qu'elle nous avoit donné. La nature, disoit-il, nous a-t-elle fait des présens honteux, furtifs & criminels? Pour nous, ajouta-t-il, nous ne rougissons point de ses dons, & ne sommes point honteux de les exposer à la lumière. Cependant, reprit-il, je ne veux pas vous contraindre.

Je me déshabillai donc honnêtement pour satisfaire la curiosité de son honneur, qui donna de grands signes d'admiration, en voyant la configuration de toutes les parties honnêtes de mon corps. Il leva tous mes vêtemens les uns après les autres, les prenant entre son sabot &

son paturon, & les examina attentivement; il me flatta, me carressa & tourna plusieurs fois autour de moi. Après quoi il me dit gravement qu'il étoit clair que j'étois un vrai Yahou, & que je ne différois de tous ceux de mon espèce, qu'en ce que j'avois la chair moins dure & plus blanche, avec une peau plus douce; qu'en ce que je n'avois point de poil sur la plus grande partie de mon corps; que j'avois les griffes plus courtes & un peu autrement configurées; & que j'affectois de ne marcher que sur mes pieds de derrière. Il n'en voulut pas voir davantage, & me laissa m'habiller, ce qui me fit plaisir, car je commençois à avoir froid.

Je témoignai à son honneur, combien il me mortifioit de me donner sérieusement le nom d'un animal infâme & odieux. Je le conjurai de vouloir bien m'épargner une dénomination si ignominieuse, & de recommander la même chose à sa famille, à ses domestiques & à tous ses amis : mais ce fut en vain. Je le priai en même tems de vouloir bien ne faire part à personne du secret que je lui avois découvert touchant mon vêtement, au moins tant que je n'aurois pas besoin d'en changer; & que pour ce qui regardoit le laquais Alezan, son honneur pouvoit lui ordonner de ne point parler de ce qu'il avoit vu.

Il me promit le secret, & la chose fut toujours tenue cachée, jusqu'à ce que mes habits fussent usés, & qu'il me fallût chercher de quoi me vêtir, comme je dirai dans la suite. Il m'exhorta en même tems à me perfectionner encore dans la langue, parce qu'il étoit beaucoup plus frappé de me voir parler & raisonner, que de me voir blanc & sans poil, & qu'il avoit une envie extrême d'apprendre de moi ces choses admirables que je lui avois promis de lui expliquer. Depuis ce tems-là il prit encore plus de soin de m'instruire. Il me menoit avec lui dans toutes les compagnies, & me faisoit par-tout traiter honnêtement, & avec beaucoup d'égards, afin de me mettre de bonne humeur (comme il me le dit en particulier,) & de me rendre plus agréable & plus divertissant.

Tous les jours, lorsque j'étois avec lui, outre la peine qu'il prenoit de m'enseigner la langue, il me faisoit mille questions à mon sujet, auxquelles je répondois de mon mieux, ce qui lui avoit déjà donné quelques idées générales & imparfaites de ce que je lui devois dire en détail dans la suite. Il seroit inutile d'expliquer ici, comment je parvins enfin à pouvoir lier avec lui une conversation longue & sérieuse.

Je dirai seulement que le premier entretien suivi que j'eus, fut tel qu'on va voir.

Je dis à son honneur, que je venois d'un pays très-éloigné, comme j'avois déjà essayé de lui faire entendre, accompagné d'environ cinquante de mes semblables : que dans un vaisseau, c'est-à-dire, dans un bâtiment formé avec des planches, nous avions traversé les mers ; je lui décrivis la forme de ce vaisseau, le mieux qu'il me fut possible, & ayant déployé mon mouchoir, je lui fis comprendre comment le vent qui enfloit les voiles, nous faisoit avancer : je lui dis qu'à l'occasion d'une querelle qui s'étoit élevée parmi nous, j'avois été exposé sur le rivage de l'île où j'étois actuellement ; que j'avois été d'abord fort embarrassé, ne sachant où j'étois, jusqu'à ce que son honneur eût eu la bonté de me délivrer de la persécution des vilains Yahous. Il me demanda alors qui est-ce qui avoit formé ce vaisseau, & comment il se pouvoit que les Houyhnhnms de mon pays en eussent donné la conduite à des animaux brutes. Je répondis qu'il m'étoit impossible de répondre à sa question, & de continuer mon discours, s'il ne me donnoit sa parole, & s'il ne me promettoit sur son honneur & sur sa conscience, de ne point s'offenser de tout ce que je lui dirois; qu'à cette condition seule je pourſuivrois mon diſcours, & lui expoſerois avec ſincérité les choſes merveilleuſes que je lui avois promis de lui raconter.

Il m'aſſura poſitivement qu'il ne s'offenceroit de rien. Alors je lui dis que le vaiſſeau avoit été conſtruit par des créatures qui étoient ſemblables à moi, & qui dans mon pays & dans toutes les parties du monde où j'avois voyagé, étoient les ſeuls animaux maîtres, dominans & raiſonnables; qu'à mon arrivée en ce pays j'avois été extrêmement ſurpris de voir les Houyhnhnms agir comme des créatures douées de raiſon, de même que lui & tous ſes amis étoient fort étonnés de trouver des ſignes de cette raiſon dans une créature qu'il leur avoit plu d'appeler un Yahou, & qui reſſembloit à la vérité à ces vils animaux par ſa figure extérieure, mais non par les qualités de ſon ame. J'ajoutai que ſi jamais le ciel permettoit que je retournaſſe dans mon pays, & que j'y publiaſſe la relation de mes voyages, & particulièrement celle de mon ſéjour chez les Houyhnhnms, tout le monde croiroit que je dirois la choſe qui n'eſt point, & que ce ſeroit une hiſtoire fabuleuſe & impertinente que j'aurois inventée. Enfin, que malgré tout le reſpect que j'avois pour lui, pour toute ſon honorable famille, & pour tous ses amis, j'ofois assurer qu'on ne croiroit jamais dans mon pays qu'un Houyhnhnm fût un animal raisonnable, & qu'un Yahou ne fût qu'une bête.

CHAPITRE IV.

Idées des Houyhnhnms sur la vérité & sur le mensonge. Les discours de l'auteur sont censurés par son maître.

Pendant que je prononçois ces dernières paroles, mon maître paroissoit inquiet, embarrassé, & comme hors de lui-même. Douter & ne point croire ce qu'on entend dire, est parmi les Houyhnhnms une opération d'esprit à laquelle ils ne sont point accoutumés, & lorsqu'on les y force, leur esprit sort, pour ainsi dire, hors de son assiette naturelle. Je me souviens même que m'entretenant quelquefois avec mon maître, au sujet des propriétés de la nature humaine, telle qu'elle est dans les autres parties du monde, & ayant occasion de lui parler du mensonge & de la tromperie, il avoit beaucoup de peine à concevoir ce que je lui voulois dire. Car il raisonnoit ainsi : l'usage de la parole nous a été donné pour nous communiquer les uns aux autres ce que nous pensons, & pour être instruits de ce que nous ignorons. Or, si on dit la chose qui n'est pas, on n'agit point selon l'intention de la nature; on fait un usage abusif de la parole; on parle & on ne parle point. Parler, n'est-ce pas faire entendre ce que l'on pense ? Or, quand vous faites ce que vous appelez mentir, vous me faites entendre ce que vous ne pensez point; au lieu de me dire ce qui est, vous me dites ce qui n'est point : vous ne parlez donc pas : vous ne faites qu'ouvrir la bouche, pour rendre de vains sons ; vous ne me tirez point de mon ignorance, vous l'augmentez. Telle est l'idée que les Houyhnhnms ont de la faculté de mentir, que nous autres humains possédons dans un dégré si parfait & si éminent.

Pour revenir à l'entretien particulier dont il s'agit, lorsque j'eus assuré son honneur que les Yahous étoient dans mon pays les animaux maîtres & dominans, (ce qui l'étonna beaucoup) il me demanda si nous avions des Houyhnhnms, & quel étoit parmi nous leur état & leur emploi. Je lui répondis que nous en avions en très-grand nombre; que pendant l'été ils paissoient dans les prairies, & que pendant l'hiver, ils restoient dans leurs maisons, où ils avoient des Yahous pour les servir, pour peigner leurs crins, pour nettoyer & frotter leur peau, pour laver leurs pieds, pour leur donner à manger. Je vous entends, reprit-il, c'est-à-dire, que quoique vos Yahous se flattent d'avoir un peu de raison, les Houyhnhnms sont toujours les maîtres, comme ici. Plût au ciel seulement que nos Yahous fussent aussi dociles & aussi bons domestiques que ceux de votre pays: mais poursuivez, je vous prie.

Je conjurai son honneur de vouloir me dispenser d'en dire davantage sur ce sujet, parce que je ne pouvois, selon les règles de la prudence, de la bienséance & de la politesse, lui expliquer le reste. Je veux savoir tout, me répliqua-t-il; continuez, & ne craignez point de me faire de la peine. Eh bien, lui dis-je, puisque vous le voulez absolument, je vais vous obéir. Les Houyhnhnms, que nous appellons chevaux, sont parmi nous des animaux très-beaux & très-nobles, également vigoureux, & légers à la course. Lorsqu'ils demeurent chez les personnes de qualité, on leur fait passer le tems à voyager, à courir, à tirer des chars, & on a pour eux toute sorte d'attention & d'amitié, tant qu'ils sont jeunes & qu'ils se portent bien. Mais dès qu'ils commencent à vieillir ou à avoir quelques maux de jambes, on s'en défait aussi-tôt, & on les vend à des

Yahous, qui les occupent à des travaux durs, pénibles, bas & honteux, jusqu'à ce qu'ils meurent. Alors on les écorche, on vend leur peau, & on abandonne leurs cadavres aux oiseaux de proie, aux chiens & aux loups qui les dévorent. Telle est dans mon pays la fin des plus beaux, & des plus nobles Houyhnhnms. Mais ils ne sont pas tous aussi bien traités & aussi heureux dans leur jeunesse, que ceux dont je viens de parler. Il y en a qui logent, dès leurs premières années, chez des laboureurs, chez des chartiers, chez des voituriers, & autres gens semblables, chez qui ils sont obligés de travailler beaucoup, quoique fort mal nourris. Je décrivis alors notre façon de voyager à cheval & l'équipage d'un cavalier. Je peignis, le mieux qu'il me fut possible, la bride, la selle, les éperons, le fouet, sans oublier ensuite tous les harnois des chevaux qui traînent un carosse, une charrette, ou une charrue. J'ajoutai que l'on attachoit au bout des pieds de tous nos Houyhnhnms une plaque d'une certaine substance très-dure, appellé fer, pour conserver leur sabot, & l'empêcher de se briser dans les chemins pierreux.

Mon maître me parut indigné de cette manière brutale dont nous traitions les Houyhnhnms dans notre pays. Il me dit qu'il étoit très-étonné

étonné que nous eussions la hardiesse & l'insolence de monter sur leur dos; que si le plus vigoureux de ses Yahous, osoit jamais prendre cette liberté à l'égard du plus petit Houyhnhnms de ses domestiques, il seroit sur le champ renversé par terre, foulé, écrasé, brisé. Je lui répliquai que nos Houyhnhnms étoient ordinairement domptés & dressés à l'âge de trois ou quatre ans, & que si quelqu'un d'eux étoit indocile, rebelle & rétif, on l'occupoit à tirer des charrettes, à labourer la terre, & qu'on l'accabloit de coups : que les mâles destinés à porter la selle ou à tirer des carrosses, étoient ordinairement coupés deux ans après leur naissance, pour les rendre plus doux & plus dociles ; qu'ils étoient sensibles aux récompenses & aux châtimens, & que pourtant ils étoient dépourvus de raison, ainsi que les Yahous de son pays.

J'eus beaucoup de peine à faire entendre tout cela à mon maître, & il me fallut user de beaucoup de circonlocutions, pour exprimer mes idées, parce que la langue des Houyhnhnms n'est pas riche, & que comme ils ont peu de passions, ils ont aussi peu de termes. Car ce sont les passions multipliées & subtilisées qui forment la richesse, la variété & la délicatesse d'une langue.

V.

Il est impossible de représenter l'impression que mon discours fit sur l'esprit de mon maître, & le noble courroux dont il fut saisi, lorsque je lui eus exposé la manière dont nous traitions les Houyhnhnms, & particulièrement notre usage de les couper pour les rendre plus dociles, & pour les empêcher d'engendrer. Il convint que s'il y avoit un pays où les Yahous fussent les seuls animaux raisonnables, il étoit juste qu'ils y fussent les maîtres, & que tous les autres animaux se soumissent à leurs loix, vu que la raison doit l'emporter sur la force. Mais considérant la figure de mon corps, il ajouta qu'une créature telle que moi étoit trop mal faite, pour pouvoir être raisonnable, ou au moins pour pouvoir se servir de sa raison dans la plupart des choses de la vie. Il me demanda en même tems si tous les Yahous de mon pays me ressembloient? Je lui dis que nous avions tous à-peu-près la même figure, & que je passois pour assez bien fait; que les jeunes mâles & les femelles avoient la peau plus fine & plus délicate; & que celle des femelles étoit ordinairement, dans mon pays, blanche comme du lait. Il me répliqua qu'il y avoit à la vérité quelque différence entre les Yahous de sa basse-cour & moi; que j'étois plus propre qu'eux, & n'étois pas tout-à-fait si laid; mais que par rapport aux avantages solides, il croyoit qu'ils l'emportoient sur moi ; que mes pieds de devant & de derrière étoient nuds, & que le peu de poil que j'y avois, étoit inutile, puisqu'il ne suffisoit pas pour me préserver du froid. Qu'à l'égard de mes pieds de devant, ce n'étoient pas proprement des pieds, puisque je ne m'en servois point pour marcher ; qu'ils étoient foibles & délicats, que je les tenois ordinairement nuds, & que la chose dont je les couvrois de tems en tems, n'étoit ni si forte, ni si dure, que la chose dont je couvrois mes pieds de derriere : que je ne marchois point sûrement, vu que si un de mes pieds de derrière venoit à chopper ou à glisser, il falloit nécessairement que je tombasse. Il se mit alors à critiquer toute la configuration de mon corps, la platitude de mon visage, la proéminence de mon nez, la situation de mes yeux attachés immédiatement au front ; ensorte que je ne pouvois regarder ni à ma droite, ni à ma gauche, sans tourner ma tête : il dit que je ne pouvois manger sans le secours de mes pieds de devant que je portois à ma bouche ; & que c'étoit apparemment pour cela que la nature y avoit mis tant de jointures, afin de suppléer à ce défaut ; qu'il ne voyoit pas de quel usage me pouvoient être tous ces petits membres séparés qui étoient au bout de mes pieds de derrière ; qu'ils étoient assurément trop foibles & trop tendres, pour n'être pas coupés & brisés par les pierres & par les broussailles ; & que j'avois besoin, pour y remédier, de les couvrir de la peau de quelqu'autre bête ; que mon corps nud & sans poils étoit exposé au froid, & que pour l'en garantir, j'étois contraint de le couvrir de poils étangers, c'est-à-dire, de m'habiller & de me déshabiller chaque jour, ce qui étoit, selon lui, la chose du monde la plus ennuyeuse & la plus fatiguante ; qu'enfin il avoit remarqué que tous les animaux de son pays avoient une horreur naturelle des Yahous, & les fuyoient : ensorte que supposant que nous avions dans mon pays reçu de la nature le présent de la raison, il ne voyoit pas comment, même avec elle, nous pouvions guérir cette antipathie naturelle que tous les animaux ont pour ceux de notre espèce, & par conséquent comment nous pouvions en tirer aucun service. Enfin, ajouta-il, je ne veux pas aller plus loin sur cette matière ; je vous quitte de toutes les réponses que vous me pourriez faire, & vous prie seulement de vouloir bien me raconter l'histoire de votre vie, & de me décrire le pays où vous êtes né.

Je répondis que j'étois disposé à lui donner

satisfaction sur tous les points qui intéressoient sa curiosité ; que je doutois fort qu'il me fût possible de m'expliquer assez clairement sur des matières dont son honneur ne pouvoit avoir aucune idée, vu que je n'avois rien remarqué de semblable dans son pays ; que néanmoins je ferois mon possible, & que je tâcherois de m'exprimer par des similitudes & des métaphores, le priant de m'excuser si je ne me servois pas des termes propres.

Je lui dis donc que j'étois né d'honnêtes parens dans une île qu'on appelloit l'Angleterre, qui étoit si éloignée, que le plus vigoureux des Houyhnhnms pourroit à peine faire ce voyage pendant la course annuelle du soleil ; que j'avois d'abord exercé la chirurgie, qui est l'art de guérir les blessures ; que mon pays étoit gouverné par une femelle que nous appellions la reine ; que je l'avois quitté pour tâcher de m'enrichir, & de mettre à mon retour ma famille un peu à son aise ; que, dans le dernier de mes voyages, j'avois été capitaine de vaisseau, ayant environ cinquante Yahous sous moi, dont la plupart étoient morts en chemin, ensorte que j'avois été obligé de les remplacer par d'autres tirés de diverses nations ; que notre vaisseau avoit deux fois été en danger de faire naufrage ; la première fois, par une violente tempête ; & la seconde, pour avoir heurté contre un rocher.

Ici mon maître m'interrompit pour me demander comment j'avois pu engager des étrangers de différentes contrées à se hasarder de venir avec moi, après les périls que j'avois courus, & les pertes que j'avois faites. Je lui répondis que c'étoient tous des malheureux qui n'avoient ni feu, ni lieu, & qui avoient été obligés de quitter leur pays, soit à cause du mauvais état de leurs affaires, soit pour les crimes qu'ils avoient commis ; que quelques-uns avoient été ruinés par les procès, d'autres par la débauche, d'autres par le jeu ; que la plupart étoient des traîtres, des assassins, des voleurs, des empoisonneurs, des brigands, des parjures, des faussaires, des faux-monnoyeurs, des ravisseurs, des suborneurs, des soldats déserteurs, & presque tous des échappés de prison, qu'enfin nul d'eux n'osoit retourner dans son pays, de peur d'y être pendu, ou d'y pourrir dans un cachot.

Pendant ce discours, mon maître fut obligé de m'interrompre plusieurs fois. J'usois de beaucoup de circonlocutions pour lui donner l'idée de tous ces crimes qui avoient obligé la plupart de ceux de ma suite à quitter leur pays. Il ne pouvoit concevoir à quelle intention ces gens-là avoient commis ces forfaits, & ce qui les y avoit pu porter. Pour lui éclaircir un peu cet article, je tâchai de lui donner une idée du defir insatiable que nous avions tous de nous agrandir & de nous enrichir, & des funestes effets du luxe, de l'intempérance, de la malice & de l'envie. Mais je ne pus lui faire entendre tout cela que par des exemples & des hypothèses; car il ne pouvoit comprendre que tous ces vices existassent réellement. Aussi me parut-il comme une personne dont l'imagination est frappée du récit d'une chose qu'elle n'a jamais vue, & dont elle n'a jamais oui parler, qui baisse les yeux, & ne peut exprimer, par ses paroles, sa surprise & son indignation.

Ces idées, pouvoir, gouvernement, guerre, loi, punition, & plusieurs idées pareilles, ne peuvent se représenter dans la langue des Houyhnhnms, que par de longues périphrases. J'eus donc beaucoup de peine, lorsqu'il me fallut faire à mon maître une relation de l'Europe, & particulièrement de l'Angleterre ma patrie.

CHAPITRE V.

L'auteur expose à son maître ce qui ordinairement allume la guerre entre les princes de l'Europe; il lui explique ensuite comment les particuliers se font la guerre les uns aux autres. Portrait des procureurs & des juges d'Angleterre.

LE lecteur observera, s'il lui plaît, que ce qu'il va lire est l'extrait de plusieurs conversations que j'ai eues, en différentes fois, pendant deux années, avec le Houyhnhnm mon maître. Son honneur me faisoit des questions, & exigeoit de moi des récits détaillés, à mesure que j'avançois dans la connoissance & dans l'usage de la langue. Je lui exposai, le mieux qu'il me fut possible, l'état de toute l'Europe. Je discourus sur les arts, sur les manufactures, sur le commerce, sur les sciences ; & les réponses que je fis à toutes ses demandes furent le sujet d'une conversation inépuisable. Mais je ne rapporterai ici que la substance des entretiens que nous eûmes au sujet de ma patrie ; &, y donnant le plus d'ordre qu'il me sera possible, je m'attacherai moins au tems & aux circonstances, qu'à l'exacte vérité. Tout ce qui m'inquiète, est la peine que j'aurai à rendre avec grace & avec énergie les beaux discours de mon maître, & ses raisonnemens solides. Mais je prie le lecteur d'excuser ma foiblesse & mon incapacité, & de s'en prendre aussi un peu à la langue défectueuse dans laquelle je suis à présent obligé de m'exprimer.

Pour obéir donc aux ordres de mon maître, un jour je lui racontai la dernière révolution arrivée en Angleterre par l'invasion du prince d'Orange, & la guerre que ce prince ambitieux fit ensuite au roi de France, le monarque le plus puissant de l'Europe, dont la gloire étoit répandue dans tout l'univers, & qui possédoit toutes les vertus royales. J'ajoutai que la reine Anne, qui avoit succédé au prince d'Orange, avoit continué cette guerre, où toutes les puissances de la chrétienté étoient engagées. Je lui dis que cette guerre funeste avoit pu faire périr jusqu'ici environ un million de Yahous; qu'il y avoit eu plus de cent villes assiégées & prises, & plus de trois cens vaisseaux brulés ou coulés à fond.

Il me demanda alors quelles étoient les causes & les motifs les plus ordinaires de nos querelles, & de ce que j'appellois la guerre. Je répondis que ces causes étoient innombrables, & que je lui en dirois seulement les principales.

Souvent, lui dis-je, c'est l'ambition de certains princes, qui ne croyent jamais posséder assez de terre, ni gouverner assez de peuple. Quelquefois c'est la politique des ministres, qui veulent donner de l'occupation aux sujets mécontents : ç'a été quelquefois le partage des esprits dans le choix des opinions. L'un croit que siffler est une bonne action, l'autre que c'est un crime : l'un dit qu'il faut porter des habits blancs, l'autre qu'il faut s'habiller de noir, de rouges, de gris. L'un dit qu'il faut porter un petit chapeau retroussé, l'autre dit qu'il en faut porter un grand, dont les bords tombent sur les oreilles, &c. (J'imaginai exprès ces exemples chimériques, ne voulant pas lui expliquer les causes véritables de nos dissentions par rapport à l'opinion, vu que j'aurois eu trop de peine & de honte à les lui faire entendre.) J'ajoutai que nos guerres n'étoient jamais plus longues & plus sanglantes, que lorsqu'elles étoient causées par ces opinions diverses, que des cerveaux échauffés savoient faire valoir de part & d'autre, & pour lesquelles ils excitoient à prendre les armes.

Je continuai ainsi : deux princes ont été en guerre, parce que tous deux vouloient dépouiller un troisième de ses états, sans y avoir aucun droit ni l'un ni l'autre. Quelquefois un souverain en a attaqué un autre, de peur d'en être attaqué. On déclare la guerre à son voisin, tantôt parce qu'il est trop fort, tantôt parce qu'il est trop foible. Souvent ce voisin à des choses qui nous manquent, & nous avons des choses aussi qu'il n'a pas: alors on se bat pour avoir tout ou rien. Un autre motif de porter la guerre dans un pays, est lorsqu'on le voit désolé par la famine, ravagé par la peste, déchiré par les factions. Une ville est à la bienséance d'un prince, & la possession d'une petite province arrondit son état: sujet de guerre. Un peuple est ignorant, simple, grossier & foible; on l'attaque, on en massacre la moitié, on réduit l'autre à l'esclavage; & cela pour le civiliser. Une guerre fort glorieuse, est lorsqu'un souverain généreux vient au secours d'un autre qui l'a appellé, & qu'après avoir chassé l'usurpateur, il s'empare lui-même des états qu'il a secourus, tue, met dans les fers, ou bannit le prince qui avoit imploré son assistance. La proximité du sang, les alliances, les mariages, autres sujets de guerre parmi les princes; plus ils sont proches parents, plus ils sont près d'être ennemis. Les nations pauvres sont affamées, les nations riches sont ambitieuses; or l'indigence & l'ambition aiment également les changemens & les révolutions.

Pour toutes ces raisons, vous voyez bien que parmi nous le métier d'un homme de guerre, est le plus beau de tous les métiers. Car qu'est-ce qu'un homme de guerre ? C'est un Yahou payé pour tuer de sang froid ses semblables, qui ne lui ont fait aucun mal.

Vraiment ce que vous venez de me dire des causes ordinaires de vos guerres (me repliqua son honneur) me donne une haute idée de votre raison. Quoi qu'il en soit, il est heureux pour vous, qu'étant si méchants, vous soyez hors d'état de vous faire beaucoup de mal. Car quelque chose que vous m'ayez dit des effets terribles de vos guerres cruelles, où il périt tant de monde, je crois en vérité que vous m'avez dit la chose qui n'est point. La nature vous a donné une bouche plate sur un visage plat: ainsi je ne vois pas comment vous pouvez vous mordre que de gré à gré. A l'égard des griffes que vous avez aux pieds de devant & de derrière, elles sont si foibles & si courtes, qu'en vérité un seul de nos Yahous en déchireroit une douzaine comme vous.

Je ne pus m'empêcher de secouer la tête, & de sourire de l'ignorance de mon maître. Comme je savois un peu l'art de la guerre, je lui fis une ample description de nos canons, de nos coulevrines, de nos mousquets, de nos carabines, de nos pistolets, de nos boulets, de notre poudre, de nos sabres, de nos baïonnettes: je lui peignis les sièges de places, les tranchées, les attaques, les sorties, les mines & les contremines, les assauts, les garnisons passées au fil de l'épée: je lui expliquai nos batailles navales, je lui représentai de gros vaisseaux coulant à fond avec tout leur équipage; d'autres criblés de coups de canon, fracassés & brûlés au milieu des eaux; la fumée, le feu, les ténèbres, les éclairs; le bruit, les gémissemens des blessés, les cris des combattans, les membres sautant en l'air, la mer ensanglantée, & couverte de cadavres. Je lui peignis ensuite nos combats sur terre, où il y avoit encore beaucoup plus de sang versé, & où quarante mille combattans périssoient en un jour de part & d'autre; & pour faire valoir un peu le courage & la bravoure de mes chers compatriotes, je dis que je les avois une fois vus dans un siège faire heureusement sauter en l'air une centaine d'ennemis; & que j'en avois vu sauter encore davantage dans un combat sur mer, ensorte que les membres épars de tous ces Yahous, sembloient tomber des nues, ce qui avoit formé un spectacle fort agréable à nos yeux.

J'allois continuer & faire encore quelque belle description, lorsque son honneur m'ordonna de me taire. Le naturel du Yahou, me dit-il, est si mauvais, que je n'ai point de peine à croire que tout ce que vous venez de raconter ne soit possible, dès que vous lui supposez une force & une adresse égales à sa méchanceté & à sa malice. Cependant, quelque mauvaise idée que j'eusse de cet animal, elle n'approchoit point de celle que vous venez de m'en donner. Votre discours me trouble l'esprit & me met dans une situation où je n'ai jamais été ; je crains que mes sens, effrayés des horribles images que vous leur avez tracées, ne viennent peu-à-peu à s'y accoutumer. Je hais les Yahous de ce pays ; mais après tout, je leur pardonne toutes leurs qualités odieuses, puisque la nature les a faits tels, & qu'ils n'ont point la raison pour se gouverner & se corriger. Mais qu'une créature, qui se flatte d'avoir cette raison en partage, soit capable de commettre des actions si détestables, & de se livrer à des excès si horribles, c'est ce que je ne puis comprendre, & ce qui me fait conclure en même tems que l'état des brutes est encore préférable à une raison corrompue & dépravée. Mais de bonne foi, votre raison est-elle une vraie raison ? n'est-ce point plutôt un talent que la nature vous a donné, pour perfectionner tous vos vices ?

Mais, ajouta-t-il, vous ne m'en avez que trop dit au sujet de ce que vous appellez la guerre. Il y a un autre article qui intéresse ma curiosité. Vous m'avez dit, ce me semble, qu'il y avoit dans cette troupe d'Yahous, qui vous accompagnoit sur votre vaisseau, des misérables que les procès avoient ruinés & dépouillés de tout, & que c'étoit la loi qui les avoit mis en ce triste état. Comment se peut-il que la loi produise de pareils effets? D'ailleurs, qu'est-ce que cette loi? votre nature & votre raison ne vous prescrivent-elles pas assez clairement ce que vous devez faire & ce que vous ne devez point faire?

Je répondis à son honneur que je n'étois pas extrêmement versé dans la science de la loi, que le peu de connoissance que j'avois de la jurisprudence, je l'avois puisé dans le commerce de quelques Avocats que j'avois autrefois consulté sur mes affaires; que cependant j'allois lui débiter sur cet article ce que je savois. Je lui parlai donc ainsi: le nombre de ceux qui s'adonnent à la jurisprudence parmi nous, & qui font profession d'interpréter la loi, est infini, & surpasse celui des chenilles. Ils ont entr'eux toute sorte d'étages, de distinctions & de noms. Comme leur multitude énorme rend leur métier peu lucratif, pour faire ensorte qu'il donne au moins de quoi vivre, ils ont recours à l'industrie & au manége. Ils ont appris, dès leurs premières années, l'art merveilleux de prouver, par un discours entortillé, que le noir est blanc, & que le blanc est noir. Ce sont donc eux qui ruinent & dépouillent les autres par leur habileté, reprit son honneur ? Oui, sans doute, lui répliquai-je, & je vais vous en donner un exemple, afin que vous puissiez mieux concevoir ce que je vous ai dit.

Je suppose que mon voisin a envie d'avoir ma vache, aussitôt il va trouver un procureur, c'est-à-dire un docte interprête de la loi, & lui promet une récompense, s'il peut faire voir que ma vache n'est point à moi. Je suis obligé de m'adresser aussi à un Yahou de la même profession, pour défendre mon droit ; car il n'est pas permis par la loi de me défendre moi-même. Or moi, qui assurément ai de mon côté la justice & le bon droit, je ne laisse pas de me trouver alors dans deux embarras considérables. Le premier est que le Yahou auquel j'ai eu recours pour plaider ma cause, est par état & selon l'esprit de sa profession, accoutumé dès sa jeunesse à soutenir faux ; ensorte qu'il se trouve comme hors de son élément, lorsque je lui donne la vérité pure & nue à défendre ;

il

il ne fait alors comment s'y prendre. Le second embarras eſt que ce même procureur, malgré la ſimplicité de l'affaire dont je l'ai chargé, eſt pourtant obligé de l'embrouiller, pour ſe conformer à l'uſage de ſes confrères, & pour la traîner en longueur autant qu'il eſt poſſible, ſans quoi ils l'accuſeroient de gâter le métier, & de donner mauvais exemple. Cela étant, pour me tirer d'affaire, il ne me reſte que deux moyens. Le premier eſt d'aller trouver le procureur de ma partie, & de tâcher de la corrompre, en lui donnant le double de ce qu'il eſpère recevoir de ſon client; & vous jugez bien qu'il ne m'eſt pas difficile de lui faire goûter une propoſition auſſi avantageuſe. Le ſecond moyen, qui peut-être vous ſurprendra, mais qui n'eſt pas moins infaillible, eſt de recommander à ce Yahou qui me ſert d'avocat, de plaider ma cauſe un peu confuſément, & de faire entrevoir aux juges qu'effectivement ma vache pourroit bien n'être pas à moi, mais à mon voiſin. Alors les juges, peu accoutumés aux choſes claires & ſimples, feront plus d'attention aux ſubtils argumens de mon avocat, trouveront du goût à l'écouter & à balancer le pour & le contre, & en ce cas ſeront bien plus diſpoſés à juger en ma faveur, que ſi on ſe contentoit de leur prouver mon droit en quatre mots.

C'est une maxime parmi les juges, que tout ce qui a été jugé ci-devant, a été bien jugé. Aussi ont-ils grand soin de conserver dans un greffe tous les arrêts antérieurs, même ceux que l'ignorance a dictés, & qui sont le plus manifestement opposés à l'équité & à la droite raison. Ces arrêts antérieurs forment ce qu'on appelle la jurisprudence ; on les produits comme des autorités, & il n'y a rien qu'on ne prouve & qu'on ne justifie en les citant. On commence néanmoins depuis peu à revenir de l'abus où l'on étoit, de donner tant de force à l'autorité des choses jugées : on cite des jugemens pour & contre ; on s'attache à faire voir que les espèces ne peuvent jamais être entièrement semblables ; & j'ai oui-dire à un juge très-habile, que les arrêts sont pour ceux qui les obtiennent.

Au reste, l'attention des juges se tourne plutôt vers les circonstances que vers le fond d'une affaire. Par exemple, dans le cas de ma vache, ils voudront savoir si elle est rouge ou noire, si elle a de longues cornes ; dans quel champ elle a coutume de paître ; combien elle rend de lait par jour, & ainsi du reste. Après quoi, ils se mettent à consulter les anciens arrêts : la cause est mise de tems en tems sur le bureau : heureux si elle est jugée au bout de dix ans.

Il faut obferver encore que les gens de loi ont une langue à part, un jargon qui leur eft propre, une façon de s'exprimer que les autres n'entendent point. C'eft dans cette belle langue inconnue que les loix font écrites ; loix multipliées à l'infini, & accompagnées d'exceptions innombrables. Vous voyez que dans ce labyrinthe le bon droit s'égare aifément ; que le meilleur procès eft très-difficile à gagner, & que fi un étranger, né à trois cens lieues de mon pays, s'avifoit de venir me difputer un héritage qui eft dans ma famille depuis trois cens ans, il faudroit peut-être trente ans pour terminer ce différend, & vuider entièrement cette difficile affaire.

C'eft dommage, interrompit mon maître, que des gens qui ont tant de génie & de talents, ne tournent pas leur efprit d'un autre côté, & n'en faffent pas un meilleur ufage. Ne vaudroit-il pas mieux, ajouta-t-il, qu'ils s'occupaffent à donner aux autres des leçons de fageffe & de vertu, & qu'ils fiffent part au public de leurs lumières. Car ces habiles gens poffèdent fans doute toutes les fciences. Point du tout, répliquai-je, ils ne favent que leur métier & rien autre chofe : ce font les plus grands ignorants du monde fur toute autre matière ; ils font ennemis de la belle littérature & de toutes les sciences; & dans le commerce ordinaire de la vie, ils paroissent stupides, pesants, ennuyeux, impolis. Je parle en général; car il s'en trouve quelques-uns qui sont spirituels, agréables & galants.

CHAPITRE VI.

Du luxe, de l'intempérance, & des maladies qui règnent en Europe. Caractère de la noblesse.

Mon maître ne pouvoit comprendre comment toute cette race de praticiens étoit si malfaisante & si redoutable. Quel motif, disoit-il, les porte à faire un tort si considérable à ceux qui ont besoin de leur secours; & que voulez-vous dire par cette récompense que l'on promet à un procureur, quand on le charge d'une affaire? Je lui répondis que c'étoit de l'argent. J'eus un peu de peine à lui faire entendre ce que ce mot signifioit: je lui expliquai nos différentes espèces de monnoie, & les métaux dont elle étoit composée: je lui en fis connoître l'utilité, & lui dis que lorsqu'on en avoit beaucoup, on étoit heureux; qu'alors on se procuroit de beaux habits, de belles maisons, de belles terres; qu'on faisoit bonne chère, &

qu'on avoit à son choix toutes les plus belles femelles; que pour cette raison nous ne croyons avoir jamais assez d'argent, & que plus nous en avions, plus nous en voulions avoir; que le riche oisif jouissoit du travail du pauvre, qui pour trouver de quoi sustenter sa misérable vie, suoit du matin jusqu'au soir, & n'avoit pas un moment de relâche. Eh quoi, interrompit son honneur, toute la terre n'appartient-elle pas à tous les animaux, & n'ont-ils pas tous un droit égal aux fruits qu'elle produit pour leur nourriture ? Pourquoi y a-t-il des Yahous privilégiés, qui recueillent ces fruits, à l'exclusion de leurs semblables; & si quelques-uns y prétendent un droit particulier, ne doit-ce pas être principalement ceux qui par leur travail ont contribué à rendre la terre fertile ? Point du tout, lui répondis-je, ceux qui font vivre tous les autres par la culture de la terre, sont justement ceux qui meurent de faim.

Mais, me dit-il, qu'avez-vous entendu par ce mot de bonne-chère, lorsque vous m'avez dit qu'avec de l'argent on faisoit bonne-chère dans votre pays ? Je me mis alors à lui exposer les mets les plus exquis, dont la table des riches est ordinairement couverte, & les manières différentes dont on apprête les viandes: je lui dis sur cela tout ce qui me vint à l'esprit, & lui appris que, pour bien assaisonner ces viandes, & sur-tout pour avoir de bonnes liqueurs à boire, nous équipions des vaisseaux & entreprenions de longs & dangereux voyages sur la mer; ensorte qu'avant de pouvoir donner une honnête collation à quelques femelles de qualité, il falloit avoir envoyé plusieurs vaisseaux dans les quatre parties du monde.

Votre pays, repartit-il, est donc bien misérable, puisqu'il ne fournit pas de quoi nourrir ses habitans! Vous n'y trouvez pas même de l'eau, & vous êtes obligés de traverser les mers, pour chercher de quoi boire! Je lui répliquai que l'Angleterre ma patrie produisoit trois fois plus de nourriture que ses habitans n'en pouvoient consommer; & qu'à l'égard de la boisson, nous composions une excellente liqueur avec le suc de certains fruits, ou avec l'extrait de quelques grains, qu'en un mot rien ne manquoit à nos besoins naturels: mais que pour nourrir notre luxe & notre intempérance, nous envoyions dans les pays étrangers ce qui croissoit chez nous, & que nous en rapportions en échange de quoi devenir malades & vicieux; que cet amour du luxe, de la bonne chère & du plaisir, étoit le principe de tous les mouvemens de nos Yahous; que pour y atteindre, il falloit s'enrichir; que c'étoit ce qui produisoit les filoux, les voleurs, les M.... les parjures, les flatteurs, les suborneurs, les faussaires, les faux témoins, les menteurs, les joueurs, les imposteurs, les fanfarons, les mauvais auteurs (1), les empoisonneurs, les impudiques, les précieux ridicules, les esprits forts. Il me fallut définir tous ces termes.

J'ajoutai que la peine que nous prenions d'aller chercher du vin dans les pays étrangers, n'étoit pas faute d'eau, ou d'autre liqueur bonne à boire ; mais parce que le vin étoit une boisson qui nous rendoit gais, qui nous faisoit en quelque manière sortir hors de nous-mêmes, qui chassoit de notre esprit toutes les idées sérieuses, qui remplissoit notre tête de mille imaginations folles, qui rappelloit le courage, ban-

____

(1) Il est bien surprenant de trouver ici les mauvais auteurs & les précieux ridicules en si mauvaise compagnie. Mais on n'a pu rendre autrement les mots de *scribling* & de *canting*. On voit que l'auteur les a malignement confondus tous ensemble, & qu'il y a aussi joint, exprès les *free-thinking*, c'est-à-dire, les esprits forts, ou les incrédules, dont il y a un grand nombre en Angleterre. Au reste, il est aisé de concevoir que le desir de s'avancer dans le monde produit des esprits libertins, fait faire de mauvais livres, & porte à écrire d'un style précieux & affecté, afin de passer pour bel esprit.

nissoit la crainte, & nous affranchissoit pour un tems de la tyrannie de la raison.

C'est, continuai-je, en fournissant aux riches toutes les choses dont ils ont besoin, que notre petit peuple s'entretient. Par exemple, lorsque je suis chez moi, & que je suis habillé, comme je dois l'être, je porte sur mon corps l'ouvrage de cent ouvriers. Un millier de mains ont contribué à bâtir & à meubler ma maison, & il en a fallu encore cinq ou six fois plus, pour habiller ma femme.

J'étois sur le point de lui peindre certains Yahous, qui passent la vie auprès de ceux qui sont menacés de la perdre, c'est-à-dire, nos médecins. J'avois dit à son honneur, que la plupart de mes compagnons de voyage étoient morts de maladie, mais il n'avoit qu'une idée fort imparfaite de ce que je lui avois dit. Il s'imaginoit que nous mourions comme tous les autres animaux, & que nous n'avions d'autre maladie, que de la foiblesse & de la pesanteur, un moment avant que de mourir, à moins que nous n'eussions été blessés par quelque accident. Je fus donc obligé de lui expliquer la nature & la cause de nos diverses maladies. Je lui dis que nous mangions sans avoir faim, que nous buvions sans avoir soif, que nous passions les nuits à avaler des liqueurs brûlantes, sans manger un seul morceau ; ce qui enflammoit nos entrailles, ruinoit notre estomac, & répandoit dans tous nos membres une foiblesse & une langueur mortelle ; que plusieurs femelles parmi nous avoient un certain venin dont elles faisoient part à leurs galants ; que cette maladie funeste, ainsi que plusieurs autres, naissoit quelquefois avec nous, & nous étoit transmise avec le sang : enfin que je ne finirois point, si je voulois lui exposer toutes les maladies auxquelles nous étions sujets ; qu'il y en avoit au moins cinq ou six cens par rapport à chaque membre, & que chaque partie, soit interne, soit externe, en avoit une infinité qui lui étoient propres.

Pour guérir tous ces maux, ajoutai-je, nous avons des Yahous qui se consacrent uniquement à l'étude du corps humain, & qui prétendent, par des remèdes efficaces, extirper nos maladies, lutter contre la nature même, & prolonger nos vies. Comme j'étois du métier, j'expliquai avec plaisir à son honneur la méthode de nos médecins, & tous nos mystères de médecine. Il faut supposer d'abord, lui dis-je, que toutes nos maladies viennent de réplétion : d'où nos médecins concluent sensément que l'évacuation est nécessaire, soit par en haut, soit par en bas. Pour cela, ils font un choix d'herbes, de minéraux, de gomme, d'huile, d'écailles, de fels, d'excréments, d'écorces d'arbres, de ferpents, de crapauds, de grenouilles, d'araignées, de poiffons; & de tout cela ils nous compofent une liqueur d'un odeur & d'une goût abominable, qui foulève le cœur, qui fait horreur, qui révolte tous les fens. C'eft cette liqueur que nos médecins nous ordonnent de boire pour l'évacuation fupérieure, qu'on appelle vomiffement. Tantôt ils tirent de leur magafin d'autres drogues qu'ils nous font prendre, foit par l'orifice d'en haut, foit par l'orifice d'en bas, felon leur fantaifie : c'eft alors, ou une médecine qui purge les entrailles, & caufe d'effroyables tranchées, ou bien c'eft un clyftère qui lave & relâche les inteftins. La nature, difent-ils fort ingénieufement, nous a donné l'orifice fupérieur & vifible, pour ingérer, & l'orifice inférieur & fecret, pour égérer : or la maladie change la difpofition naturelle du corps, il faut donc que le remède agiffe de même, & combatte la nature ; & pour cela, il eft néceffaire de changer l'ufage des orifices, c'eft-à-dire, d'avaler par celui d'en bas, & dévacuer par celui d'en haut.

Nous avons d'autres maladies qui n'ont rien de réelle que leur idée. Ceux qui font attaqués de cette forte de mal, s'appellent malades imaginaires. Il y a auffi pour les guérir des remèdes imaginaires ; mais fouvent nos médecins donnent ces remèdes pour les maladies réelles. En général les fortes maladies d'imagination attaquent nos femelles ; mais nous connoiffons certains fpécifiques naturels pour les guérir fans douleur.

Un jour mon maître me fit un compliment que je ne méritois pas. Comme je lui parlois des gens de qualité d'Angleterre, il me dit qu'il croyoit que j'étois gentilhomme, parce que j'étois beaucoup plus propre & bien mieux fait que tous les Yahous de fon pays, quoique je leur fuffe fort inférieur pour la force & pour l'agilité ; & que cela venoit fans doute de ma différente manière de vivre, & de ce que je n'avois pas feulement la faculté de parler mais que j'avois encore quelques commencemens de raifon, qui pourroient fe perfectionner dans la fuite par le commerce que j'aurois avec lui.

Il me fit obferver en même-tems que parmi les Houyhnhnms, on remarquoit que les Blancs & les Alezans-Bruns n'étoient pas fi bien faits que les Bai-châtains, les Gris-pommelés & les Noirs ; que ceux-là ne naiffoient pas avec les mêmes talens & les mêmes difpofitions que ceux-ci; que pour cela ils restoient toute leur vie dans l'état de servitude qui leur convenoit, & qu'aucun d'eux ne songeoit à sortir de ce rang pour s'élever à celui de maître, ce qui paroîtroit dans le pays une chose énorme & monstrueuse. Il faut, disoit-il, rester dans l'état où la nature nous a fait éclore; c'est l'offenser, c'est se révolter contr'elle que de vouloir sortir du rang dans lequel elle nous a donné l'être. Pour vous, ajouta-t-il, vous êtes sans doute né ce que vous êtes; car vous tenez du ciel votre noblesse, c'est-à-dire, votre bon esprit & votre bon naturel.

Je rendis à son honneur de très-humbles actions de graces de la bonne opinion qu'il avoit de moi; mais je l'assurai en même-tems que ma naissance étoit très-basse, étant né seulement d'honnêtes parens, qui m'avoient donné une assez bonne éducation. Je lui dis que la noblesse parmi nous n'avoit rien de commun avec l'idée qu'il en avoit conçue; que nos jeunes gentilshommes étoient nourris dès leur enfance, dans l'oisiveté & dans le luxe; que dès que l'âge le leur permettoit, ils s'épuisoient avec des femelles débauchées & corrompues, & contractoient des maladies odieuses; que lorsqu'ils avoient consumé tout leur bien, & qu'ils se voyoient entièrement ruinés, ils se marioient; à qui ? à une femelle de basse naissance, laide, mal-saine, mais riche; qu'un pareil couple ne manquoit point d'engendrer des enfans mal constitués, noués, scrophuleux, difformes, ce qui continuoit quelquefois jusqu'à la troisième génération, à moins que la judicieuse femelle n'y remédiât, en implorant le secours de quelque charitable ami. J'ajoutai que parmi nous, un corps sec, maigre, décharné, foible, infirme, étoit devenu une marque presque infaillible de noblesse; que même une complexion robuste, & un air de santé alloient si mal à un homme de qualité, qu'on en concluoit aussi-tôt qu'il étoit le fils de quelque domestique de sa maison, à qui madame sa mère avoit fait part de ses faveurs, sur-tout s'il avoit l'esprit tant soit peu élevé, juste & bien fait, s'il n'étoit ni bourru, ni efféminé, ni brutal, ni capricieux, ni débauché, ni ignorant (1).

―――――――――――――――――――――――

(1) Je ne crois pas qu'aucun auteur s'avise de prendre à la lettre cette mordante hyperbole. La noblesse angloise, selon M. de Saint-Evremond, possède la fine fleur de la politesse, & on peut dire en général que les seigneurs anglois sont les plus honnêtes gens de l'Europe. Ils ont presque tous l'esprit orné; ils font beaucoup de cas des gens de lettres; ils cultivent les sciences, & il y en a peu qui ne soient en état de composer des

CHAPITRE VII.

Parallèle des Yahous & des Hommes.

LE lecteur sera peut-être scandalisé des portraits fidèles que je fis alors de l'espèce humaine, & de la sincérité avec laquelle j'en parlai devant un animal superbe, qui avoit déja une si mauvaise opinion de tous les Yahous. Mais j'avoue ingénuement que le caractère des Houyhnhnms, & les excellentes qualités de ces vertueux quadrupèdes avoient fait une telle impression sur mon esprit, que je ne pouvois les comparer à nous autres humains, sans mépriser tous mes semblables. Ce mépris me les fit regarder comme presqu'in-

---

livres. Il ne faut donc prendre cet endroit que comme une pure plaisanterie, ainsi que la plupart des autres traits satyriques répandus dans cet ouvrage. Si quelque esprit plus mal-fait étoit d'humeur de les appliquer sérieusement à la noblesse françoise, ce seroit encore une bien plus grande injustice. Ce sont les hommes de néant qui ont fait fortune, ou par leurs pères, ou par eux-mêmes, à qui ces traits peuvent convenir, & non pas aux personnes de qualité, qui, en France comme ailleurs, sont la portion de l'état la plus vertueuse, la plus modérée & la plus polie.

dignes de tout ménagement. D'ailleurs, mon maître avoit l'esprit très-pénétrant, & remarquoit tous les jours dans ma personne des défauts énormes, dont je ne m'étois jamais apperçu, & que je regardois tout au plus comme de fort légères imperfections. Ses censures judicieuses m'inspirèrent un esprit critique & misantrope ; & l'amour qu'il avoit pour la vérité me fit détester le mensonge, & fuir le déguisement dans mes récits.

Mais j'avouerai encore ingénuement un autre principe de ma sincérité. Lorsque j'eus passé une année parmi les Houyhnhnms, je conçus pour eux tant d'amitié, de respect, d'estime & de vénération, que je résolus alors de ne jamais songer à retourner dans mon pays, mais de finir mes jours dans cette heureuse contrée où le ciel m'avoit conduit pour m'apprendre à cultiver la vertu. Heureux si ma résolution eût été efficace ! Mais la fortune qui m'a toujours persécuté, n'a pas permis que je pusse jouir de ce bonheur. Quoi qu'il en soit, à présent que je suis en Angleterre, je me sais bon gré de n'avoir pas tout dit, & d'avoir caché aux Houyhnhnms les trois quarts de nos extravagances & de nos vices : je palliois même de tems en tems, autant qu'il m'étoit possible, les défauts de mes compatriotes. Lors même que je les révélois, j'ufois de reftrictions mentales, & tâchois de dire le faux fans mentir. N'étois-je pas en cela, tout-à-fait excufable ? Qui eft-ce qui n'eft pas un peu partial, quand il s'agit de fa chère patrie ?

J'ai rapporté jufqu'ici la fubftance de mes entretiens avec mon maître, durant le tems que j'eus l'honneur d'être à fon fervice; mais pour éviter d'être long, j'ai paffé fous filence plufieurs autres articles.

Un jour il m'envoya chercher de grand matin, & m'ordonnant de m'affeoir à quelque diftance de lui, (honneur qu'il ne m'avoit point encore fait), il me parla ainfi : J'ai repaffé dans mon efprit tout ce que vous m'avez dit, foit à votre fujet, foit au fujet de votre pays. Je vois clairement que vous & vos compatriotes avez une étincelle de raifon, fans que je puiffe deviner comment ce petit lot vous eft échu. Mais je vois auffi que l'ufage que vous en faites n'eft que pour augmenter tous vos défauts naturels, & pour en acquérir d'autres, que la nature ne vous avoit point donnés. Il eft certain que vous reffemblez aux Yahous de ce pays-ci pour la figure extérieure, & qu'il ne vous manque, pour être parfaitement tel qu'eux, que de la force, de l'agilité

&

& des griffes plus longues. Mais du côté des mœurs, la ressemblance est entière. Ils se haïssent mortellement les uns les autres, & la raison que nous avons coutume d'en donner, est qu'ils voyent mutuellement leur laideur & leur figure odieuse, sans qu'aucun d'eux considère la sienne propre. Comme vous avez un petit grain de raison, & que vous avez compris que la vue réciproque de la figure impertinente de vos corps étoit pareillement une chose insupportable, & qui vous rendroit odieux les uns aux autres, vous vous êtes avisés de les couvrir par prudence & par amour-propre. Mais malgré cette précaution, vous ne vous haïssez pas moins, parce que d'autres sujets de division, qui règnent parmi nos Yahous, règnent aussi parmi vous. Si, par exemple, nous jettons à cinq Yahous autant de viande qu'il en suffiroit pour en rassasier cinquante, ces cinq animaux gourmands & voraces, au lieu de manger en paix ce qu'on leur donne en abondance, se jettent les uns sur les autres, se mordent, se déchirent, & chacun d'eux veut manger tout; en sorte que nous sommes obligés de les faire tous repaître à part, & même de lier ceux qui sont rassasiés, de peur qu'ils n'aillent se jetter sur ceux qui ne le sont pas encore. Si une vache dans le voisinage, meurt de vieillesse ou par accident, nos Yahous n'ont pas plutôt appris cette agréable nouvelle, que les voilà tous en campagne, troupeau contre troupeau, basse-cour contre basse-cour; c'est à qui s'emparera de la vache. On se bat, on s'égratigne, on se déchire jusqu'à ce que la victoire penche d'un côté; & si on ne se massacre point, c'est qu'on n'a pas la raison des Yahous d'Europe, pour inventer des machines meurtrières, & des armes massacrantes.

Nous avons, en quelques endroits de ce pays, de certaines pierres luisantes de différentes couleurs, dont nos Yahous sont fort amoureux. Lorsqu'ils en trouvent, ils font leur possible pour les tirer de la terre où elles sont ordinairement un peu enfoncées, ils les portent dans leurs loges, & en font un amas qu'ils cachent soigneusement, & sur lequel ils veillent sans cesse comme sur un trésor, prenant bien garde que leurs camarades ne le découvrent. Nous n'avons encore pu connoître d'où leur vient cette inclination violente pour les pierres luisantes, ni à quoi elles peuvent leur être utiles. Mais je m'imagine à présent que cette avarice de vos Yahous, dont vous m'avez parlé, se trouve aussi dans les nôtres, & que c'est ce qui les rend si passionnés pour les pierres luifantes. Je voulus une fois enlever à un de nos Yahous son cher tréfor. L'animal voyant qu'on lui avoit ravi l'objet de sa passion, se mit à hurler de toute sa force; il entra en fureur & puis tomba en foiblesse; il devint languissant; il ne mangea plus, ne dormit plus, ne travailla plus, jusqu'à ce que j'eusse donné ordre à un de mes domestiques de reporter le tréfor dans l'endroit d'où je l'avois tiré. Alors le Yahou commença à reprendre ses esprits & sa bonne humeur, & ne manqua pas de cacher ailleurs ses bijoux.

Lorsqu'un Yahou a découvert dans un champ une de ces pierres, souvent un autre Yahou survient qui la lui dispute. Tandis qu'ils se battent, un troisième accourt & emporte la pierre, & voilà le procès terminé. Selon ce que vous m'avez dit, ajouta-t-il, vos procès ne se vuident pas si promptement dans votre pays, ni à si peu de frais. Ici les deux plaideurs (si je puis les appeller ainsi) en sont quittes pour n'avoir ni l'un ni l'autre la chose disputée, au lieu que chez vous en plaidant on perd souvent, & ce qu'on veut avoir & ce qu'on a.

Il prend souvent à nos Yahous une fantaisie dont nous ne pouvons concevoir la cause. Gras, bien couchés, traités doucement par leurs maîtres, pleins de santé & de force, ils tombent tout-à-coup dans un abattement, dans un dégoût, dans une mélancolie noire qui les rend mornes & stupides. En cet état, ils fuient leurs camarades, ils ne mangent point, ils ne sortent point, ils paroissent rêver dans le coin de leur loge, & s'abîmer dans leurs pensées lugubres. Pour les guérir de cette maladie, nous n'avons trouvé qu'un remède, c'est de les réveiller par un traitement un peu dur, & de les employer à des travaux pénibles. L'occupation que nous leur donnons alors, met en mouvement tous leurs esprits, & rappelle leur vivacité naturelle. Lorsque mon maître me raconta ce fait avec ses circonstances, je ne pus m'empêcher de songer à mon pays, où la même chose arrive souvent, & où l'on voit des hommes comblés de biens & d'honneurs, pleins de santé & de vigueur, environnés de plaisirs, & préservés de toute inquiétude, tomber tout-à-coup dans la tristesse & dans la langueur, devenir à charge à eux-mêmes, se consumer par des réflexions chimériques, s'affliger, s'appésantir, & ne faire plus aucun usage de leur esprit livré aux vapeurs hypocondriaques. Je suis persuadé que le remède qui convient à cette maladie, est celui qu'on donne aux Yahous, & qu'une vie laborieuse & pénible, est un régime excellent pour la tristesse & la mélancolie. C'est un remède que j'ai éprouvé moi-même, & que je conseille au lecteur de pratiquer lorsqu'il se trouvera dans un pareil état. Au reste, pour prévenir le mal, je l'exhorte à n'être jamais oisif; & supposé qu'il n'ait malheureusement aucune occupation dans le monde, je le prie d'observer qu'il y a de la différence entre ne faire rien & n'avoir rien à faire.

Nos Yahous (continua mon maître) ont une passion violente pour une certaine racine qui rend beaucoup de jus. Ils la cherchent avec ardeur, & la sucent avec un plaisir extrême, & sans se lasser. Alors on les voit tantôt se caresser, tantôt s'égratigner, tantôt hurler & faire des grimaces, tantôt jaser, danser, se jetter par terre, se rouler & s'endormir dans la boue.

Les femelles des Yahous semblent redouter & fuir l'approche des mâles; elles ne souffrent point qu'ils les caressent ouvertement devant les autres; la moindre liberté en public les blesse, les révolte, & les met en courroux. Mais lorsqu'une de ces chastes femelles voit passer dans un endroit écarté quelque Yahou jeune & bien fait, aussi-tôt elle se cache derrière un arbre ou un buisson, de manière pourtant que le jeune Yahou puisse l'appercevoir & l'aborder. Aussi-tôt elle s'enfuit, mais regardant souvent derrière elle, & conduit si bien ses pas, que le Yahou passionné qui la poursuit, l'atteint enfin dans un lieu favorable au mystère & à ses desirs. Là désormais elle attendra tous les jours son nouvel amant, qui ne manquera point de s'y rendre, à moins qu'une pareille aventure ne se présente à lui sur le chemin, & ne lui fasse oublier la première. Mais la femelle manque quelquefois elle-même au rendez-vous; le changement plaît des deux côtés, & la diversité est autant du goût de l'un que de l'autre. Le plaisir d'une femelle est de voir des mâles se terrasser, se mordre, s'égratigner, se déchirer pour l'amour d'elle : elle les excite au combat, & devient le prix du vainqueur, à qui elle se donne pour l'égratigner dans la suite lui-même, ou pour en être égratignée : & c'est par-là que finissent toutes leurs amours. Ils aiment passionnément leurs petits; les mâles, qui s'en croyent les pères, les chérissent, quoiqu'il leur soit impossible de s'assurer qu'ils aient eu part à leur naissance.

Je m'attendois que son Honneur alloit en dire bien davantage au sujet des mœurs des Yahous, & qu'il ne lui échapperoit rien de de tous nos vices. J'en rougissois davantage pour l'honneur de mon espèce, & je craignois qu'il n'allât décrire tous les genres d'impudicité qui règnent parmi les Yahous de son pays: ç'auroit été l'affreuse image de nos débauches à la mode, où la nature ne suffit pas à nos desirs effrénés, où cette nature se cherche sans se trouver, & où nous formons des plaisirs inconnus aux autres animaux. Vice odieux auquel les seuls Yahous ont du penchant, & que la raison n'a pu étouffer dans ceux de notre hémisphère.

CHAPITRE VIII.

Philosophie & mœurs des Houyhnhnms.

JE priois quelquefois mon maître de me laisser voir les troupeaux des Yahous du voisinage, afin d'examiner par moi-même leurs manières & leurs inclinations. Persuadé de l'aversion que j'avois pour eux, il n'appréhenda point que leur vue & leur commerce me corrompît; mais il voulut qu'un gros cheval Alezan-brûlé, l'un de ses fidèles domestiques, & qui étoit d'un fort bon naturel, m'accompagnât toujours, de peur qu'il ne m'arrivât quelque accident. Ces Yahous me regardoient comme un de leurs semblables, sur-tout ayant une fois vu mes manches retroussées, avec ma poitrine & mes bras découverts. Ils voulurent pour lors s'approcher de moi, & ils se mirent à me contrefaire, en se dressant sur leurs pieds de derrière, en levant la tête & en mettant une de leurs pattes sur le côté. La vue de ma figure les faisoit éclater de rire; ils me témoignèrent néanmoins de l'aversion & de la haine, comme font toujours les singes sauvages à l'égard d'un singe apprivoisé, qui porte un chapeau, un habit & des bas.

Il ne m'arriva avec eux qu'une aventure. Un jour qu'il faisoit fort chaud, & que je me baignois, une jeune Yahousse me vit, se jetta dans l'eau, s'approcha de moi & se mit à me serrer de toute sa force. Je poussai de grands cris, & je crus qu'avec ses griffes elle alloit me déchirer; mais, malgré la fureur qui l'animoit, & la rage peinte dans ses yeux, elle ne m'égratigna seulement pas. L'Alezan accourut & la menaça, & aussi-tôt elle prit la fuite. Cette histoire ridicule ayant été racontée à la maison, réjouit fort mon maître & toute sa famille; mais elle me causa beaucoup de honte & de confusion. Je ne sais si je dois remarquer que cette Yahousse avoit les cheveux noirs & la peau bien moins brune que toutes celles que j'avois vues.

Comme j'ai passé trois années entières dans ce pays-là, le lecteur attend de moi, sans doute, qu'à l'exemple de tous les autres voyageurs, je fasse un ample récit des habitans de ce pays, c'est-à-dire, des Houyhnhnms, & que j'expose en détail leurs usages, leurs mœurs, leurs maximes, leurs manières. C'est aussi ce que je vais tâcher de faire, mais en peu de mots.

Comme les Houyhnhnms, qui sont les maîtres & les animaux dominans dans cette contrée, sont tous nés avec une grande inclination pour la vertu, & n'ont pas même l'idée du mal par rapport à une créature raisonnable, leur principale maxime est de cultiver & de perfectionner leur raison, & de la prendre pour guide dans toutes leurs actions. Chez eux la raison ne produit point de problêmes, comme parmi nous, & ne forme point d'argumens également vraisemblables pour & contre. Ils ne savent ce que c'est que de mettre tout en question, & de défendre des sentimens absurdes, & des maximes malhonnêtes & pernicieuses, à la faveur de la probabilité. Tout ce qu'ils disent porte la conviction dans l'esprit, parce qu'ils n'avancent rien d'obscur, rien de douteux, rien qui soit déguisé ou défiguré par les passions & par l'intérêt. Je me souviens que j'eus beaucoup de peine à faire comprendre à mon maître ce que j'entendois par le mot d'opinion, & comment il étoit possible que nous disputassions quelquefois, & que nous fussions rarement du même avis. La raison, disoit-il, n'est-elle pas immuable? La vérité n'est-elle pas une? Devons-nous affirmer comme sûr ce qui est incertain? Devons-nous nier positivement ce que nous ne voyons pas clairement ne pouvoir être? Pourquoi agitez-vous des questions que l'évidence ne peut décider, & où, quelque parti que vous preniez, vous serez toujours livrés au doute & à l'incertitude? A quoi servent toutes ces conjectures philosophiques, tous ces vains raisonnemens sur des matières incompréhensibles, toutes ces recherches stériles, & ces disputes éternelles? Quand on a de bons yeux, on ne se heurte point: avec une raison pure & clairvoyante, on ne doit point contester; & puisque vous le faites, il faut que votre raison soit couverte de ténèbres, ou que vous haïssiez la vérité.

C'étoit une chose admirable que la bonne philosophie de ce cheval: Socrate ne raisonna jamais plus sensément. Si nous suivions ces maximes, il y auroit assurément en Europe moins d'erreurs qu'il n'y en a. Mais alors que deviendroient nos bibliothèques, que deviendroit la réputation de nos savans & le négoce de nos libraires? La république des lettres ne seroit plus que celle de la raison, & il n'y auroit dans les universités d'autres écoles que celles du bon sens.

Les Houyhnhnms s'aiment les uns les autres, s'aident, se soutiennent & se soulagent réciproquement. Ils ne se portent point envie: ils ne sont point jaloux du bonheur de leurs voisins. Ils n'attentent point sur la liberté & sur la vie de leurs semblables; ils se croiroient malheureux si quelqu'un de leur espèce l'étoit, & ils disent à l'exemple d'un ancien : *Nihil caballini à me alienum puto.* Ils ne médisent point les uns des autres ; la satyre ne trouve chez eux ni principe ni objets: les supérieurs n'accablent point les inférieurs du poids de leur rang & de leur autorité; leur conduite sage, prudente & modérée ne produit jamais le murmure; la dépendance est un lien, & non un joug, & la puissance toujours soumise aux loix de l'équité, est révérée sans être redoutable.

Leurs mariages sont bien mieux assortis que les nôtres. Les mâles choisissent pour épouses des femelles de la même couleur qu'eux. Un gris-pommelé épousera toujours une gris-pommelée, & ainsi des autres. On ne voit donc ni changement, ni révolution, ni déchet dans les familles; les enfans sont tels que leurs pères &

leurs mères : leurs armes & leurs titres de noblesse consistent dans leur figure, dans leur taille, dans leur force, dans leur couleur; qualités qui se perpétuent dans leur postérité ; ensorte qu'on ne voit point un cheval magnifique & superbe engendrer une rosse, ni d'une rosse naître un beau cheval, comme cela arrive si souvent en Europe.

Parmi eux, on ne remarque point de mauvais ménage. L'épouse est fidèle à son mari, & le mari l'est également à son épouse.

L'un & l'autre vieillissent sans se refroidir, au moins du côté du cœur : le divorce & la séparation, quoique permis, n'ont jamais été pratiqués chez eux ; les époux sont toujours amants, & les épouses toujours maîtresses ; ils ne sont point impérieux, elles ne sont point rebelles, & jamais elles ne s'avisent de refuser ce qu'ils sont en droit, & presque toujours en état d'exiger.

Leur chasteté réciproque est le fruit de la raison, & non de la crainte, des égards, ou du préjugé. Ils sont chastes & fidèles, parce que pour la douceur de leur vie & pour le bon ordre, ils ont promis de l'être. C'est l'unique motif qui leur fait considérer la chasteté comme une vertu. Ils regardent d'ailleurs comme un vice condamné par la nature la négligence d'une propagation légitime de leur espèce ; ils abhorrent tout ce qui y peut mettre obstacle, on y apporter quelque retardement.

Ils élèvent leurs enfans avec un soin infini. Tandis que la mère veille sur le corps & sur la santé, le père veille sur l'esprit & sur la raison. Ils répriment en eux, autant qu'il est possible, les saillies & les ardeurs fougueuses de la jeunesse, & les marient de bonne heure, conformément aux conseils, de la raison, & aux desirs de la nature. En attendant, ils ne souffrent aux jeunes mâles qu'une seule maîtresse qui loge avec eux, & est mise au nombre des domestiques de la maison, mais qui au moment du mariage est toujours congédiée.

On donne aux femelles à-peu-près la même éducation qu'aux mâles, & je me souviens que mon maître trouvoit déraisonnable & ridicule notre usage à cet égard. Il disoit que la moitié de notre espèce n'avoit d'autre talent que celui de la multiplier.

Le mérite des mâles consiste principalement dans la force & dans la légéreté, & celui des femelles dans la douceur & dans la souplesse. Si une femelle a les qualités d'un mâle, on lui cherche un époux qui ait les qualités d'une femelle ; alors tout est compensé, & il arrive, comme quelquefois parmi nous, que la femme est le mari, & que le mari est la femme. En ce cas, les enfans qui naissent d'eux ne dégénèrent point, mais rassemblent & perpétuent heureusement les propriétés des auteurs de leur être.

CHAPITRE IX.

Parlement des Houyhnhnms. Question importante agitée dans cette assemblée de toute la nation. Détail au sujet de quelques usages du pays.

PENDANT mon séjour en ce pays des Houyhnhnms, environ trois mois avant mon départ, il y eut une assemblée générale de la nation, une espèce de parlement, où mon maître se rendit comme député de son canton. On y traita une affaire qui avoit déja été cent fois mise sur le bureau, & qui étoit la seule question qui eût jamais partagé les esprits des Houyhnhnms. mon maître à son retour me rapporta tout ce qui s'étoit passé à ce sujet.

Il s'agissoit de décider s'il falloit absolument exterminer la race des Yahous. Un des membres soutenoit l'affirmative, & appuyoit son avis de diverses preuves très-fortes & très-solides. Il prétendoit que le Yahou étoit l'animal le plus difforme, le plus méchant & le plus dangereux que la nature eût jamais produit ; qu'il étoit également malin & indocile ; & qu'il ne songeoit qu'à nuire à tous les autres animaux. Il rappella une ancienne tradition répandue dans le pays, selon laquelle on assuroit que les Yahous n'y avoient pas été de tout tems ; mais que dans un certain siècle, il en avoit paru deux sur le haut d'une montagne, soit qu'ils eussent été formés d'un limon gras & glutineux, échauffé par les rayons du soleil, soit qu'ils fussent sortis de la vase de quelque marécage, soit que l'écume de la mer les eût fait éclorre ; que ces deux Yahous en avoient engendré plusieurs autres, & que leur espèce s'étoit tellement multipliée, que tout le pays en étoit infecté ; que pour prévenir les inconvénients d'une pareille multiplication, les Houyhnhnms avoient autrefois ordonné une chasse générale des Yahous ; qu'on en avoit pris une grande quantité ; & qu'après avoir détruit tous les vieux, on en avoit gardé les plus jeunes pour les apprivoiser autant que cela seroit possible, à l'égard d'un animal aussi méchant, & qu'on les avoit destinés à tirer & à porter. Il ajouta que ce qu'il y avoit de plus certain dans cette tradition, étoit que les Yahous n'étoient point

Ylnhniamshy, (c'est-à-dire aborigenes). Il représenta que les habitans du pays, ayant eu l'imprudente fantaisie de se servir des Yahous, avoient mal-à-propos négligé l'usage des ânes qui étoient de très-bons animaux, doux, paisibles, dociles, soumis, aisés à nourrir, infatigables, & qui n'avoient d'autre défaut que d'avoir une voix un peu désagréable, mais qui l'étoit encore moins que celle de la plupart des Yahous.

Plusieurs autres sénateurs ayant harangué diversement & très-éloquemment sur le même sujet, mon maître se leva & proposa un expédient judicieux, dont je lui avois fait naître l'idée. D'abord il confirma la tradition populaire par son suffrage, & appuya ce qu'avoit dit savamment sur ce point d'histoire l'honorable membre qui avoit parlé avant lui. Mais il ajouta qu'il croyoit que ces deux premières Yahous, dont il s'agissoit, étoient venus de quelques pays d'outre-mer, & avoient été mis à terre, & ensuite abandonnés par leurs camarades; qu'ils s'étoient d'abord retirés sur les montagnes & dans les forêts; que dans la suite des tems, leur naturel s'étoit altéré; qu'ils étoient devenus sauvages & farouches, & entièrement différents de ceux de leur espèce qui habitent des pays éloignés. Pour établir & appuyer solidement

cette

cette proposition, il dit qu'il avoit chez lui, depuis quelque tems, un Yahou très-extraordinaire, dont tous les membres de l'assemblée avoient sans doute ouï parler, & que plusieurs même avoient vu. Il raconta alors comment il m'avoit trouvé d'abord, & comment mon corps étoit couvert d'une composition artificielle de poils & de peaux de bêtes : il dit que j'avois une langue qui m'étoit propre, & que pourtant j'avois parfaitement appris la leur ; que je lui avois fait le récit de l'accident qui m'avoit conduit sur ce rivage ; qu'il m'avoit vu dépouillé & nud, & avoit observé que j'étois un vrai & parfait Yahou, si ce n'est que j'avois la peau blanche, peu de poil & des griffes fort courtes. Ce Yahou étranger, ajouta-t-il, m'a voulu persuader que dans son pays, & dans beaucoup d'autres qu'il a parcourus, les Yahous sont les seuls animaux maîtres, dominans & raisonnables, & que les Houyhnhnms y sont dans l'esclavage & dans la misère. Il a certainement toutes les qualités extérieures de nos Yahous ; mais il faut avouer qu'il est bien plus poli, & qu'il a même quelque teinture de raison. Il ne raisonne pas tout-à-fait comme un Houyhnhnm, mais il a au moins des connoissances & des lumières fort supérieures à celles de nos Yahous. Mais voici, messieurs, ce qui va vous surprendre, & à quoi je vous supplie de faire attention; le croirez-vous? Il m'a assuré que dans son pays on rendoit Eunuque les Houyhnhnms dès leur plus tendre jeunesse; que cela les rendoit doux & dociles, & que cette opération étoit aisée & nullement dangereuse. Sera-ce la première fois, messieurs, que les bêtes nous aurons donné quelques leçons, & que nous aurons suivi leur utile exemple; La fourmi ne nous apprend-elle pas à être industrieux & prévoyans, & l'hirondelle ne nous a-t-elle pas donné les premiers élémens de l'architecture? Je conclus donc qu'on peut fort bien introduire en ce pays-ci, par rapport aux jeunes Yahous, l'usage de la castration. L'avantage qui en résultera, est que ces Yahous, ainsi mutilés, seront plus doux, plus soumis, plus traitables, & par ce même moyen, nous en détruirons peu-à-peu la maudite engeance. J'opine en même-tems qu'on exhortera tous les Houyhnhnms, à élever avec grand soin les ânons, qui sont en vérité préférables aux Yahous, à tous égards, sur-tout en ce qu'ils sont capables de travailler à l'âge de cinq ans, tandis que les Yahous ne sont capables de rien jusqu'à douze.

Voilà ce que mon maître m'apprit des délibérations du parlement. Mais il ne me dit pas une autre particularité qui me regardoit personnellement, & dont je ressentis bientôt les funestes effets. C'est, hélas, la principale époque de ma vie infortunée. Mais avant que d'exposer cet article, il faut que je dise encore quelque chose du caractère & des usages des Houyhnhnms.

Les Houyhnhnms n'ont point de lèvres ; ils ne savent ni lire ni écrire, & par conséquent toute leur science est la tradition. Comme ce peuple est paisible, uni, sage, vertueux, très-raisonnable, & qu'il n'a aucun commerce avec les peuples étrangers, les grands événemens sont très-rares dans leur pays, & tous les traits de leur histoire, qui méritent d'être sus, peuvent aisément se conserver dans leur mémoire, sans la surcharger.

Ils n'ont ni maladies ni médecins. J'avoue que je ne puis décider si le défaut des médecins vient du défaut des maladies, ou si le défaut des maladies vient du défaut des médecins, ce n'est pas pourtant qu'ils n'ayent de tems en tems quelques indispositions ; mais ils savent se guérir aisément eux memes, par la connoissance parfaite qu'ils ont des plantes & des herbes médicinales, vu qu'ils étudient sans cesse la botanique dans leurs promenades, & souvent même pendant leurs repas.

Leur poésie est fort belle, & sur-tout très-harmonieuse. Elle ne consiste ni dans un badinage familier & bas, ni dans un langage affecté, ni dans un jargon précieux, ni dans des pointes épigrammatiques, ni dans des antithèses puériles, ni dans les Agudezas des Espagnols, ni dans les Concetti des Italiens, ni dans les figures outrées des orientaux. L'agrément & la justesse des similitudes ; la richesse & l'exactitude des descriptions ; la liaison & la vivacité des images, voilà l'essence & le caractère de leur poésie. Mon maître me récitoit quelquefois des morceaux admirables de leurs meilleurs poëmes ; c'étoit en vérité tantôt le style d'Homère, tantôt celui de Virgile, tantôt celui de Milton (1).

Lorsqu'un Houyhnhnm meurt, cela n'afflige ni ne réjouit personne. Ses plus proches parents & ses meilleurs amis regardent son trépas d'un œil sec & très-indifférent. Le mourant ne témoigne pas le moindre regret de quitter le monde ; il semble finir une visite & prendre congé d'une compagnie avec laquelle il s'est entretenu long-tems. Je me souviens que mon maître ayant un jour invité un de ses amis

---

(1) Poëte anglois, auteur du *paradise lost*, c'est-à-dire, du *paradis perdu*, poëme fameux & très-estimé en Angleterre.

avec toute sa famille, à se rendre chez lui pour une affaire importante, on convint de part & d'autre du jour & de l'heure. Nous fûmes surpris de ne point voir arriver la compagnie au tems marqué. Enfin l'épouse, accompagnée de ses deux enfans, se rendit au logis, mais un peu tard, & dit en entrant qu'elle prioit qu'on l'excusât, parce que son mari venoit de mourir. Elle ne se servit pourtant pas du terme de mourir, qui est une expression mal-honnête, mais de celui de Shnuwnh, qui signifie à la lettre aller retrouver sa grand'mère. Elle fut très-gaie pendant tout le tems qu'elle passa au logis, & mourut elle-même gaiement au bout de trois mois, ayant eu une assez agréable agonie.

Les Houyhnhnms vivent la plupart soixante-dix & soixante-quinze ans, & quelques-uns quatre-vingt. Quelques semaines avant que de mourir, ils pressentent ordinairement leur fin, & n'en sont point effrayés. Alors ils reçoivent les visites & les complimens de tous leurs amis qui viennent leur souhaiter un bon voyage. Dix jours avant le décès, le futur mort, qui ne se trompe presque jamais dans son calcul, va rendre toutes les visites qu'il a reçues, porté dans une litière par ses Yahous; c'est alors qu'il prend congé dans les formes de tous ses amis.

& qu'il leur dit un dernier adieu en cérémonie, comme s'il quittoit une contrée pour aller passer le reste de sa vie dans une autre.

Je ne veux pas oublier d'observer ici que les Houyhnhnms n'ont point de terme dans leur langue pour exprimer ce qui est mauvais, & qu'ils se servent de métaphores tirées de la difformité & des mauvaises qualités des Yahous. Ainsi lorsqu'ils veulent exprimer l'étourderie d'un domestique, la faute d'un de leurs enfans, une pierre qui leur a offensé le pied, un mauvais tems, & autres choses semblables, ils ne font que dire la chose dont il s'agit, en y ajoutant simplement l'épithète d'Yahou. Par exemple, pour exprimer ces choses, ils diront *hhhm Yahou*, *Whnaholm Yahou*, *Ynthmndwiklima Yahou*, & pour signifier une maison mal bâtie, ils diront *Ynholmhnmrohlnw Yahou*.

Si quelqu'un desire en savoir davantage au sujet des mœurs & des usages des Houyhnhnms, il prendra, s'il lui plaît, la peine d'attendre qu'un gros volume in quarto, que je prépare sur cette matière, soit achevé. J'en publierai incessamment le prospectus, & les souscripteurs ne seront point frustrés de leur espérance, & de leurs droits. En attendant, je prie le public de se contenter de cet abrégé, & de vouloir bien que j'achève de lui conter le reste de mes aventures.

CHAPITRE X.

Félicité de l'auteur dans le pays des Houyhnhnms. Les plaisirs qu'il goûte dans leur conversation: le genre de vie qu'il mène parmi eux. Il est banni du pays par ordre du parlement.

J'AI toujours aimé l'ordre & l'économie, & dans quelque situation que je me sois trouvé, je me suis toujours fait un arrangement industrieux pour ma manière de vivre. Mon maître m'avoit assigné une place pour mon logement, environ à six pas de la maison, & ce logement qui étoit une hutte conforme à l'usage du pays & assez semblable à celle des Yahous, n'avoit ni agrément ni commodité. J'allai chercher de la terre glaise, dont je me fis quatre murs & un plancher, & avec des joncs je formai une natte dont je couvris ma hutte. Je cueillis du chanvre qui croissoit naturellement dans les champs; je le battis, j'en composai du fil, & de ce fil une espèce de toile, que je remplis de plumes d'oiseau, pour être couché mollement & à mon aise. Je me fis une table & une chaise avec mon couteau, & avec le secours de l'Alezan. Lorsque mon habit fut entièrement usé, je m'en donnai un neuf de peaux de lapins, auxquelles je joignis celles de certains animaux appellés Nouhnoh, qui font fort beaux & à peu près de la même grandeur, & dont la peau est couverte d'un duvet très-fin. De cette peau je me fis aussi des bas très propres. Je resemelai mes souliers avec des petites planches de bois que j'attachai à l'empeigne, & quand cette empeigne fut usée entièrement j'en fis une de peau d'Yahou. A l'égard de ma nourriture, outre ce que j'ai dit ci dessus, je ramassois quelquefois du miel dans les troncs des arbres, & je le mangeois avec mon pain d'avoine. Personne n'éprouva jamais mieux que moi, que la nature se contente de peu, & que la nécessité est la mère de l'invention.

Je jouissois d'une santé parfaite & d'une paix d'esprit inaltérable. Je ne me voyois exposé ni à l'inconstance ou à la trahison des amis, ni aux pièges invisibles des ennemis cachés. Je n'étois point tenté d'aller faire honteusement ma cour à un grand seigneur ou à sa maîtresse pour avoir l'honneur de sa protection & de sa bienveillance. Je n'étois point obligé de me précautionner contre la fraude & l'oppression : il n'y avoit point-là d'espion & de délateur gagé, ni de Lord Mayor, crédule, politique, étourdi & malfaisant. Là je ne craignois point de voir mon honneur flétri par des accusations absurdes, & ma liberté honteusement ravie par des complots indignes, & par des ordres surpris. Il n'y avoit point en ce pays-là de médecins pour m'empoisonner, de procureurs pour me ruiner, ni d'auteurs pour m'ennuyer. Je n'étois point environné de railleurs, de rieurs, de médisants, de censeurs, de calomniateurs, d'escrocs, de filoux, de mauvais plaisants, de joueurs, d'impertinents nouvellistes, d'esprits forts, d'hypocondriaques, de babillards, de disputeurs, de gens de parti, de séducteurs, de faux-savants. Là, point de marchands trompeurs, point de faquins, point de précieux ridicules, point d'esprits fades, point de damoiseaux, point de petits maîtres, point de fats, point de traîneurs d'épée, point d'ivrognes, point de P. point de pédans. Mes oreilles n'étoient point souillées de discours licentieux & impies; mes yeux n'étoient point blessés par la vue d'un maraud enrichi & élevé, par celle d'un honnête homme abandonné à sa vertu, comme à sa mauvaise destinée.

J'avois l'honneur de m'entretenir souvent avec messieurs les Houyhnhnms qui venoient au logis, & mon maître avoit la bonté de souffrir que j'entrasse toujours dans la salle pour profiter de leur conversation. La compagnie me faisoit quelquefois des questions auxquelles j'avois l'honneur de répondre. J'accompagnois aussi mon maître dans ses visites ; mais je gardois toujours le silence, à moins qu'on ne m'interrogeât. Je faisois le personnage d'auditeur avec une satisfaction infinie : tout ce que j'entendois étoit utile & agréable, & toujours exprimé en peu de mots, mais avec grace ; la plus exacte bienséance étoit observée sans cérémonie. Chacun disoit & entendoit ce qui pouvoit lui plaire. On ne s'interrompoit point, on ne s'assommoit point de récits longs & ennuyeux, on ne disputoit point, on ne chicanoit point.

Ils avoient pour maxime, que dans une compagnie il est bon que le silence règne de tems en tems ; & je crois qu'ils avoient raison. Dans cet intervalle & pendant cette espèce de trève, l'esprit se remplit d'idées nouvelles, & la conversation en devient ensuite plus animée & plus vive. Leurs entretiens rouloient d'ordinaire sur les avantages & les agrémens de l'amitié, sur les devoirs de la justice, sur la bonté, sur l'ordre, sur les opérations admirables de la nature, sur les anciennes traditions, sur les conditions & sur les bornes de la vertu, sur les règles invariables de la raison ; quelquefois sur les délibérations de la prochaine assemblée du parlement, & souvent sur le mérite de leurs poëtes, & sur les qualités de la bonne poésie.

Je puis dire, sans vanité, que je fournissois quelquefois moi-même à la conversation; c'est-à-dire, que je donnois lieu à de fort beaux raisonnements, car mon maître les entretenoit de tems en tems de mes aventures & de l'histoire de mon pays; ce qui leur faisoit faire des réflexions fort peu avantageuses à la race humaine, & que pour cette raison je ne rapporterai point. J'observerai seulement que mon maître paroissoit mieux connoître la nature des Yahous qui sont dans les autres parties du monde, que je ne la connoissois moi-même. Il découvroit la source de tous nos égarements, il approfondissoit la matière de nos vices & de nos folies, & devinoit une infinité de choses dont je ne lui avois jamais parlé. Cela ne doit point paroître incroyable; il connoissoit les Yahous de son pays, ensorte qu'en leur supposant un certain petit degré de raison, il supputoit de quoi ils étoient capables avec ce surcroît, & son estimation étoit toujours juste.

J'avouerai ici ingénument que le peu de lumière & de philosophie que j'ai aujourd'hui, je l'ai puisé dans les sages leçons de ce cher maître, & dans les entretiens de tous ses judicieux amis; entretiens préférables aux doctes conférences des académies d'Angleterre, de France, d'Allemagne & d'Italie. J'avois pour tous ces illustres personnages une inclination mêlée de respect & de crainte, & j'étois pénétré de reconnoissance pour la bonté qu'ils avoient de vouloir bien ne me point confondre avec leurs Yahous, & de me croire peut-être moins imparfait que ceux de mon pays.

Lorsque je me rappellois le souvenir de ma famille, de mes amis, de mes compatriotes & de toute la race humaine en général, je me les représentois tous comme de vrais Yahous pour la figure & pour le caractère, seulement un peu plus civilisés, avec le don de la parole & un petit grain de raison. Quand je considérois ma figure dans l'eau pure d'un clair ruisseau, je détournois le visage sur le champ, ne pouvant soutenir la vue d'un animal qui me paroissoit aussi difforme qu'un Yahou. Mes yeux, accoutumés à la noble figure des Houyhnhnms, ne trouvoient de beauté animale que dans eux. A force de les regarder & de leur parler, j'avois pris un peu de leurs manières, de leurs gestes, de leur démarche; & aujourd'hui que je suis en Angleterre, mes amis me disent quelquefois que je trotte comme un cheval. Quand je parle & que je ris, il semble que je hennisse. Je me vois tous les jours raillé sur cela, sans en ressentir la moindre peine.

Dans cet état heureux, tandis que je goûtois les douceurs du parfait repos, que je me croyois tranquille pour tout le reste de ma vie, & que ma situation étoit la plus agréable & la plus digne d'envie, un jour mon maître m'envoya chercher de meilleur matin qu'à l'ordinaire. Quand je me fus rendu auprès de lui, je le trouvai très-sérieux, ayant un air inquiet & embarrassé, voulant me parler & ne pouvant ouvrir la bouche. Après avoir gardé quelque tems un morne silence, il me tint ce discours: je ne sais comment vous allez prendre, mon cher fils, ce que je vais vous dire; vous saurez que dans la dernière assemblée du parlement, à l'occasion de l'affaire des Yahous, qui a été mise sur le bureau, un député a représenté à l'assemblée, qu'il étoit indigne & honteux que j'eusse chez moi un Yahou que je traitois comme un Houyhnhnm; qu'il m'avoit vu converser avec lui, & prendre plaisir à son entretien comme à celui d'un de mes semblables; que c'étoit un procédé contraire à la raison & à la nature, & qu'on n'avoit jamais oui parler de chose pareille. Sur cela l'assemblée m'a exhorté à faire de deux choses l'une, ou à vous reléguer parmi les autres Yahous qu'on va mutiler au premier jour, ou à vous renvoyer dans le pays d'où vous êtes venu. La plupart des membres qui vous connoissent & qui vous ont vu chez moi ou chez eux, ont rejetté l'alternative, & ont soutenu qu'il seroit injuste & contraire à la bienséance de vous mettre au rang des Yahous de ce pays, vu que vous avez un commencement de raison, & qu'il seroit même à craindre alors que vous ne leur en communiquassiez; ce qui les rendroit peut-être plus méchants encore; que d'ailleurs étant mêlé avec les Yahous, vous pourriez cabaler avec eux, les soulever, les conduire tous dans une forêt ou sur le sommet d'une montagne, ensuite vous mettre à leur tête, & venir fondre sur tous les Houyhnhnms, pour les déchirer & les détruire. Cet avis a été suivi à la pluralité des voix, & j'ai été exhorté à vous renvoyer incessamment. Or, on me presse aujourd'hui d'exécuter ce résultat, & je ne puis plus différer. Je vous conseille donc de vous mettre à la nage, ou bien de construire un petit bâtiment semblable à celui qui vous a apporté dans ces lieux, & dont vous m'avez fait la description, & de vous en retourner par mer, comme vous êtes venu. Tous les domestiques de cette maison, & ceux même de mes voisins, vous aideront dans cet ouvrage. S'il n'eût tenu qu'à moi, je vous aurois gardé toute votre vie à mon service, parce que vous avez d'assez bonnes inclinations, que vous vous êtes corrigé de plusieurs de vos défauts & de vos mauvaises habitudes, & que vous avez fait tout votre possible pour vous conformer, autant que votre malheureuse nature en est capable, à celle des Houyhnhnms.

(Je remarquerai en passant que les décrets de l'assemblée générale de la nation des Houyhnhnms, s'expriment toujours par le mot de Hnhloayn, qui signifie exhortation. Ils ne peuvent concevoir qu'on puisse forcer & contraindre une créature raisonnable, comme si elle étoit capable de désobéir à la raison).

Ce discours me frappa comme un coup de foudre ; je tombai en un instant dans l'abattement & dans le désespoir, & ne pouvant résister à l'impression de la douleur, je m'évanouis aux pieds de mon maître qui me crut mort. Quand j'eus un peu repris mes sens, je lui dis d'une voix foible & d'un air affligé, que quoique je ne pusse blâmer l'exhortation de l'assemblée générale, ni la sollicitation de tous ses amis qui le pressoient de se défaire de moi, il me sembloit néanmoins, selon mon foible jugement, qu'on auroit pu décerner contre moi une peine moins rigoureuse ; qu'il m'étoit impossible de me mettre à la nage, que je pourrois tout au plus nager une lieue, & que cependant la terre la plus proche étoit peut-être éloignée de cent lieues; qu'à l'égard de la construction d'une barque, je ne trouverois jamais dans le pays ce qui étoit nécessaire pour un pareil bâtiment; que néanmoins je voulois obéir, malgré l'impossibilité de faire ce qu'il me conseilloit, & que je me regardois comme une créature condamnée à périr; que la vue de la mort ne m'effrayoit point, & que je l'attendois comme le moindre des maux dont j'étois menacé; que supposé que je pusse traverser les mers & retourner dans mon pays par quelque aventure extraordinaire & inespérée, j'aurois alors le malheur de retrouver les Yahous, d'être obligé de passer le reste de ma vie avec eux, & de retomber bientôt dans toutes mes mauvaises habitudes; que je savois bien que les raisons qui avoient déterminé messieurs les Houyhnhnms, étoient trop solides, pour oser leur opposer celles d'un misérable Yahou, tel que moi; qu'ainsi j'acceptois l'offre obligeante qu'il me faisoit du secours de ses domestiques, pour m'aider à construire une barque; que je le priois seulement de vouloir bien m'accorder un espace de tems qui pût suffire à un ouvrage aussi difficile, qui étoit destintiné à la conservation de ma misérable vie ; que si je retournois jamais en Angleterre, je tâcherois de me rendre utile à mes compatriotes, en leur traçant le portrait & les vertus des illustres Houyhnhnms, & en les proposant pour exemple à tout le genre humain.

Son honneur me répliqua en peu de mots, & me dit qu'il m'accordoit deux mois pour la construction de ma barque, & en même-tems ordonna à l'Alezan, mon camarade, (car il m'est permis de lui donner ce nom en Angleterre) de suivre mes instructions, parce que j'avois dit à mon maître que lui seul me suffiroit, & que je savois qu'il avoit beaucoup d'affection pour moi.

La première chose que je fis, fut d'aller avec lui vers cet endroit de la côte où j'avois autrefois abordé. Je montai sur une hauteur, & jettant les yeux de tous côtés sur les vastes espaces de la mer, je crus voir, vers le nord-est, une petite île. Avec mon télescope je la vis clairement, & je supputai qu'elle pouvoit être éloignée de cinq lieues. Pour le bon Alezan, il disoit d'abord que c'étoit un nuage. Comme il n'avoit jamais vu d'autre terre que celle où il étoit né, il n'avoit pas le coup d'œil pour distinguer sur mer les objets éloignés, comme moi qui avois passé ma vie sur cet élément. Ce fut à cette île que je résolus alors de me rendre, lorsque ma barque seroit construite.

Je retournai au logis avec mon camarade; & après avoir un peu raisonné ensemble, nous allâmes dans une forêt qui étoit peu éloignée, où moi avec mon coûteau, & lui avec un caillou tranchant, emmanché fort adroitement, coupâmes les bois nécessaires pour l'ouvrage. Afin de ne point ennuyer le lecteur du détail de notre travail, il suffit de dire qu'en six semaines de tems, nous fîmes une espèce de canot à la façon des Indiens, mais beaucoup plus large, que je couvris de peaux d'Yahous, cousues ensemble avec du fil de chanvre. Je me fis une voile de ces mêmes peaux, ayant choisi pour cela celles des jeunes Yahous, parce que celles des vieux auroit été trop dure & trop épaisse : je me fournis aussi de quatre rames : je fis provision d'une quantité de chair cuite de lapins & d'oiseaux, avec deux vaisseaux, l'un plein d'eau & l'autre de lait.

Je fis l'épreuve de mon canot dans un grand étang, & y corrigeai tous les défauts que j'y pus remarquer, bouchant toutes les voies d'eau avec du suif d'Yahou ; & tâchant de le mettre en état de me porter avec ma petite cargaison. Je le mis alors sur une charrette, & le fis conduire au rivage par des Yahous, sous la conduite de l'Alezan & d'un autre domestique.

Lorsque tout fut prêt, & que le jour de mon départ fut arrivé, je pris congé de mon maître, de madame son épouse, & de toute la maison, ayant les yeux baignés de larmes, & le cœur percé de douleur. Son honneur, soit par curiosité, soit par amitié, voulut me voir dans mon canot, & s'avança vers le rivage avec plusieurs de ses amis du voisinage. Je fus obligé d'attendre plus d'une heure à cause de la marée ; alors observant que le vent étoit bon pour aller à l'île, je pris le dernier congé de mon maître. Je me prosternai à ses pieds pour les lui baiser, & il me fit l'honneur de lever son pied droit de devant jusqu'à ma bouche. Si je rapporte cette circonstance, ce n'est point par vanité ; j'imite tous les voyageurs qui ne manquent point de faire mention des honneurs extraordinaires qu'ils ont reçus. Je fis une profonde révérence à toute la compagnie, & me jettant dans mon canot, je m'éloignai du rivage.

CHAPITRE XI.

L'auteur est percé d'une flèche que lui décoche un sauvage. Il est pris par des Portugais qui le conduisent à Lisbonne, d'où il passe en Angleterre.

Je commençai ce malheureux voyage le 15 de février, l'an 171 $\frac{4}{5}$ à neuf heures du matin. Quoique j'eusse le vent favorable, je ne me servis d'abord que de mes rames. Mais considérant que je serois bientôt las, & que le vent pouvoit changer, je me risquai de mettre à la voile; & de cette manière, avec le secours de la marée, je cinglai environ l'espace d'une heure & demie. Mon maître avec tous les Houyhnhnms de sa compagnie, restèrent sur le rivage, jusqu'à ce qu'ils m'eussent perdu de vue, & j'entendis plusieurs fois mon cher ami l'Alezan crier: *Hnuy illa nyha majam Yahou*, c'est-à-dire, prends bien garde à toi, gentil Yahou.

Mon dessein étoit de découvrir, si je pouvois, quelque petite île déserte & inhabitée, où je trouvasse seulement ma nourriture, & de quoi me vêtir. Je me figurois, dans un pareil séjour, une situation mille fois plus heureufe que celle d'un premier miniftre. J'avois une horreur extrême de retourner en Europe, & d'y être obligé de vivre dans la fociété & fous l'empire des Yahous. Dans cette heureufe folitude que je cherchois, j'efpérois paffer doucement le refte de mes jours, enveloppé dans ma philofophie, jouiffant de mes penfées, n'ayant d'autre objet que le fouverain bien, ni d'autre plaifir que le témoignage de ma confcience, fans être expofé à la contagion des vices énormes que les Houyhnhnms m'avoient fait appercevoir dans ma déteftable efpèce.

Le lecteur peut fe fouvenir que je lui ai dit, que l'équipage de mon vaiffeau s'étoit révolté contre moi, & m'avoit emprifonné dans ma chambre; que je reftai en cet état pendant plufieurs femaines, fans favoir où l'on conduifoit mon vaiffeau, & qu'enfin l'on me mit à terre, fans me dire où j'étois. Je crus néanmoins alors que nous étions à dix degrés au fud du Cap de Bonne-Efpérance, & environ à quarante-cinq degrés de latitude méridionale. Je l'inférai de quelques difcours généraux que j'avois entendus dans le vaiffeau, au fujet du deffein qu'on avoit d'aller à Madagafcar. Quoique que ce ne fût-là qu'une conjecture, je ne laiffai pas de prendre le parti de cingler à l'eft, efpérant mouiller au sud-ouest de la côte de la nouvelle Hollande, & de-là me rendre à l'ouest, dans quelqu'une des petites îles qui sont aux environs. Le vent étoit directement à l'ouest, & sur les six heures du soir, je supputais que j'avois fait environ dix-huit lieues vers l'est.

Ayant alors découvert une très-petite île éloignée tout au plus d'une lieue & demie, j'y abordai en peu de tems. Ce n'étoit qu'un vrai rocher, avec une petite baie que les tempêtes y avoient formée. J'amarrai mon canot en cet endroit, & ayant grimpé sur un des côtés du rocher, je découvris vers l'est une terre qui s'étendoit du sud au nord. Je passai la nuit dans mon canot, & le lendemain m'étant mis à ramer de grand matin & de grand courage, j'arrivai en sept heures à un endroit de la nouvelle Hollande, qui est au sud-ouest. Cela me confirma dans une opinion que j'avois depuis long-tems, savoir, que les Mappemondes & les cartes placent ce pays, au moins trois degrés plus à l'est, qu'il n'est réellement. Je crois avoir, il y a déja plusieurs années, communiqué ma pensée à mon illustre ami monsieur Herman Moll, & lui avoir expliqué mes raisons; mais il a mieux aimé suivre la foule des auteurs.

Je n'apperçus point d'habitans à l'endroit où

j'avois pris terre, & comme je n'avois point d'armes, je ne voulus pas m'avancer dans le pays. Je ramaſſai quelques coquillages ſur le rivage, que je n'oſai faire cuire, de peur que le feu ne me fît découvrir par les habitants de la contrée. Pendant les trois jours que je me tins caché en cet endroit, je ne vecus que d'huîtres & de moules, afin de ménager mes petites proviſions. Je trouvai heureuſement un petit ruiſſeau dont l'eau étoit excellente.

Le quatrième jour, m'étant riſqué d'avancer un peu dans les terres, je découvris vingt où trente habitants du pays ſur une hauteur qui n'étoit pas à plus de cinq cens pas de moi. Ils étoient tout nuds, hommes, femmes & enfants, & ſe chauffoient autour d'un grand feu. Un d'eux m'apperçut, & me fit remarquer aux autres. Alors cinq de la troupe ſe détachèrent & ſe mirent en marche de mon côté. Auſſi-tôt je me mis à fuir vers le rivage, je me jettai dans mon canot, & je ramai de toute ma force. Les ſauvages me ſuivirent le long du rivage, & comme je n'étois pas fort avancé dans la mer, il me décochèrent une flèche qui m'atteignit au genou gauche & m'y fit une large bleſſure, dont je porte encore aujourd'hui la marque. Je craignis que le dard ne fût empoiſonné ; ainſi ayant ramé fortement, &

m'étant mis hors de la portée du trait, je tâchai de bien sucer ma plaïe, & ensuite je bandai mon genou comme je pus.

J'étois extrêmement embarrassé, je n'osois retourner à l'endroit où j'avois été attaquée, & comme j'étois obligé d'aller du côté du nord, il me falloit toujours ramer, parce que j'avois le vent de nord-ouest. Dans le tems que je jettois les yeux de tous côtés pour faire quelque découverte, j'apperçus au nord-nord-est une voile qui à chaque instant croissoit à mes yeux. Je balançai un peu de tems, si je devois m'avancer vers elle ou non. A la fin l'horreur que j'avois conçue pour toute la race des Yahous, me fit prendre le pati de virer de bord, & de ramer vers le sud ; pour me rendre à cette même baie d'où j'étois parti le matin, aimant mieux m'exposer à toute sorte de dangers que de vivre avec des Yahous. J'approchai mon canot le plus près qu'il me fut possible du rivage ; & pour moi je me cachai à quelques pas de là, derrière une petite roche qui étoit proche de ce ruisseau dont j'ai parlé.

Le vaisseau s'avança environ à une demi-lieue de la baie, & envoya sa chaloupe avec des tonneaux pour y faire aiguade. Cet endroit étoit connu & pratiqué souvent par les voyageurs, à cause du ruisseau. Les mariniers en prenant terre, virent d'abord mon canot, & s'étant mis auſſi-tôt à le viſiter, ils connurent ſans peine que celui à qui il appartenoit n'étoit pas loin. Quatre d'entr'eux, bien armés, cherchèrent de tous côtés aux environs, & enfin me trouvèrent couché la face contre terre derrière la roche. Ils furent d'abord ſurpris de ma figure, de mon habit de peaux de lapins, de mes ſouliers de bois, & de mes bas fourrés. Ils jugèrent que je n'étois pas du pays, où tous les habitants étoient nuds. Un d'eux m'ordonna de me lever, & me demanda en langage Portugais, qui j'étois. Je lui fis une profonde révérence, & lui dis dans cette même langue, que j'entendois parfaitement, que j'étois un pauvre Yahou banni du pays des Houyhnhnms, & que je le conjurois de me laiſſer aller. Ils furent ſurpris de m'entendre parler leur langue, & jugèrent par la couleur de mon viſage que j'étois un Européen; mais ils ne ſavoient ce que je voulois dire par les mots de Yahou & de Houyhnhnms; & ils ne purent en même-tems s'empêcher de rire de mon accent qui reſſembloit au henniſſement d'un cheval.

Je reſſentois à leur aſpect des mouvement de crainte & de haine, & je me mettois déja en devoir de leur tourner le dos, & de me rendre dans mon canot, lorsqu'ils mirent la main sur moi, & m'obligèrent de leur dire de quel pays j'étois, d'où je venois, avec plusieurs autres questions pareilles. Je leur répondis que j'étois né en Angleterre, d'où j'étois parti il y avoit environ cinq ans, & qu'alors la paix régnoit entre leur pays & le mien. Qu'ainsi j'espérois qu'ils voudroient bien ne me point traiter en ennemi, puisque je ne leur voulois aucun mal, & que j'étois un pauvre Yahou qui cherchois quelque île déserte, où je pusse passer dans la solitude le reste de ma vie infortunée.

Lorsqu'ils me parlèrent d'abord, je fus saisi d'étonnement, & je crus voir un prodige. Cela me paroissoit aussi extraordinaire que si j'entendois aujourd'hui un chien ou une vache parler en Angleterre. Ils me répondirent avec toute l'humanité & toute la politesse possible, que je ne m'affligeasse point, & qu'ils étoient sûrs que leur capitaine voudroit bien me prendre sur son bord, & me mener gratis à Lisbonne, d'où je pourrois passer en Angleterre, que deux d'entr'eux iroient dans un moment trouver le capitaine, pour l'informer de ce qu'ils avoient vu, & recevoir ses ordres; mais qu'en même tems, à moins que je ne leur donnasse ma parole de ne point m'enfuir, ils alloient me lier. Je leur dis qu'ils feroient de moi tout ce qu'ils jugeroient à propos.

Ils avoient bien envie de savoir mon histoire & mes aventures, mais je leur donnai peu de satisfaction, & tous conclurent que mes malheurs m'avoient troublé l'esprit. Au bout de deux heures, la chaloupe, qui étoit allée porter de l'eau douce au vaisseau, revint avec ordre de m'amener incessamment à bord. Je me jettai à genoux, pour prier qu'on me laissât aller, & qu'on voulût bien ne point me ravir ma liberté: mais ce fut en vain; je fus lié & mis dans la chaloupe, & dans cet état conduit à bord & dans la chambre du capitaine.

Il s'appelloit Pedro de Mendez, & étoit un homme très-généreux & très-poli. Il me pria d'abord de lui dire qui j'étois: & ensuite me demanda ce que je voulois boire & manger: il m'assura que je serois traité comme lui-même, & me dit enfin des choses si obligeantes, que j'étois tout étonné de trouver tant de bonté dans un Yahou. J'avois néanmoins un air sombre, morne & fâché, & je ne répondis autre chose à toutes ses honnêtetés, sinon que j'avois à manger dans mon canot. Mais il ordonna qu'on me servit un poulet, & qu'on me fît boire d'un vin excellent; & en attendant, il me fit donner un bon lit dans une chambre fort commode. Lorsque j'y eus été conduit, je ne voulus point me deshabiller, & je me jettai sur le lit dans l'état où j'étois. Au bout d'une demi-heure, tandis que tout l'équipage étoit à dîner, je m'échappai de ma chambre, dans le dessein de me jetter dans la mer, & de me sauver à la nage, afin de n'être point obligé de vivre avec des Yahous. Mais je fus prévenu par un des mariniers, & le capitaine ayant été informé de ma tentative, ordonna de m'enfermer dans ma chambre.

Après le dîner, D. Pedro vint me trouver, & voulut savoir quel motif m'avoit porté à former l'entreprise d'un homme désespéré. Il m'assura en même-tems qu'il n'avoit envie que de me faire plaisir, & me parla d'une manière si touchante & si persuasive, que je commençai à le regarder comme un animal un peu raisonnable. Je lui racontai en peu de mots l'histoire de mon voyage, la révolte de mon équipage dans un vaisseau dont j'étois capitaine, & la résolution qu'ils avoient prise de me laisser sur un rivage inconnu: je lui appris que j'avois passé trois ans parmi les Houyhnhnms, qui étoient des chevaux parlants & des animaux raisonnants & raisonnables. Le capitaine prit tout cela pour des visions & des mensonges, ce qui me choqua extrêmement. Je lui dis que j'avois oublié à mentir, depuis que j'avois quitté les Yahous d'Europe ; que chez les Houyhnhnms on ne mentoit point, non pas même les enfans & les valets : qu'au surplus il croiroit ce qu'il lui plairoit, mais que j'étois prêt à répondre à toutes les difficultés qu'il pourroit m'opposer, & que je me flattois de lui pouvoir faire connoître la vérité.

Le capitaine, homme sensé, après m'avoir fait plusieurs autres questions, pour voir si je ne me couperois pas dans mes discours, & avoir vu que tout ce que je disois étoit juste, & que toutes les parties de mon histoire se rapportoient les unes aux autres, commença à avoir un peu meilleure opinion de ma sincérité ; d'autant plus qu'il m'avoua qu'il s'étoit autrefois rencontré avec un matelot Hollandois, lequel lui avoit dit qu'il avoit pris terre, avec cinq autres de ses camarades, à une certaine île ou continent, au sud de la Nouvelle-Hollande, où ils avoient mouillé pour faire aiguade ; qu'ils avoient apperçu un cheval chassant devant lui un troupeau d'animaux parfaitement ressemblans à ceux que je lui avois décrits, & auxquels je donnois le nom de Yahous, avec plusieurs autres particularités que le capitaine me dit qu'il avoit oubliées, & dont il s'étoit mis alors peu en peine de charger fa mémoire, les regardant comme des menfonges.

Il m'ajouta, que puifque je faifois profeffion d'un fi grand attachement à la vérité, il vouloit que je lui donnaffe ma parole d'honneur de refter avec lui pendant tout le voyage, fans fonger à attenter fur ma vie; qu'autrement, il m'enfermeroit, jufqu'à ce qu'il fût arrivé à Lisbonne. Je lui promis ce qu'il exigeoit de moi; mais je lui proteftai en même tems, que je fouffrirois plutôt les traitemens les plus fâcheux, que de confentir jamais à retourner parmi les Yahous de mon pays.

Il ne fe paffa rien de remarquable pendant notre voyage. Pour témoigner au capitaine combien j'étois fenfible à fes honnêtetés, je m'entretenois quelquefois avec lui par reconnoiffance, lorfqu'il me prioit inftamment de lui parler; & je tâchois alors de lui cacher ma mifantropie & mon averfion pour tout le genre humain. Il m'échappoit néanmoins de tems en tems quelques traits mordans & fatyriques, qu'il prenoit en galant homme, ou auxquels il ne faifoit pas femblant de prendre garde. Mais je paffois la plus grande partie du jour feul & ifolé dans ma chambre, & je ne voulois parler à aucun de l'équipage. Tel étoit l'état de mon cerveau, que mon commerce avec les Houyhnhnms avoit rempli d'idées sublimes & philosophiques. J'étois dominé par une misantropie insurmontable, semblable à ces sombres esprits, à ces farouches solitaires, à ces censeurs méditatifs, qui, sans avoir fréquenté les Houyhnhnms, se piquent de connoître à fond le caractère des hommes, & d'avoir un souverain mépris pour l'humanité.

Le capitaine me pressa plusieurs fois de mettre bas mes peaux de lapins, & m'offrit de me prêter de quoi m'habiller de pied en cap; mais je le remerciai de ses offres, ayant horreur de mettre sur mon corps ce qui avoit été à l'usage d'un Yahou. Je lui permis seulement de me prêter deux chemises blanches, qui, ayant été bien lavées, pouvoient ne me point souiller. Je les mettois tour-à-tour de deux jours l'un, & j'avois soin de les laver moi-même.

Nous arrivâmes à Lisbonne le cinq de novembre mil sept cent quinze. Le capitaine me força alors de prendre ses habits, pour empêcher la canaille de nous huer dans les rues. Il me conduisit à sa maison, & voulu que je demeurasse chez lui pendant mon séjour en cette ville. Je le priai instamment de me loger au quatrième, dans un endroit écarté, où je n'eusse commerce avec qui que ce fût. Je lui demandai aussi la grace de ne rien dire à personne ce que je lui avois raconté de mon séjour parmi les Houyhnhnms, parce que, si mon histoire étoit sue, je serois bientôt accablé de visites d'une infinité de curieux ; &, ce qu'il y a de pis, je serois, peut-être, brûlé par l'inquisition.

Le capitaine, qui n'étoit point marié, n'avoit que trois domestiques, dont l'un, qui m'apportoit à manger dans ma chambre, avoit de si bonnes manières à mon égard, & me paroissoit avoir tant de bon sens pour un Yahou, que sa compagnie ne me déplut point ; il gagna sur moi de me faire mettre de tems en tems la tête à une lucarne pour prendre l'air : ensuite il me persuada de descendre l'étage d'au-dessous, & de coucher dans une chambre dont la fenêtre donnoit sur la rue. Il me fit regarder par cette fenêtre ; mais, au commencement, je retirois ma tête aussitôt que je l'avois avancée : le peuple me blessoit la vue. Je m'y accoutumai pourtant peu-à-peu. Huit jours après, il me fit descendre un étage encore plus bas : enfin il triompha si bien de ma foiblesse, qu'il m'engagea à venir m'asseoir à la porte, pour regarder les passans, & ensuite à l'accompagner quelquefois dans les rues.

Don Pedro, à qui j'avois expliqué l'état de ma famille & de mes affaires, me dit un jour, que

que j'étois obligé, en honneur & en conscience, de retourner en mon pays, & de vivre avec ma femme & mes enfans. Il m'avertit en même tems qu'il y avoit dans le port un vaisseau prêt à faire voile pour l'Angleterre, & m'assura qu'il me fourniroit tout ce qui me seroit nécessaire pour mon voyage. Je lui opposai plusieurs raisons qui me détournoient de vouloir jamais aller demeurer dans mon pays, & qui m'avoient fait prendre la résolution de chercher quelque île déserte pour y finir mes jours. Il me répliqua que cette île que je voulois chercher, étoit une chimère, & que je trouverois des hommes par-tout ; qu'au contraire, lorsque je serois chez moi, j'y serois le maître, & pourrois y être aussi solitaire qu'il me plairoit.

Je me rendis à la fin, ne pouvant mieux faire ; j'étois d'ailleurs devenu un peu moins sauvage. Je quittai Lisbonne le 24 de novembre, & m'embarquai dans un vaisseau marchand. Don Pedro m'accompagna jusqu'au port, & eut l'honnêteté de me prêter la valeur de vingt livres sterlings. Durant ce voyage, je n'eus aucun commerce avec le capitaine, ni avec aucun des passagers, & je prétextai une maladie pour pouvoir toujours rester dans ma chambre. Le cinq décembre mil sept cent quinze, nous jettâmes l'ancre aux Dunes environ sur les neuf heures du matin, & à trois heures après midi, j'arrivai à Rotherhith en bonne santé, & me rendis au logis.

Ma femme & toute ma famille, en me revoyant, me témoignèrent leur surprise & leur joie : comme ils m'avoient cru mort, ils s'abandonnèrent à des transports que je ne puis exprimer. Je les embrassai tous assez froidement, à cause de l'idée d'Yahou, qui n'étoit pas encore sortie de mon esprit; &, pour cette raison, je ne voulus point d'abord coucher avec ma femme.

Le premier argent que j'eus, je l'employai à acheter deux jeunes chevaux, pour lesquels je fis bâtir une fort belle écurie, & auxquels je donnai un palfrenier du premier mérite, que je fis mon favori & mon confident. L'odeur de l'écurie me charmoit, & j'y passois tous les jours quatre heures à parler à mes chers chevaux, qui me rappelloient le souvenir des vertueux Houyhnhnms.

Dans le tems que j'écris cette relation, il y a cinq ans que je suis de retour de mon dernier voyage, & que je vis retiré chez moi. La première année, je souffris avec peine la vue de ma femme & de mes enfans, & ne pus presque gagner sur moi de manger avec eux. Mes idées changèrent dans la suite; & aujourd'hui je suis un homme ordinaire, quoique toujours un peu misantrope.

CHAPITRE XII.

Invective de l'auteur contre les voyageurs qui mentent dans leurs relations. Il justifie la sienne. Ce qu'il pense de la conquête qu'on voudroit faire des pays qu'il a découverts.

JE vous ai donné, mon cher lecteur, une histoire complette de mes voyages pendant l'espace de seize ans & sept mois; &, dans cette relation, j'ai moins cherché à être élégant & fleuri, qu'à être vrai & sincère. Peut-être que vous prenez pour des contes & des fables tout ce que je vous ai raconté, & que vous n'y trouvez pas la moindre vraisemblance; mais je ne me suis point appliqué à chercher des tours séduisans pour farder mes récits & vous les rendre croyables. Si vous ne me croyez pas, prenez-vous en à vous-même de votre incrédulité. Pour moi, qui n'ai aucun génie pour la fiction, & qui ai une imagination très-froide, j'ai rapporté les faits avec une simplicité qui devroit vous guérir de vos doutes.

Il nous est aisé, à nous autres voyageurs qui allons dans des pays où presque personne ne va, de faire des descriptions surprenantes de quadrupèdes, de serpens, d'oiseaux & de poissons extraordinaires & rares. Mais à quoi cela sert-il ? Le principal but d'un voyageur qui publie la relation de ses voyages, ne doit-ce pas être de rendre les hommes de son pays meilleurs & plus sages, & de leur proposer des exemples étrangers, soit en bien, soit en mal, pour les exciter à pratiquer la vertu & à fuir le vice ? C'est ce que je me suis proposé dans cet ouvrage, & je crois qu'on doit m'en savoir bon gré.

Je voudrois, de tout mon cœur, qu'il fût ordonné par une loi, qu'avant qu'aucun voyageur publiât la relation de ses voyages, il jureroit & feroit serment, en présence du lord grand chancelier, que tout ce qu'il va faire imprimer est exactement vrai, ou du moins qu'il le croit tel. Le monde ne seroit, peut-être, pas trompé comme il l'est tous les jours. Je donne d'avance mon suffrage pour cette loi, & je consens que mon ouvrage ne soit imprimé qu'après qu'elle aura été dressée.

J'ai parcouru, dans ma jeunesse, un grand nombre de relations avec un plaisir infini. Mais depuis que j'ai presque fait le tour du monde, & que j'ai vu les choses de mes yeux & par moi-même, je n'ai plus de goût pour cette sorte de lecture ; j'aime mieux lire des romans.

Je souhaite que mon lecteur pense comme moi.

Mes amis ayant jugé que la relation que j'ai écrite de mes voyages, avoit un certain air de vérité qui plaisoit au public, je me suis livré à leurs conseils, & j'ai consenti à l'impression. Hélas, j'ai eu bien des malheurs dans ma vie, mais je n'ai jamais eu celui d'être enclin au mensonge.

............(1) *Nec si miserum fortuna Sinonem Finxit, vanum etiam mendacemque improba finget.*

Je sais qu'il n'y a pas beaucoup d'honneur à publier des voyages ; que cela ne demande ni science, ni génie, & qu'il suffit d'avoir une bonne mémoire, ou d'avoir tenu un journal exact. Je sais aussi que les faiseurs de relations ressemblent aux faiseurs de dictionnaires, & sont, au bout d'un certain tems, éclipsés & comme anéantis par une foule d'écrivains postérieurs, qui répètent tout ce qu'ils ont dit, & y ajoutent des choses nouvelles. Il m'arrivera, peut-être, la même chose : des voyageurs iront dans les pays où j'ai été, enchériront sur mes descriptions, feront tomber mon livre, &, peut-être, oublier que j'aie jamais écrit. Je regarderois cela comme une vraie mortifica-

---

(1) Virg. Æneid. l. 2.

tion, si j'écrivois pour la gloire; mais, comme j'écris pour l'utilité du public, je m'en soucie peu, & je suis préparé à tout événement. Je voudrois bien qu'on s'avisât de censurer mon ouvrage. En vérité, que peut-on dire à un voyageur qui décrit des pays, où notre commerce n'est aucunement intéressé, & où il n'y a aucun rapport à nos manufactures ? J'ai écrit sans passion, sans esprit de parti, & sans vouloir blesser personne. J'ai écrit pour une fin très-noble, qui est l'instruction générale du genre humain. J'ai écrit sans aucune vue d'intérêt ou de vanité; ensorte que les observateurs, les examinateurs, les critiques, les flateurs, les chicaneurs, les timides, les politiques, les petits génies, les patelins, les esprits les plus difficiles & les plus injustes, n'auront rien à me dire, & ne trouveront point occasion d'exercer leur odieux talent.

J'avoue qu'on m'a fait entendre que j'aurois dû d'abord, comme bon sujet & bon Anglois, présenter au secretaire d'état à mon retour, un mémoire instructif touchant mes découvertes, vu que toutes les terres qu'un sujet découvre, appartiennent de droit à la couronne. Mais, en vérité, je doute que la conquête du pays dont il s'agit, soit aussi aisée que celle que Ferdinand Cortez fit autrefois d'une contrée de l'Amérique, où les Espagnols massacrèrent tant de pauvres Indiens, nuds & sans armes. Premièrement, à l'égard du pays de Lilliput, il est clair que la conquête n'en vaut pas la peine, & que nous n'en retirerions pas de quoi nous rembourser des frais d'une flotte & d'une armée. Je demande s'il y auroit de la prudence à aller attaquer les Brobdingnagiens ? Il feroit beau voir une armée angloise faire une descente en ce pays-là. Seroit-elle fort contente, si on l'envoyoit dans une contrée où l'on a toujours une île aërienne sur la tête, toute prête à écraser les rebelles, & à plus forte raison les ennemis du dehors qui voudroient s'emparer de cet empire ? Il est vrai que le pays des Houyhnhnms paroît une conquête assez aisée. Ces peuples ignorent le métier de la guerre ; ils ne savent ce que c'est qu'armes blanches & armes à feu. Cependant, si j'étois ministre d'état, je ne serois point d'humeur de faire une pareille entreprise. Leur haute prudence & leur parfaite unanimité sont des armes terribles. Imaginez-vous d'ailleurs cent mille Houyhnhnms en fureur se jettant sur une armée européenne. Quel carnage ne feroient-ils pas avec leurs dents, & combien de têtes & d'estomacs ne briseroient-ils pas avec leurs formidables pieds de derrière ? Certes il n'y a point de Houyhnhnm auquel on ne puisse appliquer ce qu'Horace a dit de l'empereur Auguste :

...... *Recalcitrat undique tutus.*

Mais, loin de songer à conquérir leur pays, je voudrois plutôt qu'on les engageât à nous envoyer quelques-uns de leur nation pour civiliser la nôtre, c'est-à-dire, pour la rendre vertueuse & plus raisonnable.

Une autre raison m'empêche d'opiner pour la conquête de ce pays, & de croire qu'il soit à propos d'augmenter les domaines de sa majesté britannique de mes heureuses découvertes. C'est qu'à dire le vrai, la manière dont on prend possession d'un nouveau pays découvert me cause quelques légers scrupules. Par exemple (1), une troupe de pirates est poussée par la tempête je ne sais où. Un mousse, du haut du perroquet, découvre terre : les voilà aussi-tôt à cingler de ce côté-là. Ils abordent ; ils descendent sur le rivage ; ils voient un peuple désarmé qui les reçoit bien. Aussi-tôt ils donnent un nouveau nom à cette terre, & en prennent possession au nom de leur chef. Ils élèvent un

---

(1) Allusion à la conquête du Mexique, par les Espagnols qui exercèrent des cruautés inouies à l'égard des naturels du pays.

monument qui atteste à la postérité cette belle action. Ensuite ils se mettent à tuer deux ou trois douzaines de ces pauvres Indiens, & ont la bonté d'en épargner une douzaine qu'ils renvoient à leurs huttes. Voilà proprement l'acte de possession qui commence à fonder le droit divin. On envoie bientôt après d'autres vaisseaux en ce même pays, pour exterminer le plus grand nombre des naturels: on met les chefs à la torture, pour les contraindre à livrer leurs trésors: on exerce, par conscience, tous les actes les plus barbares & les plus inhumains; on teint la terre du sang de ses infortunés habitans. Enfin cette exécrable troupe de bourreaux, employée à cette pieuse expédition, est une colonie envoyée dans un pays barbare & idolâtre, pour le civiliser & le convertir.

J'avoue que ce que je dis ici ne regarde point la nation angloise, qui, dans la fondation des colonies, a toujours fait éclater sa sagesse & sa justice, & qui peut, sur cet article, servir d'exemple à toute l'Europe. On sait quel est notre zèle pour faire connoître la religion chrétienne dans les pays nouvellement découverts & heureusement envahis; que, pour y faire pratiquer les loix du christianisme, nous avons soin d'y envoyer des pasteurs très-pieux & très-édifians, des hommes de bonnes mœurs

& de bon exemple, des femmes & des filles irréprochables, & d'une vertu très-bien éprouvée; de braves officiers, des juges intègres, & sur-tout des gouverneurs d'une probité reconnue, qui font consister leur bonheur dans celui des habitans du pays, qui n'y exercent aucune tyrannie, qui n'ont ni avarice, ni ambition, ni cupidité, mais seulement beaucoup de zèle pour la gloire & les intérêts du roi leur maître.

Au reste, quel intérêt aurions-nous à vouloir nous emparer des pays dont j'ai fait la description ? Quel avantage retirerions-nous de la peine d'enchaîner & de tuer les naturels ? Il n'y a dans ces pays-là, ni mines d'or & d'argent, ni sucre, ni tabac. Ils ne méritent donc pas de devenir l'objet de notre ardeur martiale, & de notre zèle religieux, ni que nous leur fassions l'honneur de les conquérir.

Si néanmoins la cour en juge autrement, je déclare que je suis prêt d'attester, quand on m'interrogera juridiquement, qu'avant moi, nul Européen n'avoit mis le pied dans ces mêmes contrées : je prends à témoin les naturels, dont la déposition doit faire foi. Il est vrai qu'on peut chicaner par rapport à ces deux Yahous dont j'ai parlé, & qui, selon la tradition des Houyhnhnms, parurent autrefois sur une montagne, & sont devenus depuis la tige de tous les Yahous de ce pays-là. Mais il n'est pas difficile de prouver que ces deux anciens Yahous étoient natifs d'Angleterre : certains traits de leurs descendans, certaines inclinations, certaines manières le font préjuger. Au surplus, je laisse aux docteurs, en matière de colonies, à discuter cet article, & à examiner s'il ne fonde pas un titre clair & incontestable pour le droit de la Grande-Bretagne.

Après avoir ainsi satisfait à la seule objection qu'on me peut faire au sujet de mes voyages, je prends enfin congé de l'honnête lecteur qui m'a fait l'honneur de vouloir bien voyager avec moi dans ce livre, & je retourne à mon petit jardin de Redriff, pour m'y livrer à mes spéculations philosophiques.

Fin des voyages de Gulliver.

TABLE
DES VOYAGES IMAGINAIRES
CONTENUS DANS CE VOLUME.

Avertissement de l'Éditeur, page vij
Préface du Traducteur, xv

PREMIÈRE PARTIE.
Voyage de Lilliput.

Chapitre premier. *L'auteur rend un compte succinct des premiers motifs qui le portèrent à voyager. Il fait naufrage, & se sauve à la nage dans le pays de Lilliput. On l'enchaîne, & on le conduit en cet état plus avant dans les terres,* 1

Chap. II. *L'empereur de Lilliput, accompagné de plusieurs de ses courtisans, vient pour voir l'auteur dans sa prison. Description de la personne & de l'habit de sa majesté. Gens savans nommés pour apprendre la langue à l'auteur. Il obtient des graces par sa douceur. Ses poches sont visitées,* 16

Chap. III. *L'auteur divertit l'empereur & les grands de l'un & l'autre sexe, d'une manière fort extraordinaire. Description des divertissemens de la cour de Lilliput. L'auteur est mis en liberté à certaines conditions,* 29

Chap. IV. *Description de Mildendo, capitale de Lilliput, & du palais de l'empereur. Conversation entre l'auteur & un secrétaire d'état, tou-*

chant les affaires de l'empire. Les offres que l'auteur fait de servir l'empereur dans ses guerres, 37

CHAP. V. *L'auteur, par un stratagème très-extraordinaire, s'oppose à une descente des ennemis. L'empereur lui confère un grand titre d'honneur. Les ambassadeurs arrivent de la part de l'empereur de Blefuscu, pour demander la paix. Le feu prend à l'appartement de l'impératrice : l'auteur contribue beaucoup à éteindre l'incendie,* 46

CHAP. VI. *Les mœurs des habitans de Lilliput, leur littérature, leurs loix, leurs coutumes & leur manière d'élever les enfans,* 55

CHAP. VII. *L'auteur ayant reçu avis qu'on lui vouloit faire son procès, pour crime de lèze-majesté, s'enfuit dans le royaume de Blefuscu,* 68

CHAP. VIII. *L'auteur, par un accident heureux, trouve le moyen de quitter Blefuscu ; &, après quelques difficultés, retourne dans sa patrie,* 81

SECONDE PARTIE.

Voyage de Brobdingnag.

CHAP. I. *L'auteur, après avoir essuyé une grande tempête, se met dans une chaloupe pour descendre à terre, & est saisi par un des habitans du pays. Comment il en est traité. Idée du pays & du peuple,* 91

CHAP. II. *Portrait de la fille du laboureur. L'auteur est conduit à une ville où il y avoit un marché, & ensuite à la capitale. Détail de son voyage,* 109

CHAP. III. *L'auteur est mandé pour se rendre à la cour, la reine l'achète & le présente au roi. Il dispute avec les savans de sa majesté. On lui prépare un appartement. Il devient le favori de la reine. Il soutient l'honneur de son pays. Ses*

querelles avec le nain de la reine, 119
Chap. IV. *Différentes inventions de l'auteur pour plaire au roi & à la reine. Le roi s'informe de l'état de l'Europe, dont l'auteur lui donne la relation. Les observations du roi sur cet article,* 140
Chap. V. *Zèle de l'auteur pour l'honneur de sa patrie. Il fait une proposition avantageuse au roi, qui est rejettée. La littérature de ce peuple, imparfaite & bornée. Leurs loix, leurs affaires militaires, & leurs partis dans l'état,* 154
Chap. VI. *Le roi & la reine font un voyage vers la frontière, où l'auteur les suit. Détail de la manière dont il sort de ce pays pour retourner en Angleterre,* 164

TROISIÈME PARTIE.
Voyage de Laputa, &c.

Chap. I. *L'auteur entreprend un troisième voyage. Il est pris par des pirates. Méchanceté d'un Hollandois. Il arrive à Laputa,* 183
Chap. II. *Caractère des Laputiens. Idée de leurs savans, de leur roi & de sa cour. Réception qu'on fait à l'auteur. Les craintes & les inquiétudes des habitans. Caractère des femmes Laputiennes,* 192
Chap. III. *Phénomène expliqué par les philosophes & astronomes modernes. Les Laputiens sont grands astronomes. Comment le roi appaise les séditions,* 202
Chap. IV. *L'auteur quitte l'île de Laputa, & est conduit aux Balnibarbes. Son arrivée à la capitale. Description de cette ville & des environs. Il est reçu avec bonté par un grand seigneur,* 207

CHAP. V. *L'auteur visite l'académie, & en fait ici la description,* 217

CAHP. VI. *Suite de la description de l'académie,* 224

CHAP. VII. *L'auteur quitte Lagado, & arrive à Maldonada. Il fait un petit voyage à Glubbdubdrib. Comment il est reçu par le gouverneur,* 232

CHAP. VIII. *Retour de l'auteur à Maldonada. Il fait voile pour le royaume de Luggnagg. A son arrivée, il est arrêté & conduit à la cour. Comment il y est reçu,* 244

CHAP. IX. *Des Struldbruggs ou Immortels,* 250

CHAP. X. *L'auteur part de l'île de Luggnagg, pour se rendre au Japon, où il s'embarque sur un vaisseau hollandois. Il arrive à Amsterdam, & delà passe en Angleterre,* 263

QUATRIÈME PARTIE.

VOYAGE DES HOUYHNHNMS.

CHAP. I. *L'auteur entreprend encore un voyage en qualité de capitaine de vaisseau. Son équipage se révolte, l'enferme, l'enchaîne, & puis le met à terre sur un rivage inconnu. Description des Yahous. Deux Houyhnhnms viennent au-devant de lui,* 270

CHAP. II. *L'auteur est conduit au logis d'un Houyhnhnm : comment il y est reçu. Quelle étoit la nourriture des Houyhnhnms. Embarras de l'auteur pour trouver de quoi se nourrir,* 280

CHAP. III. *L'auteur s'applique à apprendre bien la langue, & le Houyhnhnm son maître s'applique à la lui enseigner. Plusieurs Houyhnhnms viennent voir l'auteur par curiosité. Il fait à son maître un récit succinct de ses voyages,* 290

Chap. IV. *Idées des Houyhnhnms sur la vérité & sur le mensonge. Les discours de l'auteur sont censurés par son maître,* 301

Chap. V. *L'auteur expose à son maître ce qui ordinairement allume la guerre entre les princes de l'Europe ; il lui explique ensuite comment les particuliers se font la guerre les uns aux autres. Portrait des procureurs & des juges d'Angleterre,* 312

Chap. VI. *Du luxe, de l'intempérance, & des maladies qui règnent en Europe. Caractère de la noblesse,* 324

Chap. VII. *Parallèle des Yahous & des Hommes,* 334

Chap. VIII. *Philosophie & mœurs des Houyhnhnms,* 343

Chap. IX. *Parlement des Houyhnhnms. Question importante agitée dans cette assemblée de toute la nation. Détail au sujet de quelques usages du pays,* 350

Chap. X. *Félicité de l'auteur dans le pays des Houyhnhnms. Les plaisirs qu'il goûte dans leur conversation : le genre de vie qu'il mène parmi eux. Il est banni du pays par ordre du parlement,* 359

Chap. XI. *L'auteur est percé d'une flèche que lui décoche un sauvage. Il est pris par des Portugais qui le conduisent à Lisbonne, d'où il passe en Angleterre,* 372

Chap. XII. *Invective de l'auteur contre les voyageurs qui mentent dans leurs relations. Il justifie la sienne. Ce qu'il pense de la conquête qu'on voudroit faire des pays qu'il a découverts,* 387

Fin de la Table.

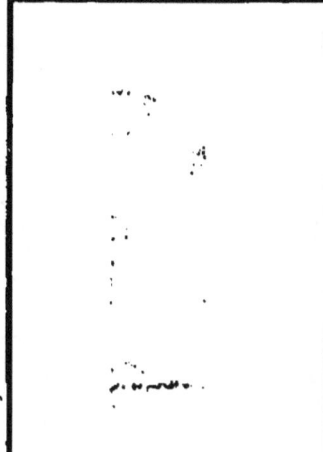

Contraste insuffisant ou
différent, mauvaise qualité
d'impression

Under-contrast or different,
bad printing quality